JN028710

中小企業診断士2次試験

ふぞろいな
答案分析5

2018〜2019 年版

ふぞろいな合格答案プロジェクトチーム 編

同友館

は じ め に

『ふぞろいな答案分析5』は、中小企業診断士2次試験の合格を目指す受験生のために作成しています。平成30年度試験を分析した『ふぞろいな合格答案エピソード12』、平成29年度試験を分析した『ふぞろいな合格答案エピソード11』の2年分の本から「答案分析編」を再編集したものです。

分析した再現答案は、ふぞろい11では240枚、ふぞろい12では238枚です。年々、分析内容が充実していくと同時に、多くの受験生のご協力で成り立っていることを実感いたします。本書に掲載されていた答案分析に加え受験勉強に役立つ情報を掲載しています。ぜひ受験勉強にお役立てください。

『ふぞろいな合格答案』の理念

1．受験生第一主義

本書は、「受験生が求める、受験生に役立つ参考書づくりを通して、受験生に貢献していくこと」を目的としています。プロジェクトメンバーに2次試験受験生も交え、できる限り受験生の目線に合わせて、有益で質の高いコンテンツを目指しています。

2．「実際の合格答案」へのこだわり

「実際に合格した答案には何が書かれていたのか」、「合格を勝ち取った人は、どのような方法で合格答案を作成したのか」など、受験生の疑問と悩みは尽きません。我々は実際に十人十色の合格答案を数多く分析することで、実態のつかみにくい2次試験の輪郭をリアルに追求していきます。

3．不完全さの認識

採点方法や模範解答が公開されない中小企業診断士2次試験。しかし毎年1,000名前後の合格者は存在します。「合格者はどうやって2次試験を突破したのか？」、そんな疑問にプロジェクトメンバーが可能な限り収集したリソースの中で、大胆に仮説・検証を試みます。採点方法や模範解答を完璧に想定することは不可能である、という事実を謙虚に受け止め、認識したうえで、本書の編集制作に取り組みます。

4．「受験生の受験生による受験生のための」参考書

『ふぞろいな合格答案』は、2次試験受験生からの再現答案やアンケートなどによって成り立っています。ご協力いただいた皆様に心から感謝し、お預かりしたデータを最良の形にして、我々の同胞である次の受験生の糧となる内容の作成を使命としています。

(一社)中小企業診断協会では、中小企業診断士試験にかかる個人情報の開示請求に基づき、申請者に対して得点の開示を行っています。『ふぞろいな合格答案』は、得点区分（合格、A、B、C、D）によって重みづけを行い、受験生の多くが解答したキーワードを加点要素として分析・採点をしています。いただいた再現答案と試験場の答案との差異や本試験との採点基準の相違等により、ふぞろい流採点と得点開示請求による得点には差が生じる場合があります。ご了承ください。

目　次

本書の使い方

　本書では、平成30年度、平成29年度で全部で478名の２次試験受験生にご協力いただき、収集した再現答案をもとに解答ランキングを作成し、分析を行いました。

　合格者に限らず未合格者を含めた答案を、読者の皆様が分析しやすいように整理して、「解答ランキング」と「採点基準」を掲載しています。また、分析中に話題になった論点についての特別企画も併せて掲載しています。実際の本試験で書かれた合格＋Ａ答案がどのように点数を積み重ねているのかを確認し、あなたの再現答案採点に活用してください。

【解答ランキングとふぞろい流採点基準の見方】

・解答キーワードの加点基準を「点数」として記載しています。あなたの再現答案の中に、記述されている「解答」と同じ、または同等のキーワードについて点数分を加算してください。
・右上の数は、提出いただいた再現答案のうち分析データとして採用した人数です。
・グラフ内の数字は、解答ランキングのキーワードを記述していた人数です。

●解答ランキングとふぞろい流採点基準

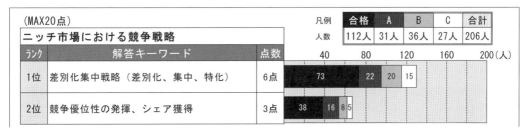

【解答ランキングと採点基準の掲載ルール】

「解答ランキング」と「採点基準」は以下のルールに則って掲載しています。

(1)　再現答案から、合格＋Ａ答案の解答数が多かったキーワード順、また合格＋Ａ答案の数が同じ場合は全体の数に対して合格＋Ａ答案の割合が高いほうを優先して解答ランキングを決定しています。
(2)　原則、上記ランキングに基づいて解答の多い順に点数を付与します。
(3)　解答に記述すべき要素をカテゴリーに分け、それぞれ「MAX点」を設定しています。各カテゴリーのなかに含まれる解答キーワードが多く盛り込まれていても、採点上はMAX点が上限となります。

【注意点】

(1)　「採点基準」は本試験の採点基準とは異なります。また、論理性や読みやすさは含んでいません。

(2)　たとえ正解のキーワードであっても、合格＋A答案で少数だったり、受験生全員が書けなかった場合は、低い点数になったり、掲載されない可能性があります。

(3)　題意に答えていないキーワードなど、妥当性が低いと判断される場合は採点を調整していることがあります。また、加点対象外でも参考に掲載する場合があります。

【再現答案】

・再現答案の太字・下線は、点数が付与されたキーワードです。

・答案の右上に記載された上付きの数字は点数を表しています。ただし、MAX点を上限として採点しているため、数字を足しても「点」と一致しない場合があります。

・「区」：一般社団法人中小企業診断協会より発表された「得点区分」を意味します。

●再現答案

区	再現答案	点	文字数
合	理由は、①競合先・代替品の脅威が相対的に少なく**価格競争になりにくい**②限られた**経営資源を研究開発に集中**することで**技術力を高度化**し、**差別化**・高付加価値化による**シェア**・利益率向上を図るため。	20	92

【難易度】

「解答ランキング」の解答の傾向に応じて、「難易度」を設定し、それぞれ「みんなができた（★☆☆）」、「勝負の分かれ目（★★☆）」、「難しすぎる（★★★）」と分類しています。各設問の解答状況がイメージできます。

【活用例】

(1)　解答ランキングをみて自分の解答と比較する

合格答案やA答案がどのように得点しているのか、どのようなキーワードを含んでいるのかを確認し自分の答案と比較してみましょう。また内容やその他のキーワード、比率をみて自分なりに過去問を分析しましょう。

(2)　再現答案を見る

受験生の再現答案が合格答案から順に掲載されていますので、受験時に到達すべき答案のレベル感を確認しましょう。合格、A答案、B答案、C答案の違いを理解し、他の人の書き方などを参考にしましょう。

(3)　マイベスト答案を作る

自分なりのベスト答案を作ってみましょう。他の人の文章構成や表現方法を参考に自分の書きやすいベスト答案を作ることで、編集力が高まりより実戦的な解答力を養うことができるでしょう。

活用は人それぞれです。自分なりに活用することで効果的な学習に役立ててください。

第1章

平成30年度試験 答案分析
（2019年版）

【登場人物紹介】

〈正 修 （ただし おさむ）（53歳 男）〉（以下、先生）

　圧倒的な知識量をもとにした論理的な講義、解説で評判の高い超人気講師。普段から若干熱い。口調は基本的に敬語だが、熱くなりすぎると「でしょ」など軽い感じになり持論も展開し始める。

〈水戸 麻美 （みと あさみ）（32歳 女）〉（以下、水戸）

　抜けているように見えて、締めるところはきちんと締める真面目なストレート受験生。あまり凝った解き方はせず、与件文の言葉を使った素直な解答を書く。そのため多面的な切り口があることに気づかないときがある。

〈応泉 用 （おういずみ よう）（46歳 男）〉（以下、応泉）

　不合格が続き、知り合いの合格者が使っていた『ふぞろい』を活用することにした多年度受験生。与件文からの気づきが人より敏感で応用力があるが、想像しすぎて題意を外してしまうことも多々ある。

第1節　ふぞろいな答案分析

▶事例Ⅰ（組織・人事）◀

平成30年度　中小企業の診断及び助言に関する実務の事例Ⅰ
（組織・人事）

　A社は、資本金2,500万円、売上約12億円のエレクトロニクス・メーカーである。役員5名を除く従業員数は約50名で、そのほとんどが正規社員である。代表取締役は、1970年代後半に同社を立ち上げたA社長である。現在のA社は電子機器開発に特化し、基本的に生産を他社に委託し、販売も信頼できる複数のパートナー企業に委託している、研究開発中心の企業である。この10年間は売上のおよそ6割を、複写機の再生品や複合機内部の部品、複写機用トナーなどの消耗品が占めている。そして、残りの4割を、同社が受託し独自で開発している食用肉のトレーサビリティー装置、業務用LED照明、追尾型太陽光発電システムなど、電子機器の部品から完成品に至る多様で幅広い製品が占めている。

　大手コンデンサーメーカーの技術者として経験を積んだ後、農業を主産業とする故郷に戻ったA社長は、近隣に進出していた国内大手電子メーカー向けの特注電子機器メーカーA社を創業した。その後、同社のコアテクノロジーであるセンサー技術が評価されるようになると、主力取引先以外の大手・中堅メーカーとの共同プロジェクトへの参画が増えたこともあって、気象衛星画像データの受信機や、カメラ一体型のイメージセンサーやコントローラーなど高精度の製品開発にも取り組むことになった。もっとも、当時は売上の8割近くを主力取引先向け電子機器製造に依存していた。

　しかし、順調に拡大してきた国内大手電子メーカーの特注電子機器事業が、1990年代初頭のバブル経済の崩壊によって急激な事業縮小を迫られると、A社の売上も大幅に落ち込んだ。経営を足元から揺るがされることになったA社は、農産物や加工食品などの検品装置や、発電効率を高める太陽光発電システムなど、自社技術を応用した様々な新製品開発にチャレンジせざるを得ない状況に追い込まれた。

　平成不況が長引く中で、A社は存続をかけて、ニッチ市場に向けた製品を試行錯誤を重ねながら開発し、事業を継続してきた。もちろん開発した製品すべてが市場で受け入れられるわけもなく、継続的に安定した収入源としてA社の事業の柱となる製品を生み出すこともかなわなかった。そうした危機的状況が、A社長の製品開発に対する考え方を一変させることになる。開発した製品を販売した時点で取引が完了する売切り型の事業の限界を打ち破ることを目標にして、新規事業開発に取り組んだのである。それが、複写機関連製品事業である。

~診断士試験を受験してよかったこと~
　勉強の楽しさを知りました。

　大口顧客は事務機器を販売していたフランチャイズ・チェーンであり、2000年代後半の
リーマン・ショックに至る回復基調の景気を追い風にしてＡ社の業績も伸長した。ところ
が、リーマン・ショックによって急速に市場が縮小し始めると、Ａ社の売上も頭打ちになっ
た。同業者の多くがこの市場から撤退する中で、Ａ社はシェアこそ拡大させたが、もはや、
その後の売上の拡大を期待することのできる状況ではなかった。

　ところが、Ａ社がこの事業に参入した頃から、情報通信技術の急速な進歩に伴って、事
務機器市場が大きく変化してきた。そのことを予測していたからこそ、Ａ社長は、後進に
事業を委ねる条件が整うまで自らが先頭に立って、新規事業や製品の開発にチャレンジし
続けているのである。

　これまで幾度かの浮き沈みを経験してきた同社であるが、営業職や事務職、人事・経理・
総務などの管理業務を兼務している者を加えた約50名の社員のうち、技術者が９割近くを
占めている。創業以来変わることなく社員の大半は技術者であるが、売上が数十倍になっ
た今日に至っても従業員数は倍増程度にとどまっている。

　従前Ａ社では、電子回路技術部門、精密機械技術部門、ソフトウェア技術部門と専門知
識別に部門化されていた。しかし、複写機関連製品事業が先細り傾向になった頃から、製
品開発部門、品質管理部門、生産技術部門に編成替えをし、各部門を統括する部門長を役
員が兼任した。製品開発部門は、環境エネルギー事業の開発を推進するグループ、法人顧
客向けの精密機械を開発するグループ、ＬＥＤ照明関連製品を開発するグループに分けら
れ、電子回路技術、精密機械技術、ソフトウェア技術などの専門知識を有する技術者をほ
ぼ同数配置した混成チームとした。品質管理部門と生産技術部門には、数名の技術者が配
属され、製品開発部門の業務をサポートすると同時に、複数の生産委託先との調整業務を
担っている。

　絶えず新しい技術を取り込みながら製品領域の拡大を志向してきたＡ社にとって、人材
は重要な経営資源であり、それを支えているのが同社の人事制度である。

　その特徴の一つは、戦力である技術者に新卒者を原則採用せず、地元出身のＵターン組
やＩターン組の中途採用者だけに絞っていることである。また、賃金は、設立当初から基
本的に年功給の割合をできるだけ少なくして、個人業績は年二回の賞与に多く反映させる
ようにしてきた。近年、いっそう成果部分を重視するようになり、年収ベースで二倍近く
の差が生じることもある。それにもかかわらず、Ａ社の離職率が地元の同業他社に比べて
低いことは、実力主義がＡ社の文化として根付いていることの証左である。とはいえ、そ
の一方で家族主義的な面も多くみられる。社員持株制度や社員全員による海外旅行などの
福利厚生施策を充実させているし、1990年代半ばには、技術者による申請特許に基づく装
置が売れると、それを表彰して売上の１％を報奨金として技術者が受け取ることができる
制度を整備し運用している。

　このように、Ａ社は、研究開発型企業として、取引先や顧客などの声を反映させていた
受け身の製品開発の時代から、時流を先読みし先進的な事業展開を進める一方で、伝統的

～知識以外に自分に身についたこと～
目標を細分化して考える癖がついた。

な家族主義的要素をも取り入れて成長を実現している企業だといえる。

第1問 （配点20点）

研究開発型企業であるＡ社が、相対的に規模の小さな市場をターゲットとしているのはなぜか。その理由を、競争戦略の視点から100字以内で答えよ。

第2問 （配点40点）

Ａ社の事業展開について、以下の設問に答えよ。

（設問1）

Ａ社は創業以来、最終消費者に向けた製品開発にあまり力点を置いてこなかった。Ａ社の人員構成から考えて、その理由を100字以内で答えよ。

（設問2）

Ａ社長は経営危機に直面した時に、それまでとは異なる考え方に立って、複写機関連製品事業に着手した。それ以前に同社が開発してきた製品の事業特性と、複写機関連製品の事業特性には、どのような違いがあるか。100字以内で答えよ。

第3問 （配点20点）

Ａ社の組織改編にはどのような目的があったか。100字以内で答えよ。

第4問 （配点20点）

Ａ社が、社員のチャレンジ精神や独創性を維持していくために、金銭的・物理的インセンティブの提供以外に、どのようなことに取り組むべきか。中小企業診断士として、100字以内で助言せよ。

~知識以外に自分に身についたこと~
文章を書くときに、因果を意識して簡潔に書くようになった。

第1問（配点20点）【難易度　★★☆　勝負の分かれ目】

　研究開発型企業であるA社が、相対的に規模の小さな市場をターゲットとしているのはなぜか。その理由を、競争戦略の視点から100字以内で答えよ。

●出題の趣旨

　研究開発型企業であるA社のターゲット市場が小規模市場である理由を、競争戦略の視点から分析する能力を問う問題である。

●解答ランキングとふぞろい流採点基準

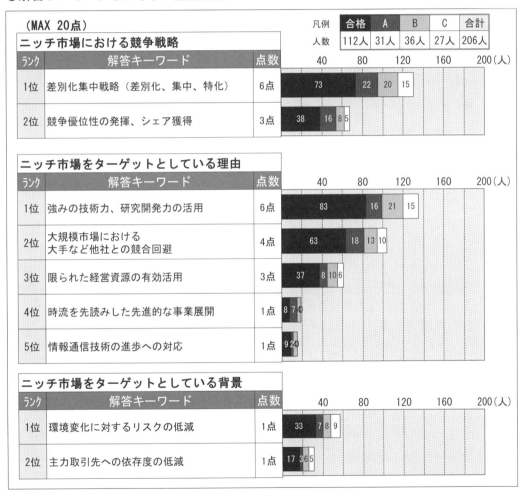

（MAX 20点）ニッチ市場における競争戦略		
ランク	解答キーワード	点数
1位	差別化集中戦略（差別化、集中、特化）	6点
2位	競争優位性の発揮、シェア獲得	3点

凡例：合格 112人、A 31人、B 36人、C 27人、合計 206人

1位：73 / 22 / 20 / 15
2位：38 / 16 / 8 / 5

ニッチ市場をターゲットとしている理由		
ランク	解答キーワード	点数
1位	強みの技術力、研究開発力の活用	6点
2位	大規模市場における大手など他社との競合回避	4点
3位	限られた経営資源の有効活用	3点
4位	時流を先読みした先進的な事業展開	1点
5位	情報通信技術の進歩への対応	1点

1位：83 / 16 / 21 / 15
2位：63 / 18 / 13 / 10
3位：37 / 8 / 10 / 6
4位：8 / 7 / 4
5位：9 / 2 / 0

ニッチ市場をターゲットとしている背景		
ランク	解答キーワード	点数
1位	環境変化に対するリスクの低減	1点
2位	主力取引先への依存度の低減	1点

1位：33 / 7 / 8 / 9
2位：17 / 3 / 6 / 5

●再現答案

区	再現答案	点	文字数
合	理由は、①競合先・代替品の脅威が相対的に少なく<u>価格競争になりにくい</u>②<u>限られた経営資源を研究開発に集中</u>することで<u>技術力を高度化</u>し、<u>差別化</u>・高付加価値化による<u>シェア</u>・利益率向上を図るため。	20	92
合	理由は①ニッチ市場への<u>集中戦略</u>をとる事で<u>大手企業との競合を避ける</u>ため、②特定の市場へ<u>経営資源を集中的に投下</u>する事で<u>コアテクノロジー</u>を育成し、大手との<u>差別化</u>を図る事である。	19	85
A	理由は、①<u>自社技術を強みに</u>市場の中で<u>差別化</u>を図ることで<u>シェアの拡大</u>が期待できたこと、②<u>時流を先読み</u>し早期に参入することで先行者利得が期待できたこと、③規模が小さいため試行錯誤を重ねられること、である。	16	100
B	理由は、<u>センサー技術などのコア技術に注力</u>して、<u>差別化集中戦略</u>を採り、会社の存続を図るためである。一方、営業面に弱みがあり、販路開拓をすると<u>経営資源の分散のリスク</u>があり、多角化を図れないからである。	15	98
B	理由は、A社近隣の国内大手電子メーカーとの取引で①<u>コアテクノロジーのセンサー技術</u>が評価された②特注品で<u>競合他社の参入障壁が高く</u>、代替品がなかった③大手・中堅メーカーとの共同プロジェクトに参加したため。	10	100
C	理由は、①<u>大企業の競合が多い規模の大きな市場ではなく</u>、A社の<u>強みであるセンサー技術</u>が活かせる小さな市場にポジショニングしたため、②A社の高い技術開発力を評価できる顧客は、先進的で小規模な企業が多いため。	10	100
C	理由は、①<u>不況による既存事業の縮小</u>により、<u>大手企業が参入しない</u>ニッチ市場に向けた新製品開発を余儀なくされたから、②強みであるセンサー技術による新製品開発では、事業の柱を育てられなかったから、である。	5	99

●解答のポイント

　A社がニッチ市場をターゲットとしている理由について、「強みの活用による差別化」および「他社との競合回避」を軸として、多面的に解答することがポイントだった。

【競争戦略の視点への対応】

先生：「競争戦略の視点から」という制約条件に、2人はどう対応しましたか？

応泉：僕の過去問分析データによると、事例Ⅰの第1問は強みに着目することが多いため、「強みを生かすことができる」という切り口で書きました。

水戸：ニッチ市場の競争戦略は、確か「差別化集中戦略」でしたよね。私は「他社と差別化する」という切り口を盛り込みました。

先生：2人ともすばらしい着眼点ですね。実際に、合格＋A答案の多くが「強みを生かして差別化集中戦略をとるため」という内容を解答の主軸としていました。さらに一歩進んで、A社が中小企業であることを考えてみましょう。ニッチ市場以外でも生き残っていけるのでしょうか？

水戸：大規模市場は競争が激しいですよね。大手企業と戦うことになってしまいます。

先生：そのとおり！　ニッチ市場は大手企業にとって魅力度が低いため、大手企業など他社との競合を回避することができると考えられます！　合格＋A答案の多くが「他社との競合の回避」という切り口も盛り込んでいたんです。

応泉：人材や資金にも限りがあるということだよな……。わかった！　経営資源を集中させる必要があったから、ニッチ市場を選んだのではないでしょうか？

先生：応泉さん、さすがの応用力ですね！　「経営資源の有効活用」も重要な切り口です。戦略を問われる設問は難しい場合もありますが、「強みを生かして他社と差別化する」を軸に、多面的な解答を書けるようになれば、合格にぐっと近づけますよ。

【キーワードの優先順位】

先生：2人の答案で気になったところがあります。応泉さんは「生産と販売を外部委託」、みとちゃんは「継続的な収入源を確保」というキーワードを入れていますね。

応泉：僕は、「組織・人事」の視点から考えた結果、外部委託が必要なほどに人数が少ないため、ニッチ市場を選んだということが言いたかったんです。

先生：良い着眼点ですが、「限られた人材を有効活用するため」のほうが的確なのでは？「外部委託をしているため」だと、単なる状況説明になってしまっています。

水戸：私は、企業戦略として売上の向上が必須だと考え、継続的な収入源の確保を解答に盛り込みました。

先生：決して間違いではないですが、「継続的な収入源の確保」は第2問（設問2）で多く使われていたキーワードで、第1問に盛り込む優先度は低かったと考えられます。このように、「ニッチ市場に特化している理由」に直接答えられていない答案は、合格＋A答案よりもC＋D答案に多かったんです。キーワードの優先順位を考えることで、本当に重要なキーワードに割ける文字数が確保できるということですね。

水戸：キーワードのダイエットで、答案もスッキリ！　私もダイエット頑張ります！

～知識以外に自分に身についたこと～

時間を有効活用する習慣。

第2問（配点40点）

A社の事業展開について、以下の設問に答えよ。

（設問1）【難易度 ★★☆ 勝負の分かれ目】

A社は創業以来、最終消費者に向けた製品開発にあまり力点を置いてこなかった。A社の人員構成から考えて、その理由を100字以内で答えよ。

●**出題の趣旨**

A社が最終消費者市場向けの製品開発に積極的に取り組んでこなかった理由を、人員構成の視点から分析する能力を問う問題である。

●**解答ランキングとふぞろい流採点基準**

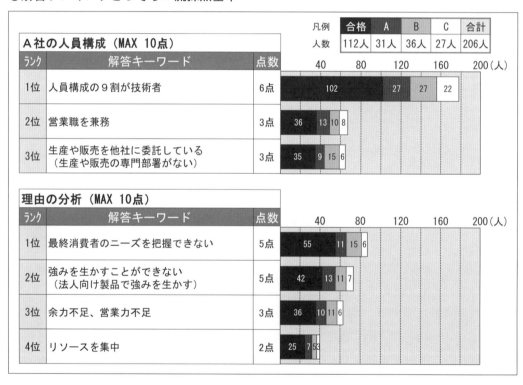

凡例	合格	A	B	C	合計
人数	112人	31人	36人	27人	206人

A社の人員構成（MAX 10点）

ランク	解答キーワード	点数	
1位	人員構成の9割が技術者	6点	102 / 27 / 27 / 22
2位	営業職を兼務	3点	36 / 13 / 10 / 8
3位	生産や販売を他社に委託している（生産や販売の専門部署がない）	3点	35 / 9 / 15 / 6

理由の分析（MAX 10点）

ランク	解答キーワード	点数	
1位	最終消費者のニーズを把握できない	5点	55 / 11 / 15 / 6
2位	強みを生かすことができない（法人向け製品で強みを生かす）	5点	42 / 13 / 11 / 7
3位	余力不足、営業力不足	3点	36 / 10 / 11 / 6
4位	リソースを集中	2点	25 / 7 / 5 / 3

~知識以外に自分に身についたこと～

目標に向かって継続的に努力し、やり抜く力を備えることができた。

●再現答案

区	再現答案	点	文字数
合	A社は<u>技術者が9割近くを占め</u>ており<u>営業がほとんどいない</u>。そのため最終消費者との接点がなくその<u>ニーズを把握する事が出来ない</u>ため。また、<u>A社の強みである技術は最終消費者のニーズとは合致していなかった</u>ため。	19	100
A	理由は①ほぼ全員が<u>技術者</u>であり、<u>顧客との接点を他社に委任して</u>いるので、<u>最終消費者のニーズを収集するノウハウがない</u>、②<u>強みである技術を活かし、経営資源を集中する</u>ため法人顧客向け製品開発に特化したから。	19	99
A	理由は、社員の<u>9割近くが技術者</u>であり、主力取引先に依存した受け身の製品開発をしていたためである。<u>専任の営業担当者がいなかった</u>ため、<u>最終消費者のニーズを収集することができず</u>、生産財中心となっていた。	14	98
B	人員構成は、<u>技術者が9割を占め</u>、創業当初から売上が数十倍であるが従業員は倍増程度である。理由は、国内大手取引先向けに創業したA社は<u>最終消費者のニーズ収集等の新規開拓をしていなかった</u>から。	11	93
C	理由は最終消費者向けの市場には<u>資源配分する人員が足りない</u>為。最終消費者はマーケット分析が必要であり、技術的な事とは関係が無い為<u>技術者が9割</u>のA社では対応が困難。	9	80

●解答のポイント

> 　A社が最終消費者向けの製品開発に積極的に取り組んでこなかった理由について、最終消費者市場の特性とA社の人員構成を関連づけて多面的に分析できたかがポイントだった。

【A社の人員構成の特徴を踏まえて分析できたか】

先生：（設問1）はA社が最終消費者に向けた製品開発にあまり力点を置いてこなかった理由について、人員構成の観点から分析することを求められていますね。2人はどのような人員構成に着目して分析しましたか？

水戸：私はA社の社員のうち、技術者が9割近くを占めているという点に着目しました。9割が技術者であれば……強みは技術力だと思います。一般的に、法人向け（B to B）製品とは異なり、最終消費者向け製品はスペックの高さより実用性や価格が重視されるので強みを生かしづらいと分析しました。この分析には自信ありナンデス！

先生：素直な解答で、事例Ⅰで頻出の「強み」も解答に盛り込めていてグッドです！　ほ

かにも分析できないでしょうか？　「製品開発で大事なこと」と聞いて、ある年度の過去問が思い浮かびませんか？

水戸：うーん。私は特に思い浮かばないです。なんだかお腹も空いてきちゃいました……。

先生：応泉さんはどうですか？

応泉：平成23年度事例Ⅰ（第1問（設問1）、一般家庭向け医薬品と、医家向け医薬品との営業活動の違いについて問われた問題）でしょうか？　あの事例は、「現場に密着して現場のニーズを拾う」がテーマだったと思います。今回もこの問題を応用し、現場への密着が重要にもかかわらず、技術者が多い人員構成ではそれが実現できないと考えました。

先生：すばらしい！　2人が着目した「技術者が9割」は多くの受験生が書けていたようです。でも、人員構成について着目するべきことはそれだけでしょうか？

水戸：人員構成の多くが正社員ということかしら……。A社は研究開発型企業であり、正社員はコア業務に集中するべきなので、最終消費者向け製品に必要なニーズ収集や販路開拓には人員を配置しないという方針だったのではないでしょうか？

先生：よく考えられているね！　ただし、正社員について記載している受験生は少なかったようです。正社員に関する記載も得点にはなっていたかもしれないですが、もっと得点につながる人員構成に関するキーワードがあったのではないでしょうか？

応泉：生産や販売を他社に委託しているところでしょうか？　生産や販売を他社に委託すると、顧客との接点がなくなり、ニーズ収集ができないのではないでしょうか？

先生：よく考えることができていますね。人員構成について多面的に解答できていた答案は合格＋A答案に多かったようです。

水戸：与件文から素直に人員構成についてのキーワードを拾うのが重要だったんですね。

【合格＋A答案の特徴】

応泉：僕は、キーワードを与件文から発見できていましたよ……。でも、どうしても短くまとめることができず、分析結果をちゃんと記載することができなかったんです。

先生：合格＋A答案は加点につながりそうなキーワードを平均で3個以上記載しているのに対し、B答案は2.6個、C答案は1.9個しか記載できていないようです。

水戸：やはり、合格＋A答案はまとめ方がうまいですね。

先生：それに加えて、C答案以下では、人員構成と分析結果が論理的につながっていない解答や、「人員構成から分析」する必要があるのに、「人員構成そのもの」を理由とし、設問に正面から解答できていない答案が多かったようです。

水戸：つまり、多面的に解答すること、設問に正面から解答すること、因果関係を明確に意識して論理的に解答することが大事ということね。スッキリ‼

~診断士の魅力~

やる気次第でどのような仕事でもできそうなところ。

（設問2）【難易度　★★☆　勝負の分かれ目】

　A社長は経営危機に直面した時に、それまでとは異なる考え方に立って、複写機関連製品事業に着手した。それ以前に同社が開発してきた製品の事業特性と、複写機関連製品の事業特性には、どのような違いがあるか。100字以内で答えよ。

●出題の趣旨

　A社が経営危機に立ったとき展開した事業と、それ以前の事業の特性を分析し、その違いを明らかにする能力を問う問題である。

●解答ランキングとふぞろい流採点基準

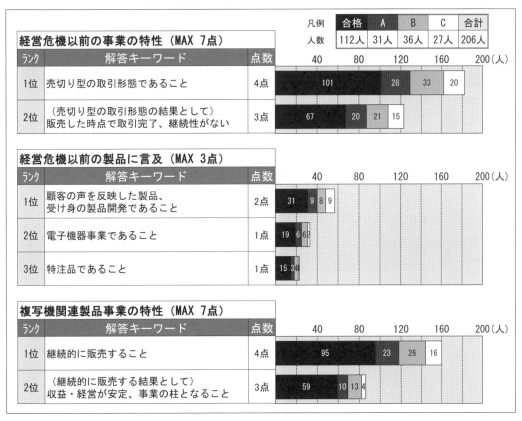

ランク	解答キーワード	点数	複写機関連製品に言及（MAX 3点）
1位	消耗品であること	3点	83 / 22 / 14 / 11
2位	再生品、部品、トナーなどであること メンテナンスサービスを行うこと	1点	37 / 15 / 15 / 8

●再現答案

区	再現答案	点	文字数
合	特注電子機器事業¹や様々な新製品開発では受け身の製品開発²で売切り型⁴の為、継続的な収入源³とならなかった。一方複写機関連事業では製品の汎用性が高く消耗品³の継続的販売⁴が可能で、安定的な事業の柱³として成長できた。	20	100
合	開発してきた製品は、①受け身の製品開発²で②販売した時点で取引完了³の売切り型⁴の特性に対し、複写機関連製品事業は、①時代を先読みした事業展開で②再生品やトナー等消耗品³の販売後の継続した⁴収益確保³の違いがある。	19	100
A	電子機器製造事業¹は①取引先や顧客などの声を反映させた受身の製品開発²②開発した製品を販売した時点で取引が完了³する売り切り型⁴の事業に対し、複写機関連製品事業はプロダクトアウト型で消耗品³の為、継続型⁴の事業。	17	100
A	以前の製品は開発した製品を販売した時点で取引が完了し継続的に³安定した収入源にならない売切り型⁴の事業特性である一方、複写機関連製品は開発した製品を販売した後も取引が続き継続安定収入源⁴³になる事業特性。	14	98
B	既存事業は①取引先や顧客からの受身²であり、②売切り型⁴の事業で、③主要顧客への依存度が高かったが、新規事業は①ニーズを捉え時流を先読みし、②フランチャイズチェーンと継続的な取引⁴を行う事業であった。	10	97
C	以前は開発した製品を販売した時点で取引が完了³する売切型⁴の事業特性であったが、複写機関連製品事業は取引先や顧客の声を反映し、技術進歩に伴う市場の変化を先読みし、最終消費者に近い志向の事業特性をもつ。	7	98

●解答のポイント

> 経営危機に至る原因となった以前の事業の特性と、経営危機の脱却を実現させた複写機関連製品事業の特性の違いを分析できたかがポイントだった。

【事業の特性の違いを分析する】

先生：本問は、A社が経営危機に立ったときに展開した複写機関連製品事業と、それ以前の事業の特性の違いを分析する問題でしたね。ところで2人は、「事業特性」という言葉から、どのようなことを考えましたか？

応泉：事業に関することだったらなんでも該当しうるんだよなぁ。僕は「誰に売るのか」「何を売るのか」「どうやって売るのか」などを考えましたが、どうでしょう？

先生：そうですね。ここでは、A社が収益を上げていく仕組みと、それを取り巻く環境はどうなっているのかを検討するといいですね。では、「違い」という点ではどのようなことを考えたでしょうか。

水戸：複写機関連製品事業とそれ以前の事業を比較する設問なので、たくさんの特性のなかで、対照的に描かれている特性が解答候補となる可能性が高いと考えました。

先生：こちらもそのとおりです！　事例Ⅰでは、何かと何かを比較して分析することが必要なタイプの設問は定番ですね。

応泉：確かになぁ……。直近3年分の過去問で思い出しても、平成29年度の第2問では「正規社員が相対的に少ないA社」と「同業他社」、平成28年度の第1問（設問2）では「新規のアルバム事業」と「学校アルバム事業」、平成27年度の第4問が「成果主義を導入する場合」と「導入しない場合」を比較して分析する設問だったんじゃない？

水戸：応泉さん、さすが、勉強になります〜！　この間ごちそうしてくださった、スパイスの効いたスープカレーみたいに奥深い過去問分析ですね。

先生：とてもいいですね！　この、いわゆる「AとBを比較することが必要なタイプの設問」では、AとBのそれぞれの特徴を挙げたうえで比較し、対照的な特徴を指摘することが基本的な解法となります。定番だけに、対照的な特徴を指摘することは、平成30年度も多くの受験生ができていましたね。

【経営危機を意識した解答ができていたか】

先生：では、もう少し具体的に、複写機関連製品事業と、それ以前の事業の特徴のうち、対照的な特徴はなんだったでしょうか。

水戸：今回の設問でいうと、第4段落にそれ以前の事業は継続的に安定した収入源とならなかったことが書かれていました。複写機関連製品事業は何も書いていないけど、継続的に安定した収入源となったと考えました。

～診断士の魅力～
　ある種ブルーオーシャン。掛け算できる専門性があれば。

先生：確かに、その点はほとんどの受験生が指摘していましたね。応泉さん、ほかにもありましたか？

応泉：えーっと、実は、いっぱい見つけてしまったんですよ。まず、製品が「売切り型の特注品」と「消耗品」でしょう。あと、製品開発の方法が、「顧客の声を反映した受け身の製品開発」と「自社技術を生かし市場を先読み」でしょう。

先生：いい調子です。もっとありそうですね。どんどん挙げてみましょう！

応泉：先生がいうなら、どんどん続けていいますよ！　取引先が「電子機器メーカー」と「事務機器販売のフランチャイズ・チェーン」のところとかですね。あとは……。

水戸：応泉さん、すごいですね！　でも、字数制限が100字なのにそんなにたくさん書き切れますか。

先生：そう、みとちゃん、いいところに気がつきましたね！　設問に、何かもう少しヒントがなかったでしょうか？

水戸：あ！　「経営危機に直面した時に、それまでとは異なる考え方に立って」というところでしょうか？

先生：（急に大きな声で）そう！　そのとおり！　それがポイントなんです！

2人：……！

先生：A社は、どうして以前の事業では経営危機に陥ったのか。また、どうして複写機関連製品事業では経営危機から脱却できたのか。それを踏まえて、指摘する特性を選択できたかが勝負の分かれ目だったんです。

水戸：スッキリ、理解しました。その視点で選択したら、以前の事業は「売切り型だから取引に継続性がない」ことが理由で受注量が景気低迷に影響を受けて、経営危機に陥ったということですね。

応泉：そういうことかー！　それで、複写機関連製品事業は「消耗品だから取引に継続性があり、安定的な収入源」になり、経営危機を脱却できたということですね。

先生：逆にいえば、経営危機とは関係ない特性をたくさん挙げている答案はC＋D答案に多く、ほとんど点数にならなかったと考えられます。

応泉：マジかよ……僕は、先生が「もっと」っていうからたくさん挙げたっていうのに。いやぁ、まぁ、確かにちょっと多すぎるなとは思っていたんですけどね……。

先生：本問に限らず、事例ⅠにおいてA社があえて何か新しいことをするときは、その背景に「経営課題の解決」（高次学習の促進）または「強みの維持・強化／活用」（低次学習の促進）があることを意識するといいですね。理由は簡単。もし順調に成長している状態であれば、今やっていることを変える必要が普通はないからです。今回は、まさに「経営危機からの脱却を図る」という経営課題を解決するために、複写機関連製品事業に着手したと考えられますね。

~診断士の魅力~
　　経営全般の知識が身につけられること。

第3問（配点20点）【難易度　★★★　難しすぎる】

A社の組織改編にはどのような目的があったか。100字以内で答えよ。

●出題の趣旨

A社の組織改編が、どのような目的をもって実施されたかについて明らかにする能力を問う問題である。

●解答ランキングとふぞろい流採点基準

凡例	合格	A	B	C	合計
人数	112人	31人	36人	27人	206人

混成チームに組織改編した目的（MAX 12点）

ランク	解答キーワード	点数				
1位	製品開発、新規事業、製品領域の強化、拡大	5点	73	18	25	12
2位	シナジー効果	4点	33	11	9	7
3位	混成チームの明示	4点	32	12	5	3
4位	組織の効率化、人材の効率的活用	4点	30	13	10	5
5位	知識、情報、ノウハウの共有	3点	24	10	10	5
6位	連携、交流、コミュニケーション	3点	23	8	5	6
7位	市場、環境の変化への対応	3点	23	7	3	4

編成替えと部門長の役員兼任の目的（MAX 8点）

ランク	解答キーワード	点数				
1位	意思決定の迅速化	4点	39	9	6	8
2位	サポート・調整による開発専念に関する指摘	3点	25	8	11	9
3位	利益責任に関する指摘	3点	17	4	5	
4位	権限の委譲、権限の明確化に関する指摘	2点	16	5	6	7
5位	後進の育成	2点	12	4	6	3
6位	部門長が役員を兼任の明示	1点	10	5	3	8

外部環境を指摘（MAX 2点）							
ランク	解答キーワード	点数	40　80　120　160　200（人）				
1位	複写機関連製品事業の先細り	2点	39　9 6 8				
2位	情報通信技術の急速な進歩	2点	10 5 3 8				

●再現答案

区	再現答案	点	文字数
合	A社は、①専門知識別の組織を統合することで<u>開発力を強化</u>②部門長に役員を任命することで<u>意思決定の迅速化</u>と<u>権限責任の明確化</u>③<u>混成チーム</u>によりコミュニケーションを密にすることで、<u>新製品開発を推進</u>する。	20	96
合	目的は、①<u>各部門長を役員</u>にし、<u>利益責任を明確化</u>すると共に<u>権限を委譲</u>し、<u>意思決定を早く</u>する、②専門知識を有する技術者を各グループに配置し、<u>有効活用</u>する、③<u>品質管理と生産技術にサポート</u>させ<u>シナジーを発揮</u>。	19	100
A	目的は、<u>複写機関連製品の市場が縮小した</u>ため①各事業部に散在していた専門知識を<u>混成チーム</u>として集約し、<u>製品開発力を強化</u>する②事業部ごとに<u>利益責任を明確化</u>③<u>次期経営者を育成</u>する、ことである。	16	93
A	目的は①事業部制組織にし、<u>権限委譲</u>することで<u>迅速な意思決定</u>を可能とした、②専門知識の融合により<u>シナジー効果を得る</u>ため、である。以上により組織力を強化し、<u>事業環境の変化に対応</u>可能とするため。	13	94
B	目的は①エネルギー、精密機器、LED等研究開発部門を製品や市場に分け<u>市場環境の適応</u>を図る、②<u>権限委譲</u>により<u>意思決定を迅速化</u>する、③経営能力を向上させ、<u>後進育成を行い事業承継</u>を図ることである。	11	95
B	目的は、<u>情報通信技術の進歩</u>による<u>事務機器市場の縮小</u>を見込み、<u>新規事業・製品の開発を促す</u>ことである。電子回路・精密機器・ソフトウェアの<u>各技術の連携</u>で新しい事業の柱を育てることを狙った。	10	91
C	目的は、①限られた技術者を有効利用して、<u>幅広い事業展開を進める</u>ため、②それぞれの専門技術を組み合わせ、<u>シナジー効果を発揮</u>して、時流を先読みした先進的な事業展開を図るためである。	9	88

●解答のポイント

> A社長が進めた製造部門内をグループ化し混成チームに組織改編した目的と、機能別に各部門を分け、部門長を役員に兼任させた目的など、多面的に目的を解答できたかがポイントだった。

【組織改編の目的を多面的な視点で解答できたか】

先生：第3問は、組織改編の目的を問われていましたね。これは解答が分かれる問題でした。2人はどう取り組みましたか？

水戸：私は、混成チームに着目して、素直に書けたと思います。でも解答が分かれたということは、素直な解答だけじゃ足りなかったのかしら。

応泉：僕は、機能別にした部門や部門長を役員が兼任などからも、気づいた目的がいろいろあって、サイコロで決めることに。

先生：2人とも解答が分かれていたようだね。A社の組織改編について一度整理してみましょう。

水戸：製品開発部内で開発する製品ごとにグループを編成して、専門知識を持つ技術者を同数配置した混成チームにしましたよね。

応泉：以前は、専門知識別に部門化されていたけど、機能別の製品開発部門、品質管理部門、生産技術部門に組織改編したぞ。しかも、部門長を役員が兼任のオマケ付きだ。まだあるぞ。製品開発部門をサポートするために技術者を品質管理部門と生産技術部門に配置した。僕は、気づきが多いなぁ。

先生：2人とも、よく捉えているね。実は、みとちゃんの指摘事項と、応泉さんの指摘事項のどちらかに的を絞った解答が多かったのです。そのため解答が分かれたと思われます。では、製造開発部門内を混成チームにした目的として、何を挙げましたか？

水戸：異なる専門知識を持つ技術者の混成チームなので、「シナジー効果」、「知識、ノウハウの共有」、「人材の効率的な活用」、「市場の変化への対応」を挙げました。まるでキーワードの大盛り定食ですね！

応泉：あと、忘れちゃダメなのが「製品領域の拡大」だよ。僕って応用力ある～！

水戸：あら、与件文にも書いてあった気が……。

応泉：……札幌に帰してくれんかぁ。帰りて～。

先生：まぁまぁ、2人とも。「製品領域の拡大」に近い表現が多くの答案で共通して書かれていました。ここは外したくないですね。では、次に、部門別に編成替えしたことと部門長を役員が兼任した目的についてはどうですか？

水戸：私は、この視点では答えていませんでした。

応泉：役員が兼任しているから「意思決定の迅速化」「権限の委譲」を挙げましたね。

先生：ほかにも、A社長は後進に事業を委ねる条件が整うまで自ら先頭に立っていること

から「後進の育成」を指摘するのも妥当性が高いですね。

応泉：気づいて応用していればなぁ。

先生：組織改編に関する与件文のヒントを捉えて、多面的に目的を指摘できたかがポイントでしたね。

【過去問との関係】

先生：この設問、問われ方が類似した過去問がありました。2人は、思い浮かびますか？……おや、ご存じない？

水戸：……先生ひどい。私お腹空いてきちゃいました。

応泉：それ、ひょっとして、平成28年度第2問（設問2）でしょうか。人材の流動性を確保する組織に改編した理由を問われたけど、共通するキーワードは、迅速な意思決定、人材を活用、シナジー効果、コミュニケーションの円滑化。考え方が似ている気がするなぁ。やっぱ、僕は気づきの天才？

先生：そう、そのときも今回と同様に解答が分かれていました。今回挙げたキーワードも共通のものが多かったのは特筆すべき点でしょう。もちろん、知識だけでなく与件文に沿った解答が必要です。

水戸：だから過去問分析が大事なんですね。

Column

休憩時間の過ごし方

　2次試験では80分の試験の合間には40 〜 60分の休憩があります。この時間をどう過ごすか、ということも重要です。この時間で次の事例に頭を切り替え、適切な準備をし、最高の状態で試験に臨みたいところです。80分の試験を当日の緊張感のなか解いた後は、体力と神経が想像以上に疲弊しています。席で伸びをするのも効果的ですが、一旦外に出てみるのもいいかもしれません。私は火照った身体と興奮状態の脳を一旦リセットして、落ち着かせることを心掛けていました。外で軽くストレッチしながら、自分の今までの失敗集と覚えておきたいメモ集を片手に、歩きながらブツブツ音読することで徐々に次の事例を戦える準備ができていったと思います。

　1つ後悔は、事例Ⅰを受けた後、感触が気になって使っていた勉強管理アプリで他の受験者の投稿を読んでしまったこと。「できた！」とか「例年通り。むしろ易化かな」とかそんな投稿が目につき動揺しました（「できなかった」ももちろんあったと思いますが、そんなのが目に入る精神状態ではありませんでした）。皆さんは次の準備に専念しましょう。いくら振り返っても点数は上がりません。ただ、集中しすぎて席に戻り遅れることのないように！

(その)

〜診断士の勉強が仕事に活かせた瞬間〜
専門的なＩＴ用語や物流用語などがわかるようになった。

第4問（配点20点）【難易度　★★☆　勝負の分かれ目】
　A社が、社員のチャレンジ精神や独創性を維持していくために、金銭的・物理的インセンティブの提供以外に、どのようなことに取り組むべきか。中小企業診断士として、100字以内で助言せよ。

●出題の趣旨

　従業員の大半を占める技術者のチャレンジ精神や独創性を維持していくために、A社は、どのような施策に取り組むべきか、助言する能力を問う問題である。

●解答ランキングとふぞろい流採点基準

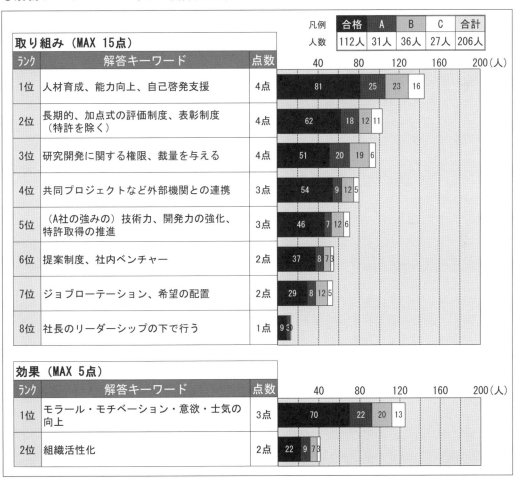

凡例	合格	A	B	C	合計
人数	112人	31人	36人	27人	206人

取り組み（MAX 15点）

ランク	解答キーワード	点数
1位	人材育成、能力向上、自己啓発支援	4点
2位	長期的、加点式の評価制度、表彰制度（特許を除く）	4点
3位	研究開発に関する権限、裁量を与える	4点
4位	共同プロジェクトなど外部機関との連携	3点
5位	（A社の強みの）技術力、開発力の強化、特許取得の推進	3点
6位	提案制度、社内ベンチャー	2点
7位	ジョブローテーション、希望の配置	2点
8位	社長のリーダーシップの下で行う	1点

効果（MAX 5点）

ランク	解答キーワード	点数
1位	モラール・モチベーション・意欲・士気の向上	3点
2位	組織活性化	2点

●再現答案

区	再現答案	点	文字数
合	取組は①<u>社員への権限委譲</u>②<u>外部研修</u>の提供③研究に専念しやすい施設の整備④<u>チャレンジを奨励する評価</u>基準策定⑤<u>社内提案制度</u>の創設⑥主力取引先以外との<u>共同PJ</u>を推進し社員の<u>士気を向上</u>させ<u>組織活性化</u>を図る。	20	100
合	能力開発として①<u>教育・研修の強化</u>、②外部との<u>共同プロジェクト</u>の推進、<u>モラールの向上</u>として①<u>長期的視点での人事評価</u>、②<u>権限委譲</u>によるスキル向上、③<u>組織活性化</u>の為の<u>ジョブローテーション</u>を実施する。	20	100
A	助言は①<u>事業提案制度</u>を導入し、<u>権限委譲</u>を行い<u>組織活性化</u>とモラール向上を図り、優秀者は全社員が出席する集会で<u>表彰</u>し動機づけ②試行錯誤を促す評価・<u>育成制度</u>導入③<u>社長が社員に挑戦の重要性を対話する</u>、等である。	20	100
A	施策は、1.中途採用した技術者の過去の経歴に関係なく<u>公平な評価</u>を行い、株式譲渡を含めた部門長への昇進や<u>権限委譲</u>で<u>意欲向上</u>を図る、2.<u>特許取得者による研修</u>で<u>能力向上</u>を図る、3.営業専任者によるニーズ収集。	15	98
B	取り組むべきことは、①部門長を個別に立て、<u>権限委譲</u>する、②定期的な<u>ジョブローテーション</u>によるノウハウ蓄積・シナジー効果を図る、③<u>新規技術の特許申請の推奨</u>、<u>表彰</u>、④地元出身者同士の交流促進策。	13	95
B	①若手社員にも裁量を与えて<u>権限を委譲</u>する、②新製品や新技術について社員同士で競い合わせる<u>社内コンテスト</u>を開催する。これらの施策を実施することにより社員の<u>モチベーションを高めて</u>チャレンジ精神を維持する。	9	100
C	A社は、①<u>特許表彰</u>などで技術者の新規開発への<u>モチベーションを高め</u>、②家族主義的要素を充実させて、専門技術を持つ、地元出身の中途採用者の定着率を向上させ、チャレンジ精神や独自性を維持すべきである。	6	97

●解答のポイント

> 技術者が9割を占めるA社が社員のチャレンジ精神や独創性を維持するために行うべき取組みについて、育成面、評価面、配置面、その他の面から多面的に解答することがポイントだった。

他部署の人との打合せの質が向上した。相談を受けた時に、何を言っているかすごく理解できる。

【A社が強化すべき管理施策】

先生：一般的に、社員のチャレンジ精神や独創性を維持するためには何が必要でしょう？

水戸：技術者が前向きに研究開発に取り組むのにやる気が出る制度が必要だと思います。

応泉：「提案制度」や「表彰制度」とかは……どうでしょう！

先生：いいですね。ただし、A社は「研究開発型の企業であり続けるために」、社員のチャ
　　　レンジ精神や独創性を維持したいと考えています。そのためには新たな制度づくり
　　　とともにこれまで不足していた制度を構築するという観点も大切です。

応泉：与件文にあるように、A社は「新卒者を原則採用せず」、「中途採用者だけに絞って」
　　　採用することで教育コストを抑えつつ、即戦力を確保してきた。だから、中途採用
　　　の社員に対する教育や研修を行い能力の向上を図ることで、A社の強みである研究
　　　開発力の強化にもつながるんじゃないかなぁ。

水戸：A社は「成果部分を重視」し「年収ベースで二倍近くの差が生じる」ため、「公平
　　　かつ長期的な評価制度」も欠かせないと思います。

先生：2人ともいいですね。技術者の管理施策を問う問題は、平成26年度の第5問でも取
　　　り上げられていたので、多くの合格＋A答案はこのことを念頭に置いて、評価、育
　　　成、配置の観点から解答ができていたんです。このような観点は人的資源管理と呼
　　　ばれています。ここに採用と報酬が加わった5つの視点での考察が必要です。

水戸：私は「新卒採用」も組織活性化につながると考えました。

先生：確かにこれまで「中途採用」のみであったA社が新卒採用を行うという指摘はあり
　　　得ますが、今回、「新卒採用」は合格＋A答案よりもB答案以下に多い記載でした。

【その他の取組み】

水戸：私は与件文からA社が「メーカーとの共同プロジェクト」を行ってきたため、その
　　　点も盛り込みました。

先生：共同プロジェクトで外部の人材と交流することで新たな視点が加わり、独創性が向
　　　上すると考えられます。取組みとして重要ですね。でも、それだけでしょうか？

応泉：簡単ですよ。A社長は新規事業や製品の開発に自らチャレンジしてきたけど、後進
　　　に事業を委ねることを考え始めています。また、平成26年度の過去問（第5問）で
　　　も研究者への権限委譲が論点になりましたので、これを応用して……。

水戸：「研究開発に関する権限委譲」ですね。権限委譲により職務内容が充実し、モチベー
　　　ションのアップにつながります。スッキリ!!

先生：2人ともお見事！　そこまで書けていれば十分に合格圏内です！　合格＋A答案は
　　　ここまでのキーワードから平均3個以上盛り込んでいるのに対し、C答案以下は平
　　　均2個程度でした。多面的な解答がポイントだったといえます。なお、いつもなが
　　　ら、取組みだけでなく、その「効果」の記載も忘れないようにしましょう！

～診断士の勉強が仕事に活かせた瞬間～
昇進し部下を持った時に、複数の体系的なマネジメント手法から最適と思われるものを選択できたこと。

▶事例Ⅰ特別企画

事例Ⅰの第1問対策

　事例Ⅰは2次筆記試験における最初の科目であり、緊張やプレッシャー等からいつものペースを崩してしまう受験生も少なからずいるかと思います。特に事例Ⅰは他の事例と比べて問われ方が曖昧で、ヒントが少なく難しいという特徴があります。

　このような事例Ⅰにおいて最初に解答を作成する可能性が高い第1問の傾向を分析し、解き方のレシピを作成しておけば、一番緊張する時間を乗り切れるのでは？　という仮説のもと、以下で実際に考察していきたいと思います。

【まずは問題のレイヤーを意識する】

先生：2人とも解答を検討する際に、問題のレイヤーを意識していますか？

水戸：先生、レイヤーってなんですか？

先生：レイヤーとは階層のことで、次の図にあるとおり、事例Ⅰでは「経営戦略」「組織構造」「組織活性化」「人的資源管理」に大きく分かれています。

問題のレイヤー

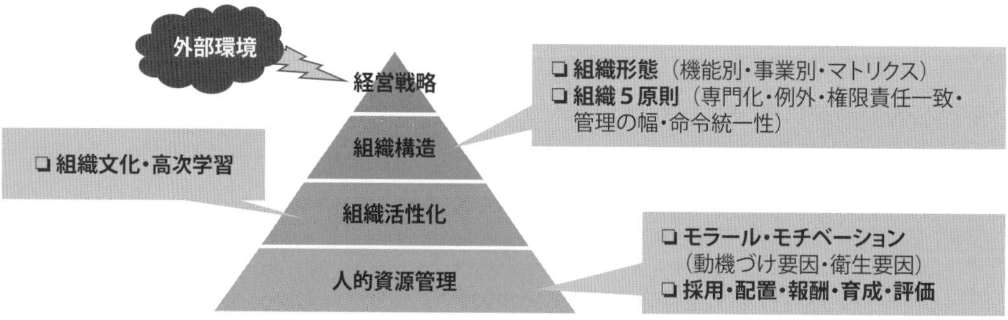

先生：たとえば、「経営戦略」のレイヤーで外部環境に関して問われているのに、「組織構造」の観点で解答してしまうと、設問要求から外れた解答になってしまいます。レイヤーを意識して解答を検討することで、設問要求を外すといった事故を大幅に軽減できます。

　求められているレイヤーを間違えることにより発生する事故とその対策に関しては、また事例Ⅲのところで説明するとして、まずここではレイヤーを意識しながら事例Ⅰにおける第1問の傾向を見ていくと……。

～診断士の勉強が仕事に活かせた瞬間～

社員の不満が多いので自社の財務指標を分析してみた。優良企業だった。

過去10年間の第1問に見られる傾向

出題年度	設問要求	レイヤー	SWOT
平成30年度	規模の小さな市場をターゲットとしている**理由**	経営戦略	S
平成29年度	主力商品を再び人気商品にさせた**要因**	経営戦略	S
平成28年度	A社が成長できた**要因**	経営戦略	S
平成27年度	スポーツ用品事業の市場**特性**	経営戦略	O・T
平成26年度	研究開発型企業が増えている経営環境の**変化**	経営戦略	O・T
平成25年度	事業を組み立てていく際の**留意点**	経営戦略	S
平成24年度	海外進出を促している外部環境の**変化**	経営戦略	O・T
平成23年度	営業活動の**違い**	経営戦略	―
平成22年度	ネットワーク構築が強みとなった**理由**	経営戦略	S
平成21年度	A社とF社の強みの**違い**	経営戦略	S

先生：なんと、すべてが経営戦略レイヤーの問題となっています！　表の「ＳＷＯＴ」列のＳは強みを答えさせる問題、Ｏ・Ｔは機会と脅威、つまり外部環境を分析させる問題という意味です。

水戸：ということは、第1問ではA社の経営状況を俯瞰して捉える必要がありそうですね。

先生：みとちゃん、すばらしい！　実は事例Ⅰの典型的な構造は「A社のコア・コンピタンスに対して経営資源を投入する。外部環境の変化に対して、戦略、組織、人的資源管理を変える」というパターンになっています。第1問ではこの構造を念頭に置き、A社の経営状況をうまく捉えることがポイントです。

応泉：僕は長年の受験勉強の結果、なんとなく事例Ⅰの構造はつかめていたけど、こんなに典型的なパターンがあるとは！　先生、図に表すとこういうことですか？

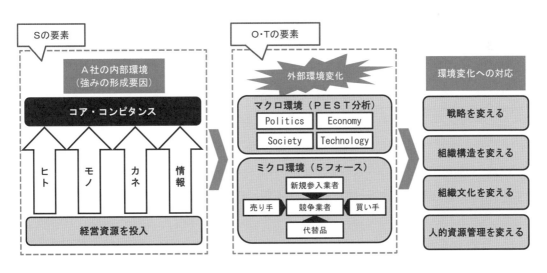

先生：応泉さん、さすがの応用力ですね！　この図は、まさに私が伝えたかったことです！

水戸：応泉さん素敵！　私、テンションが上がって食欲がモリモリ湧いてきました！

先生：それでは、実際に平成30年度の第1問について、与件文を分析しながら考えてみましょう。2人とも準備はいいですか？　せーの……

~診断士の勉強が仕事に活かせた瞬間~
　勤務先の改善に向けた提案と具体化で、業務効率化に寄与。

２人：（声を合わせて）今でしょ！

平成30年度　第１問

　研究開発型企業であるＡ社が、相対的に規模の小さな市場をターゲットとしているのはなぜか。その理由を、競争戦略の視点から100字以内で答えよ。

先生：まずは先ほどの図のフレームに基づき、与件文のキーワードを抜き出しましょう。

応泉：わかりました。ガリガリ……。

Sに関するキーワード	コア・コンピタンス			技術力、研究開発力
	経営資源の投入		ヒト	社員の大半が技術者、地元出身の中途採用者に絞って採用
			モノ	BtoBの製品に特化、製品領域の拡大
O・Tに関するキーワード	外部環境の変化	マクロ（PEST）	Economy	リーマン・ショックによる市場縮小
			Technology	情報通信技術の急速な進歩
		ミクロ（5フォース）	競争業者	同業者の多くが市場から撤退
	環境変化への対応		戦略	新規事業開発（複写機関連製品事業など）
			組織	機能別組織への編成替え、混成チーム、部門長を役員が兼任
			人的資源管理	実力主義、家族主義的な風土

水戸：スッキリ整理できていますね！　でも、キーワードの数が多くて目移りしそう。どれを優先して書けばよいのでしょうか。

先生：本問で問われていることは、ＳＷＯＴでいうと「Ｓ＝強み」だから、「コア・コンピタンス」と「経営資源の投入」に着目してみましょう。また、「環境変化への対応」は、第２問以降で問われているため、第１問に盛り込む必要性は低そうですね。ここで、ふぞろい流ベスト答案を見てみましょう。

理由は、①ニッチ市場に<u>経営資源を集中</u>し、<u>センサー技術を強みとした</u>差別化集中戦略をとることで、他社との競合を回避し競争優位を築くため、②主力取引先への依存を避け、<u>環境変化のリスクを分散</u>するためである。

水戸：コア・コンピタンスは「センサー技術を強みとした」、経営資源の投入は「経営資源を集中」と、フレームで整理した内容が盛り込まれていますね！　さらに、外部環境の変化に関するキーワード「環境変化のリスクを分散」も書かれています。

応泉：それだけではなく、設問要求の「競争戦略の視点から」を踏まえて、「差別化集中戦略」「競争優位」「他社との競合を回避」というキーワードも盛り込まれているぞ。フレームで整理した内容だけではなく、必要な解答要素をプラスする必要がありそうだ。先生、どうでしょう？

先生：応泉さん、よく気づきましたね！　事例ⅠのフレームはＡ社の経営状況を俯瞰するのに非常に便利である一方で、あくまでも設問要求に沿った解答を心掛ける必要があります。要するに、応用が大事だということ。さすが応泉さん！

事例
Ⅰ

応泉：エヘン！　ぼかぁ、なんだか今日は冴えているぞ！

【強みを的確に把握するには】

水戸：先生、実はモヤモヤしていることがあります。事例Ⅰって「組織・人事」がテーマ
　　　ですよね。私は、A社の強みとは何かを考えたとき、あくまでも「組織・人事」に
　　　寄り添って考えた結果、「社長の経験」や「人材力」だと思ってしまったんです。

先生：みとちゃんの着眼点も確かに間違いではないけど、そのようなときこそ先ほどの図
　　　を思い出してみましょう。「人材力」などは、コア・コンピタンスを強化するため
　　　に投入する経営資源にあたると考えられます。このように、経営戦略が問われてい
　　　る問題では無理に「組織・人事」の切り口に寄せなくてもよい場合があるので要注
　　　意！　真に競争優位の要因となっていることを、一言でまとめる練習をするとよい
　　　ですね。

水戸：なるほど！　強みの把握も、さっきの図を使えばスッキリ！

応泉：僕はやっぱり長年の受験生活で、強みについて耳寄り情報を聞いたことがあります
　　　よ。事例企業は製造機能を持つ「メーカータイプ」と、製造機能を持たない「商社
　　　タイプ」に大きく分けることができ、それぞれ強みの特徴が違うんだって。

タイプ	出題年度	A社の業種	A社のコア・コンピタンス
商社タイプ	平成25年度	健康食品の通信販売業者	広告宣伝ノウハウ、既存顧客との接点
	平成22年度	食品原料の一次問屋	二次・三次問屋や地方の有力店とのネットワーク
メーカータイプ	平成30年度	エレクトロニクス・メーカー	技術力、製品開発力
	平成29年度	菓子製造業	高級菓子の商品力、ブランド力
	平成28年度	老舗印刷業者	高度な印刷技術
	平成27年度	プラスチック製品メーカー	高度な成形技術
	平成26年度	精密ガラス加工メーカー	高度な精密ガラス加工技術
	平成24年度	金属製品の製造・表面加工メーカー	表面加工技術、品質保証体制
	平成23年度	医療品メーカー	絆創膏の製造で培ってきた技術
	平成21年度	菓子メーカー	原材料重視のコンセプト

先生：応泉さん、すごいですね！　私もこの切り口には気づきませんでした。なるほど、
　　　「メーカータイプ」は技術力、「商社タイプ」は他企業や顧客とのネットワークが、
　　　代表的なコア・コンピタンスということですね！

応泉：僕のノウハウがこんなに評価されるとは……長年の苦労の成果が出ました（涙）。

水戸：過去問の事例企業は、圧倒的にメーカータイプが多いですね。この知識を使えば、
　　　コア・コンピタンスは何か、断然探しやすくなるわ！　私、学習意欲と食欲が止ま
　　　りません！　先生、応泉さん、何かおいしいもの食べに行きましょう！

~診断士の勉強が仕事に活かせた瞬間~
　定性面、定量面のメリット・デメリットをフレームワークで整理し提案したところ、評価、採用されたこと。

ふぞろい流ベスト答案 ― 事例Ⅰ

第1問（配点20点）　99字　　【得点】20点

> 理由は、①ニッチ市場に経営資源を集中³し、センサー技術を強み⁶とした差別化集中戦略⁶をとることで、他社との競合を回避⁴し競争優位を築く³ため、②主力取引先への依存を避け¹、環境変化のリスクを分散¹するためである。

第2問（配点40点）

（設問1）　90字　　【得点】20点

> 理由は、①Ａ社が人員の大半が技術者⁶の研究開発型企業であり、ＢtoＢ製品にて強みが発揮できる⁵ため、②生産や販売を他社に委託³し、営業人員も少なく³、最終消費者のニーズ把握が困難⁵であるため。

（設問2）　100字　　【得点】20点

> 電子機器事業¹は顧客の声を反映した受け身の製品開発²で、売切り型⁴であるため製品を販売した時点で取引が完了³した。一方、複写機関連製品事業は製品が消耗品³であるため継続的に販売可能⁴であり、安定した収入源³となった。

第3問（配点20点）　100字　　【得点】20点

> 目的は、①専門技術者の混成チーム⁴によるシナジー効果⁴、知識、ノウハウの共有³で製品開発領域拡大⁵、②役員による部門長兼任¹で、意思決定の迅速化⁴と権限の明確化²を図り、製品開発に専念できるサポート体制の確立³である。

第4問（配点20点）　100字　　【得点】20点

> 取り組みは、①研究開発の権限委譲、②研修制度の充実⁴、③研究開発力の強化³、④長期的視野の評価制度策定⁴、⑤社内提案制度の創設²、⑥社外との共同ＰＪの推進³、以上により社員のモラールを向上³させ組織活性化²を図る。

ふぞろい流採点基準による採点

100点

第1問：ニッチ市場を選択する理由について、競争戦略・強みの活用・脅威への対応の
　　　　観点から、多面的に記述しました。
第2問（設問1）：最終消費者市場の特性とA社の人員構成を関連づけて多面的に記述
　　　　しました。
第2問（設問2）：経営危機以前の電子機器事業と経営危機からの脱却に寄与した複写
　　　　機関連製品事業のそれぞれの特性を対比する形で記述しました。
第3問：製造部門内の組織改編の観点と、役員による部門長兼任の観点で、目的を多面
　　　　的に記述しました。
第4問：チャレンジ精神や独創性を維持する取組みについて多面的に指摘したうえで、
　　　　効果は取組みとの因果を考慮して記述しました。

Column

緊張しいでも合格する秘訣

　1次試験を突破していれば、2次試験に必要な知識の量は十分です。大丈夫。あとは事例企業に寄り添って、聞かれたことを素直に書くだけ。それが2次試験のようです。なのに、緊張しいの私には、それが本当にむずかしい。でも、緊張をなくすこともむずかしいし……。私は、緊張とうまく付き合っていくことに決めました。対応策として、試験当日にその場で判断しなくてはならないことを極力減らし、動揺する場面を予め最小限に抑えておく準備をしました。具体的には、頭が真っ白になったときに備え、80分の解答プロセスをきっちり決めて、うまく機能するかを過去問で何度も検証し、無意識レベルで実践できるまで練習しました。また、「制限字数に全然足りない」「切り分けがわからない」のようなトラブルが発生したときに、どう判断するかをそれぞれ事前に決めておきました。

　ただでさえ、本試験では予想外のことが必ず起こります。そのため、予想できることは、先に決めておくのです。正直、先に決めておくのはとても時間と手間がかかります。緊張しない人が本当に羨ましいです。でも、試験当日の自分を励まして合格を勝ち取るために「これだけ準備したから大丈夫！」という自信を、自分にプレゼントしてあげてはいかがでしょうか。

（いくみん）

~資格を取ってやりたかったこと~

　将来的な転職や独立など、セカンドキャリアに関する情報収集と、モデルケースの先輩を探すこと。

▶事例Ⅱ（マーケティング・流通）◀

平成30年度 中小企業の診断及び助言に関する実務の事例Ⅱ
（マーケティング・流通）

　B社は、X市市街地中心部にある老舗日本旅館である。明治初期に創業し、約150年の歴史をもつ。2年前、父親である社長が急死し、民間企業に勤めていた30歳代後半の長男が急きょ事業を承継することになり、8代目社長に就任した。資本金は500万円、従業員は家族従業員3名、パート従業員4名である。このうち1名は、つい最近雇用した英語に堪能な従業員である。客室は全15室で、最大収容人員は50名、1人1泊朝食付き7,500円を基本プランとする。裏手には大型バス1台、乗用車6台分の駐車場がある。

　簡素な朝食は提供しているものの、客室稼働率に上下があり食材のロスが発生するという理由と調理人の人件費を削減するという理由から、創業以来、夕食は提供していない。宿泊客から夕食を館内でとりたいという要望がある場合は、すぐそばにある地元の割烹料理店からの仕出しで対応している。これまで何度か小さな増改築を行ってきたが、現在の宿泊棟は築45年である。客室には基本的にずっと手を加えていない。畳と座卓、障子、天井吊り下げ式照明のある、布団を敷くタイプの古風な和室である。館内には大広間があり、その窓からは小ぶりだが和の風情がある苔むした庭園を眺めることができる。大浴場はないため、各部屋に洋式トイレとバスを設置している。歴代の社長たちは皆、芸術や文化への造詣が深く、執筆や創作のために長期滞在する作家や芸術家を支援してきた。このため、館内の廊下や共用スペースには、歴代の社長たちが支援してきた芸術家による美術品が随所に配置され、全体として小規模な施設ながらも文化の香りに満ちた雰囲気である。この中には、海外でも名の知られた作家や芸術家もいる。

　X市は江戸時代から栄えた城下町である。明治時代までは県内随一の商都であり、教育や文化支援にも熱心な土地柄であった。X市市街地は、北側は城跡付近に造られた官公庁街、東から南側にかけては名刹・古刹が点在する地域となっており、西側には商都の名残である広大な商業地域が広がっている。B社は創業時からちょうどこの中央に立地し、これらのエリアはいずれも徒歩圏内にある。B社から最寄り駅までは公共バスを利用して20分強かかるが、現在、この間を結ぶバスは平均すると1時間に5～6本程度運行している。この最寄り駅からは国内線と国際線の離発着がある空港に向けて、毎日7往復の直通バスが走っており、駅から空港までの所要時間は1時間40分ほどである。

　X市市街地の中でも、商業地域の目抜き通りには江戸時代の豪商や明治時代の実業家が造り上げた厳かな大型建造物が立ち並ぶ。この通りは現在でも商業地域の顔である。400年以上続くとされる地域の祭りでは、市内各地を練り歩いてきた豪勢な何台もの山車がこの通りに集結するタイミングで最高の盛り上がりを見せる。夜通し続くこの祭りの見物客は近年、年々増加している。街の一角にはこの祭りの展示施設があり、ここを訪れた観光

客は有料で山車を引く体験ができる。Ｘ市商業地域には、歴史を感じさせる大型建造物が
残る一方、住民を対象にした店舗もたくさんある。普段遣いのお店から料亭、割烹料理店
までのさまざまなタイプの飲食店をはじめ、各種食料品店、和装店、銭湯、劇場、地元の
篤志家が建設した美術館などの施設が集積している。

　10年ほど前、Ｘ市の名刹と商業地域が高視聴率の連続ドラマの舞台となり、このエリア
が一躍脚光を浴びた。これを機に、商業地域に拠点をもつ経営者層を中心として、このエ
リア一体の街並み整備を進めることになった。名刹は通年で夜間ライトアップを行い、地
域の動きに協力した。地域ボランティアは観光案内や街の清掃活動を行い、美しい街並み
と活気の維持に熱心である。こうした影響を受け、最近では、ほとんどいなかった夜間の
滞在人口は増加傾向にある。

　Ｘ市は大都市圏とも近く、電車で２時間程度の日帰りできる距離にある。古き良き時代
の日本を感じさせるＸ市の街のたたずまいは観光地として人気を集めている。2017年時点
で、Ｘ市を訪れる観光客は全体で約500万人、このうち約20万人がインバウンド客である。
商業地域には空き店舗があったが、観光客が回遊しそうな通り沿いの空き店舗には地元の
老舗商店が出店して、シャッター通りにならないための協力体制を敷いた。食べ歩きでき
るスイーツや地域の伝統を思わせる和菓子などを販売し、街のにぎわい創出に努めた。歴
史ある街並みに加え、こうした食べ物などは写真映えし、ＳＮＳ投稿に向く。そのため、
ここ数年は和の風情を求めるインバウンド客が急増している（図参照）。

　一方、Ｂ社のビジネス手法は創業時からほとんど変わっていなかった。明治時代から仕
事や執筆・創作活動のために訪れる宿泊客が常に一定数いたため、たいしたプロモーショ
ン活動を行う必要性がなかったのが理由である。それに気付いた８代目は就任して１年
後、館内に無料Wi-Fiを導入し、Ｂ社ホームページも開設した。これにより、それまで
電話のみで受け付けていた宿泊予約も、ホームページから外国語でも受け付けられるよう
になった。また、最低限のコミュニケーションが主要な外国語で図れるよう、従業員教育
も始めた。近々モバイル決済の導入も考えている。現在、宿泊客は昔なじみのビジネス客
８割、インバウンド客２割であるが、なじみ客らは高齢化が進み、減少傾向にある。最寄
り駅から距離のあるＢ社には、事前に予約のない客が宿泊することはほとんどない。

　Ｂ社から距離の離れた駅前にはチェーン系ビジネスホテルが２軒ほどあるが、Ｘ市市街
地中心部にはＢ社以外に宿泊施設がない。かつてはＢ社と似たようなタイプの旅館もあっ
たが、10年以上前に閉鎖している。Ｂ社周辺にある他の業種の店々は、拡大する観光需要
をバネに、このところ高収益を上げていると聞く。Ｂ社だけがこの需要を享受できていな
い状態だ。

　８代目は事業承継したばかりで経営の先行きが不透明であるため、宿泊棟の改築などの
大規模な投資は当面避けたいと考えている。既存客との関係を考えると、宿泊料金の値上
げにも着手したくない。打てる手が限られる中、８代目が試しに従来の簡素な朝食を日本
の朝を感じられる献立に切り替え、器にもこだわってみたところ、多くの宿泊客から喜び

の声が聞かれた。こうした様子を目にした8代目は、経営刷新して営業を継続したいと考えるようになり、中小企業診断士にその方向性を相談した。

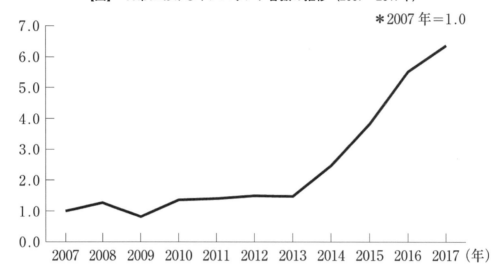

【図】　X市におけるインバウンド客数の推移（2007〜2017年）

＊2007 年＝1.0

第1問（配点25点）

　B社の現状について、3C（Customer：顧客、Competitor：競合、Company：自社）分析の観点から150字以内で述べよ。

第2問（配点25点）

　B社は今後、新規宿泊客を増加させたいと考えている。そこで、B社のホームページや旅行サイトにB社の建物の外観や館内設備に関する情報を掲載したが、反応がいまひとつであった。B社はどのような自社情報を新たに掲載することによって、閲覧者の好意的な反応を獲得できるか。今後のメインターゲット層を明確にして、100字以内で述べよ。

第3問（配点25点）

　B社は、宿泊客のインターネット上での好意的なクチコミをより多く誘発するために、おもてなしの一環として、従業員と宿泊客との交流を促進したいと考えている。B社は、従業員を通じてどのような交流を行うべきか、100字以内で述べよ。

第4問（配点25点）

　B社は、X市の夜の活気を取り込んで、B社への宿泊需要を生み出したいと考えている。B社はどのような施策を行うべきか、100字以内で述べよ。

Column　「問題点」と「課題」

　2次試験の分析をしているなかでしばしば議論にあがるのが、設問文の単語の意味です。代表的なものとして、「問題点」と「課題」の捉え方の違いがあげられます。特に独学の受験生にとっては判断に迷うところではないでしょうか。

　『ふぞろい12』の編集作業中にも「問題点」と「課題」の違いは議論にあがりました。普段、生活するなかで問題点と課題の違いを意識することはあまりないと思います。けれど、中小企業診断士試験は合否を分けるための試験です。設問文に2種類の単語が出てくるなら、意図して使い分けられている可能性は十分にあるでしょう。診断士試験のセオリーとしては、「問題点」が理想の姿に対して不十分な点の指摘に留まる一方、「課題」では「問題点」を踏まえて、理想の姿になるために必要なことを指摘することが求められるといわれています。誤解を恐れずに簡略化すると、「問題点」はネガティブ、「課題」はポジティブな表現になります。

　案外、こうした細かい書き分けが1点の合否を分けるのかもしれません。　　　（事務局）

> **第1問（配点25点）【難易度　★★☆　勝負の分かれ目】**
> 　B社の現状について、３C（Customer：顧客、Competitor：競合、Company：自社）分析の観点から150字以内で述べよ。

●出題の趣旨

　B社の顧客の状況、自社の強み・弱みと競合の状況について分析する能力を問う問題である。

●解答ランキングとふぞろい流採点基準

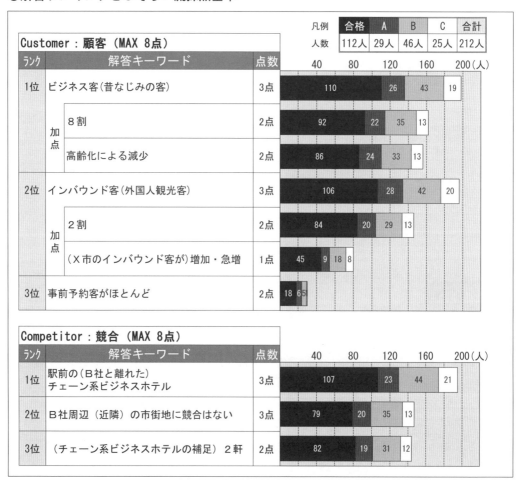

凡例	合格	A	B	C	合計
人数	112人	29人	46人	25人	212人

Customer：顧客（MAX 8点）

ランク	解答キーワード		点数	合格	A	B	C
1位	ビジネス客（昔なじみの客）		3点	110	26	43	19
	加点	8割	2点	92	22	35	13
		高齢化による減少	2点	86	24	33	13
2位	インバウンド客（外国人観光客）		3点	106	28	42	20
	加点	2割	2点	84	20	29	13
		（X市のインバウンド客が）増加・急増	1点	45	9	18	8
3位	事前予約客がほとんど		2点	18	6	5	

Competitor：競合（MAX 8点）

ランク	解答キーワード	点数	合格	A	B	C
1位	駅前の（B社と離れた）チェーン系ビジネスホテル	3点	107	23	44	21
2位	B社周辺（近隣）の市街地に競合はない	3点	79	20	35	13
3位	（チェーン系ビジネスホテルの補足）2軒	2点	82	19	31	12

事例Ⅱ

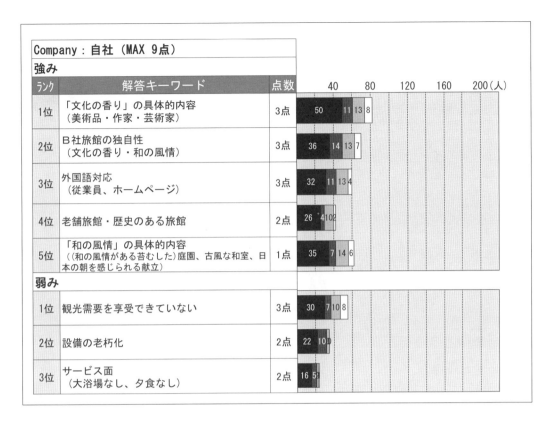

●再現答案

区	再現答案	点	文字数
合	顧客は固定のビジネス客8割と急増するインバウンド客2割だが、固定客は高齢化により減少傾向。競合は駅前にチェーン系ビジネスホテルが2軒あるがX市中心部にはB社以外に宿泊施設はない。自社の強みは、英語に堪能な従業員と海外でも有名な作家等の美術品。弱みは建物が古い事と夕食がないので客単価が低い事。	25	146
合	現状、①顧客は仕事や執筆のために訪れるなじみの客が8割だが高齢化が進み減少傾向、2割のインバウンド客は2013年以降X市への観光として急増、②競合は駅前に2軒あるチェーン系ビジネスホテルのみでX市中心部にはない、③自社は和室で大浴場・夕食提供はないが文化の香りの雰囲気を提供、インバウンド需要を享受できず。	24	149
A	現状は、①昔馴染みのビジネス客8割は高齢化で減少傾向にあり、インバウンド客は2割で取り込めていない、②競合はX市市街地中心にはなく、駅前にチェーン系のビジネスホテルが2軒ほどあり、③自社旅館の客室の手直しはしていないが館内は和の風情や文化の香りがあり、英語に堪能な従業員を最近雇用している、状況である。	24	150

B	現状は、①顧客は、**昔なじみのビジネス客8割**、**インバウンド客2割**で、なじみ客は**高齢化が進み減少傾向**にある、②競合は、**B社から距離の離れた駅前にチェーン系ビジネスホテル**が**2軒**あり**X市市街地には無い**、③自社は、X市市街地中心部にある明治初期に創業した**老舗旅館**で長男が事業継承した。	18	137
C	①顧客は、夜通し続く祭りの見物客が年々増加すると共に、和の風情を求める**インバウンド客**が**急増**しており、②競合は、**駅前のビジネスホテル**で拡大する観光需要をバネに高収益化を実現しているが、③B社は、市街地中央という立地や、**和の風情のある庭園**、海外でも有名な**美術品**の強みを訴求できず**観光需要を享受できていない**。	14	150

●解答のポイント

> 顧客、競合、自社（強みと弱み）について、第2問以降との関連を考慮のうえで優先度を決定し、キーワードを盛り込んだかがポイントだった。

【Customer：顧客】

先生：さぁ、続いて事例Ⅱを見ていきましょう。「3C分析」は試験で初めて出てきた言葉だったけど2人はどうだったかな。まず「顧客」はどのように対応しましたか？

応泉：これは第7段落にB社の現在の宿泊客の記述があるし、「ビジネス客は8割いるが高齢化で減少傾向」、それと対比して「インバウンド客は2割まで増加」と考えました。

水戸：応泉さん、第7段落になじみ客は減少傾向にあることは書いてありますが、インバウンド客が増えているとは書いてないですよ。増えているのはX市に訪れているインバウンド客であってB社の宿泊客ではナインデス！

先生：みとちゃん、きちんと読めていますね。3C分析において「顧客」を分析するときは、本来「顧客」だけでなく「市場」の分析も行います。出題の趣旨には「顧客」としか書かれていないため「市場」は解答に含めなくても問題なかったようですが、「X市にインバウンド客が急増しているにもかかわらずB社は需要を享受できていない」と把握できると第2問との整合性が保たれますよね。逆にB社のインバウンド客が増加しているのであれば、第2問の課題は不自然となってしまいます。

【Competitor：競合】

先生：「競合」で盛り込むべきポイントはなんだかわかりましたか？

水戸：私は駅前のチェーン系ビジネスホテルが競合だと思ったんですが、B社とは離れているし競合として影響力があるのか悩みました。

応泉：チッチッチッ、甘いな、みとちゃん。第8段落にわざわざ「距離の離れた駅前」と

「（B社と同じ）X市市街地中心部」と立地の違いが書いてあるんだよ。ということはだよ、立地の違いも含めてそれぞれの場所の競合の有無を示すことでB社の優位性が浮き彫りになってくるんだよ。

先生：さすが応泉さん、着眼点がいいですね。ここで立地の違いを示しておくことで第3問や第4問につながっていきますね。

【Company：自社】

先生：さぁ、最後は「自社」ですが、ここが第1問の勝負の分かれ目となりました。

水戸：自社の何を書けばいいかピンと来ませんでした。ですので、与件文にたくさん書かれているB社の差別化ポイントをたくさん盛り込みました。

応泉：環境分析の問題だから、自社ということは内部環境、ズバリ強みと弱みでしょ。

先生：応泉さん、よく気がつきましたね！　多くの受験生が強みと弱みが問われていると気づかなかったようで、みとちゃんのように強みのみが書かれているものが多く、弱みまで書けているのは主に合格＋A答案でした。まず強みに関しては、第2問や第3問で使えるターゲットとする顧客のニーズに合ったB社の独自性のある経営資源を挙げられていると点数につながったようですね。

水戸：では、弱みはどのような観点で挙げればよかったのでしょうか？

応泉：僕は、「ビジネス手法が創業時から変わっていないこと」かと思いました。

先生：第7段落で8代目はすでに手を打ち始めていることが書かれています。依然として解決できていないのは「B社だけがX市の観光需要を享受できていない」ということですよね。ここが一番の弱みでありこの事例のテーマではないでしょうか。ほかにも旅館なのに「夕食なし」「大浴場なし」であることは引っかかりませんでしたか？

水戸：確かに気にはなりました。でも、X市商業地域に銭湯も飲食店もありますよね。

先生：そこがポイントなんです。X市商業地域でB社の弱みを補えるんです。そうすると第4問へつながってきますね。第1問は分析問題でしたので、ここの解答が如実に他の問題の道しるべとなっています。他の問題との関連性を見ながら点数を確実に取りたい問題でしたね。

応泉：後の問題を考えて解答に盛り込む要素を取捨選択する。これは応用できそうだぞ。

水戸：強みと弱み、他の問題との関連性など、設問文や与件文に素直に答えるためには多面的な視野がとても大事ナンデスね。スッキリ！

第2問（配点25点）【難易度　★☆☆　みんなができた】

　B社は今後、新規宿泊客を増加させたいと考えている。そこで、B社のホームページや旅行サイトにB社の建物の外観や館内設備に関する情報を掲載したが、反応がいまひとつであった。B社はどのような自社情報を新たに掲載することによって、閲覧者の好意的な反応を獲得できるか。今後のメインターゲット層を明確にして、100字以内で述べよ。

●出題の趣旨

　現在のB社に関するインターネット掲載情報の問題点を踏まえ、B社の新規宿泊客を増加させるために必要な新たな掲載情報を提案する能力を問う問題である。

●解答ランキングとふぞろい流採点基準

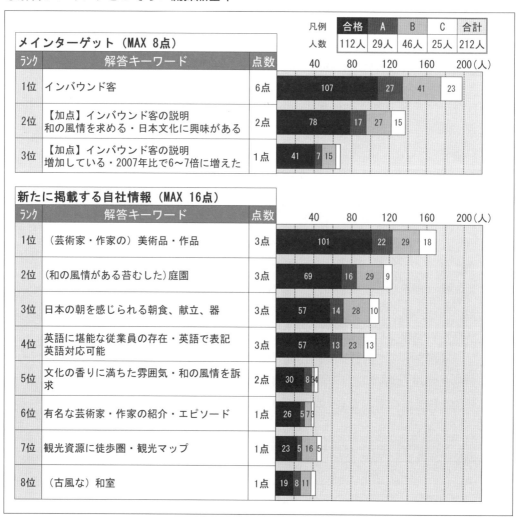

効果（MAX 1点）							
	解答キーワード	点数	40	80	120	160	200（人）
1位	好意的な反応を獲得・口コミ誘発	1点	20 5				

事例Ⅱ

●再現答案

区	再現答案	点	文字数
合	和の風情を求める²インバウンド客⁶をターゲットとする。①海外で名の知れた芸術家の作品³の写真、②古風な和室³や庭園³の写真、③日本の朝を感じさせる献立³、④英語対応可能³な点を掲載して、好意的な口コミを獲得する。	22	99
合	増加している¹インバウンド観光客⁶をターゲットに、館内に設置された美術品³の写真や滞在した作家のエピソード³、和の庭園や和朝食³の写真を載せることで、和と文化の香りに満ちた雰囲気をアピールする。	19	92
A	メインターゲット層を和の風情を求める²インバウンド客⁶とし、①和室¹や庭園³の写真、②和を感じられる朝食³の写真、③海外で知られた作家の美術品³の写真を掲載することにより、インバウンド客に和の体験²を訴求する。	20	99
B	和の風情を求める²インバウンド客⁶に対し、器にもこだわって日本の朝を感じられる献立の朝食³や小ぶりだが和の風情がある苔むした庭園³を眺める事ができる大広間を英語で掲載³して、新規顧客獲得を図る。	17	92
B	ターゲットは、最近増加している¹日本の文化や食事に興味のあるインバウンド客⁶。情報は、①B社に宿泊した文化人の情報¹、②B社から観光地までの散策ルート¹、③朝食の献立³などの写真を掲載する。	13	90
C	メインターゲット層は日本の風情や文化・芸術を楽しみたいインバウンド客⁶である。①周辺の名刹・古刹や割烹料理店・和装店、②館内の美術品³や芸術家の情報¹など、B社を中心に体験できる情報を掲載する。	12	94
C	B社は、10年前と比べて6倍に増えている¹外国人観光客⁶のうち①和の風情を求める²顧客にはX市街の歴史ある街並みを、②芸術に興味のある顧客には海外で有名な作家の作品³を訴求し、口コミを喚起³し新規顧客を開拓する。	12	100

●解答のポイント

> 新規宿泊客を増加させるために今後のメインターゲット層を適切に設定し、ニーズに合わせた自社情報の掲載を提案できたかがポイントだった。

【ターゲット層が求めているもの】

先生：さて、第2問です。問題の要求の1つに「今後のメインターゲット層を明確にして」とありますが、2人はメインターゲット層を特定できましたか？

水戸：私は、第1問でも問われたとおり、B社の顧客の状況は「昔なじみのビジネス客8割」、「インバウンド客2割」となっているけど、「なじみ客らは高齢化が進み、減少傾向にある」というところと、図を参照して今後のメインターゲット層は「インバウンド客」としました。

応泉：僕も同じだよ。与件文にこれ見よがしに図があってX市のインバウンド客数の推移を示しているし、与件文の第6段落の最後にも「急増している」と書いてあるわけだから「インバウンド客」とすることは明白だね。これは応用のしようがないよ。

先生：2人ともこれは迷いなく特定できたようですね。この点に関しては、合格者はもちろん、ほとんどの受験生が書けていたようです。また、「和の風情を求める」や「日本文化に興味がある」といったインバウンド客のニーズの説明を書いた場合や、図から「急増する」や「2007年比で6〜7倍に増えた」など、新たにメインターゲット層として着目すべき根拠を示した解答は加点となったと考えられます。国内観光客もターゲットとして考えられなくはないですが、ここ数年X市へのインバウンド客が急増しており、B社には和の風情があり、英語に堪能な従業員がいる強みを加味すれば、やはりメインターゲットとすべきはインバウンド客が妥当ですね。

【好意的な反応を獲得するには？】

先生：では、そのインバウンド客から「好意的な反応を獲得するには」どういった点を考慮すればよいと思いますか？

水戸：私は、与件文の第6段落の最後の文にある「和の風情を求める〜」というインバウンド客のニーズに注目しました。新たに掲載する情報は、和の風情を感じられるものにすることが必要だと思います。

先生：そのとおり！ ホームページや旅行サイトの閲覧者から好意的な反応を獲得し、B社に興味をもってもらい新規宿泊者を増やしていきたいわけだから当然、ターゲット層が求めるものを掲載することがセオリーですよね。解答に際しては、与件文からインバウンド客のニーズに訴求できる自社情報を特定できたかがポイントだったようです。

水戸：先生！ 私は、与件文から和の風情を感じられるものとして「苔むした庭園」や「館

内の廊下や共用スペースにある芸術家による美術品」を書きました。

応泉：最後の段落にある「器にもこだわった日本の朝を感じられる献立」も「多くの宿泊客から喜びの声が聞かれた」とあり、それも書くべきだと思うな。

先生：2人とも良い視点ですね。海外でも名の知られた作家や芸術家も泊まっていたようだし、美術品と作家名を掲載することで好意的な反応を得やすいと想像できますね。ホームページに掲載することだから、ビジュアルに訴えられるもののほうが閲覧者の反応を得やすいと考えられます。また、「英語に堪能な従業員」、「英語での接客対応が可能であること」を挙げている受験生は多かったようです。

応泉：僕は応用として、「名刹・古刹等の観光資源に徒歩圏という立地」という利便性の高さは強みだと思ったので、周辺の観光名所を記載したマップを掲載すると書きました。

先生：それも実際に旅館のホームページ等を想像するとありそうに思えますね。ほかにも「空港からのアクセスやバス等の交通情報」など交通利便性を掲載すべきと書いた人もいましたが、解答数からするとそこまで多くはなかったようです。解答としてまず求められたことは、メインターゲット層のニーズに対応する「和の風情」が伝わる情報であり、「利便性」の部分はこの問題においては優先度は低かったと思われます。やはり、ターゲットの一番のニーズはどこにあるのかと考えることが大事ですね。2人は第2段落の最後の文にある「全体として小規模な施設ながらも文化の香りに満ちた雰囲気」の記述には着目できましたか？

水戸：ううっ、私は、ふーんと読み飛ばしてしまいました。

応泉：僕はもちろん「庭園や美術品を掲載し、文化の香りに満ちた雰囲気を表現する」と書きました！　どうでしょう！

先生：すばらしい！　結局、「庭園」や「美術品」があることでどういった雰囲気を旅館が醸し出しているのかといった観点まで記載することは、加点となった可能性が大きかったです。ほかにも「和の風情を訴求」といったターゲットのニーズをきちんと捉えていることがわかる記載もありました。「文化の香りに満ちた雰囲気」や「和の風情を訴求」という表現を実際に解答にまで含めたのは合格者に多く見られました。この点が、合格＋A答案とB答案以下の違いになった可能性はありますね。

水戸：勉強になります〜！　スッキリ！

〜2次試験とは○○である〜

自分と向き合い、人間力も高める機会。

第3問（配点25点）【難易度　★★★難しすぎる】

B社は、宿泊客のインターネット上での好意的なクチコミをより多く誘発するために、おもてなしの一環として、従業員と宿泊客との交流を促進したいと考えている。B社は、従業員を通じてどのような交流を行うべきか、100字以内で述べよ。

●出題の趣旨

B社の宿泊客の好意的なクチコミを引き出すために従業員が行うサービス施策について、助言する能力を問う問題である。

●解答ランキングとふぞろい流採点基準

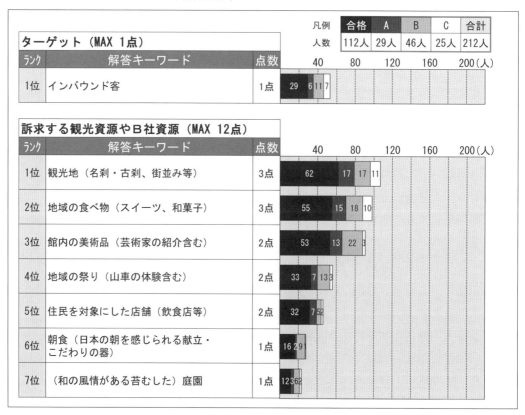

凡例	合格	A	B	C	合計
人数	112人	29人	46人	25人	212人

ターゲット（MAX 1点）

ランク	解答キーワード	点数
1位	インバウンド客	1点

訴求する観光資源やB社資源（MAX 12点）

ランク	解答キーワード	点数
1位	観光地（名刹・古刹、街並み等）	3点
2位	地域の食べ物（スイーツ、和菓子）	3点
3位	館内の美術品（芸術家の紹介含む）	2点
4位	地域の祭り（山車の体験含む）	2点
5位	住民を対象にした店舗（飲食店等）	2点
6位	朝食（日本の朝を感じられる献立・こだわりの器）	1点
7位	（和の風情がある苔むした）庭園	1点

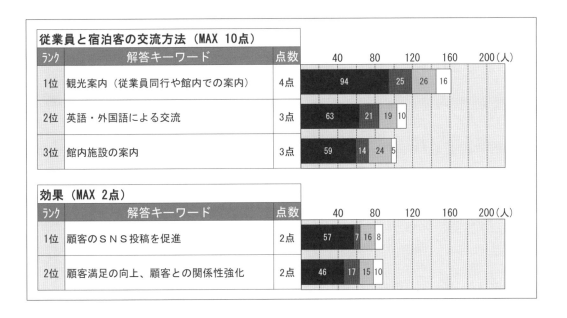

従業員と宿泊客の交流方法（MAX 10点）			40 80 120 160 200（人）
ランク	解答キーワード	点数	
1位	観光案内（従業員同行や館内での案内）	4点	94　25　26　16
2位	英語・外国語による交流	3点	63　21　19　10
3位	館内施設の案内	3点	59　14　24　5

効果（MAX 2点）			40 80 120 160 200（人）
ランク	解答キーワード	点数	
1位	顧客のＳＮＳ投稿を促進	2点	57　7　16　8
2位	顧客満足の向上、顧客との関係性強化	2点	46　17　15　10

●再現答案

区	再現答案	点	文字数
合	英語に堪能な従業員が外国人観光客を連れ、X市商業地域を案内するツアーを企画する。祭りの見物や山車を引く体験、美術品と一緒に写真を撮ったり和菓子を食べ歩きする様子を写真撮影しＳＮＳに投稿をしてもらう。	20	97
合	B社は①英語が堪能な従業員による祭りや名刹・商業地域の英語でのガイド付きツアー②こだわりの朝食と器の積極的な説明や海外でも有名な芸術家の美術品の解説、により愛顧と顧客満足度を高め、口コミを得る。	20	97
A	交流を促進する施策は、英語による①館内の美術品の館内ガイドツアー、②スタッフが同行するスイーツの食べ歩き、連ドラの舞台となった名刹の案内、街歩き等でＳＮＳへの投稿を促し関係性を強化しリピートを図る。	20	97
B	従業員が地域ボランティアと連携し、街の美しい街並みやにぎわいを案内する観光ツアーを行う。伝統の街並みや食べ物が写真映えする為、宿泊客と交流し顧客関係性強化し愛顧を高め写真や好意的口コミのＳＮＳ投稿を促す。	12	100
C	交流は、英語力堪能な従業者や外国語教育した従業員が食べ歩きできるスイーツ・地域の伝統ある和菓子、歴史ある街並の写真をＳＮＳに投稿する。外国人観光客の質問を受付け、外国語で答え関係性強化しＣＳ向上する。	11	100

C	①予約がない観光客を取り込むために駅前での大型バスを用いた送迎、②**X市の観光スポット**などの案内及び可能な限りの付き添いツアー、③アンケートを利用した従業員の接客の向上である。	4	87

●解答のポイント

> 顧客満足度を向上してクチコミを誘発するために、従業員と宿泊客が交流できるサービス施策を提案することがポイントだった。

【サービス施策について】

先生：さて、続いて第3問にいきましょうか。出題の趣旨には「従業員が行うサービス施策」とありますが、2人はどのような交流を提案しましたか？

応泉：インターネット上で好意的なクチコミを引き出すなら、与件文のキーワードであるＳＮＳを活用するしかないでしょ！　ズバリ従業員によるＳＮＳ投稿を提案しました！

水戸：私は従業員が同行するＸ市の観光案内を提案しました。ＳＮＳ投稿も検討しましたが、一方的で宿泊客との交流には向かないんじゃないかなと思いました。また設問文に「おもてなしの一環として」とあるので、宿泊客が旅館に宿泊する際の直接的な交流を想定しました。

応泉：むむ。なるほど。でも、従業員が少ないのに観光案内なんてできるんですかねぇ。

先生：そうですね、応泉さんがいうように施策の実現性を検討することはとても重要ですね。みとちゃんは観光案内の実現性については考えましたか？

水戸：はい、考えました。与件文に人的リソースが不足しているとは書かれていなかったので対応できると判断しました。あとは英語が堪能な従業員もいるので、これから増やしていきたいインバウンド客にも対応できると考えました。

先生：よい考え方ですね。一方で、応泉さんが考えたように今の従業員数では従業員が同行する観光案内はできないと考え、旅館内での観光地紹介などに留めている受験生もいました。いずれも宿泊客と交流できる妥当性のある解答なので加点されているようです。事例Ⅱでは、Ｂ社の経営資源を考慮し実現可能な施策を提案している答案が、高得点を得られる傾向にありますので覚えておくといいですよ。

【ターゲットのニーズは？】

先生：では次に、インターネット上での好意的なクチコミを誘発するためには、どのようなことが考えられますか？

水戸：えっと、ターゲットが興味を持っていることに対して情報やサービスを提供して、顧客満足度を高めることで好意的なクチコミを得られますよね。そしたら、周りに

～試験に持って行ってよかったもの～
マスク。風邪をひいており、試験中周りの目を気にすることで集中力を落としたくなかったから。

　　　伝えたくなるような体験を宿泊客にしてもらう必要があると思います。この事例では写真映えやＳＮＳ投稿というキーワードが出てくるので、インターネット上という問題の制約を考えると、宿泊客に写真をＳＮＳ投稿してもらうという効果まで解答に盛り込めたらよかったと思います。

応泉：最近はＳＮＳ上で撮った写真を自慢し合うことが流行ってるしね。だったら案内するものは宿泊客が周囲に自慢できることがいいですね。たとえば、インバウンド客なら和の風情を求めているから、Ｘ市のお祭りや地域の伝統を思わせる和菓子とかを案内してあげたらいいんじゃないですかね。どうでしょう！

先生：2人ともバッチリです！　宿泊客がどのようなニーズを持っているかは与件文に書かれていましたね。そのニーズに合致するＢ社の経営資源やＸ市の観光資源を活用した提案ができている答案は、得点が高かったと思われます。合格＋Ａ答案はその点がしっかり書けています。また、交流した結果として宿泊客のＳＮＳ投稿が促進されるなど、施策の効果まで書けているとさらに加点されている可能性が高いです。施策を提案する問題では、その施策がＢ社にどのような効果をもたらすかを解答に盛り込むことを意識したほうがよいですよ。

Column

要素の使い忘れを防ぐには

　使うはずだった要素を使い忘れ、答案が完成して初めてそのミスに気がつく、なんて経験ありませんか？　受験1年目の経験が足りないときによく陥っていた典型的なミスの1つです。書き直すには時間が足りないし、かといって要素不足で減点されたくないし、と葛藤したものです。そこで、このコラムでは私の要素使い忘れの防止方法をご紹介します。

　使う文房具はシャープペン1本、薄めのカラーペン6本（設問の数による）です。まず、与件文を読んだときに「これは大事だな」、「ここは使う要素だな」と思う箇所に黄色ペンでどんどん色を塗る。次に、第1問は赤、第2問は青というように各設問に1色ずつ色を割り振る。解答骨子を考えた後で、「第1問にはこの要素を使う」と決めたら赤で下線を引く。すると黄色と赤の2色でマークされます。これを全部の設問で繰り返すと、使われる要素には黄色＋1色の2色でマークされます。言い換えれば、黄色だけマークされた箇所はどの問題にも使われなかった部分として残ります。こうすることで、要素の使い忘れを「見える化」できるわけです。あくまでこれは一例ですが、あなたに合った要素の使い忘れ防止の方法を考えるうえで参考になれば幸いです。

（いよっち）

～試験に持って行ってよかったもの～

　帰りの電車で再現答案を作成するための罫線付きルーズリーフ。

> **第4問（配点25点）【難易度　★★★　難しすぎる】**
> 　B社は、X市の夜の活気を取り込んで、B社への宿泊需要を生み出したいと考えている。B社はどのような施策を行うべきか、100字以内で述べよ。

●出題の趣旨

　X市の状況を踏まえて、X市と連携しながらB社への宿泊需要を高める施策について、助言する能力を問う問題である。

●解答ランキングとふぞろい流採点基準

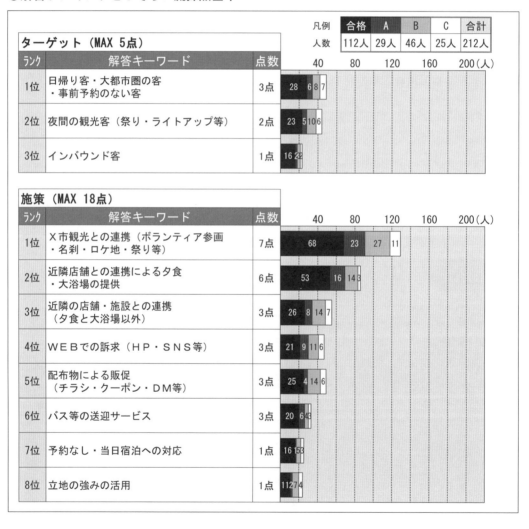

凡例

	合格	A	B	C	合計
人数	112人	29人	46人	25人	212人

ターゲット（MAX 5点）

ランク	解答キーワード	点数	人数
1位	日帰り客・大都市圏の客・事前予約のない客	3点	28 6 8 7
2位	夜間の観光客（祭り・ライトアップ等）	2点	23 5 10 6
3位	インバウンド客	1点	16 2 2

施策（MAX 18点）

ランク	解答キーワード	点数	人数
1位	X市観光との連携（ボランティア参画・名刹・ロケ地・祭り等）	7点	68 23 27 11
2位	近隣店舗との連携による夕食・大浴場の提供	6点	53 16 14 3
3位	近隣の店舗・施設との連携（夕食と大浴場以外）	3点	26 8 14 7
4位	WEBでの訴求（HP・SNS等）	3点	21 9 11 6
5位	配布物による販促（チラシ・クーポン・DM等）	3点	25 4 14 6
6位	バス等の送迎サービス	3点	20 6 4 3
7位	予約なし・当日宿泊への対応	1点	16 15 3
8位	立地の強みの活用	1点	11 2 7 4

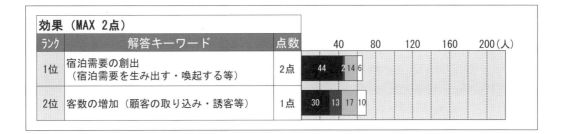

ランク	解答キーワード	点数	40 80 120 160 200(人)
1位	宿泊需要の創出 （宿泊需要を生み出す・喚起する等）	2点	44 214 6
2位	客数の増加（顧客の取り込み・誘客等）	1点	30 13 17 10

事例Ⅱ

●再現答案

区	再現答案	点	文字数
合	施策は、①展示施設でチラシを配付し、文化の香りに満ちた雰囲気や和を感じる室内・美術品を訴求②近隣飲食店と協力し、夕食仕出しを案内③大型バスでのX市内観光ツアー開催④事前予約ない宿泊客の取込み等を行う。	22	100
合	B社は、①地域の祭りや、夜間ライトアップした名刹・古刹の観光付プランの販売、②周辺飲食店での夕食付プランの販売と共に、③これら施設や駅等にチラシ等を設置して事前予約がない客の宿泊に対応し需要を生み出す。	21	100
A	施策は、地元の割烹料理店や銭湯との連携により、宿泊客のニーズに対応する、X市の中央に位置し、市内のいずれの観光名所にも徒歩圏であることをPRし案内マップを作成し配布しHPに掲載する。	18	91
B	施策は増加する観光客を自社への宿泊客として取り込めるようB社周辺の他業種と連携する。B社旅館及び周辺観光コンテンツを盛り込んだチラシを配布し周辺業者を通じて予約し、業者には手数料を支払う。	14	94
C	施策は、①商業地域の経営者や地域ボランティアと連携し、街並みの整美や清掃活動に協力して活気の維持を図ること、②駅前周辺でのチラシ配布などで観光需要の取り込みを行い、来客数の増加を図る。	11	92
C	施策は、①地域ボランティアに参加し、観光案内時にB社の案内をする、②夜通し続く地域祭りに参加したものに対し、日本の朝を感じる朝食を提供し、宿泊につなぐことである。	10	81

●解答のポイント

> 　与件文と設問文から「夜の活気」に該当するターゲットを適切に設定したうえで、ターゲットに対応し、かつB社への宿泊需要を高める施策を、X市との連携を実現しつつ具体的に提案できたかどうかがポイントだった。

【ターゲットは必要？】

先生：問われているのは施策でしたが、2人はターゲットを設定しましたか？

応泉：得意の助言問題！　僕はもちろん書きましたよ。

水戸：私は書きませんでした。「施策」が問われていたわけですから、施策に絞って書くべきと考えました。

応泉：素直に設問文を読むのもいいけど、もうちょっと知識も応用しないと。事例Ⅱで「施策」と聞かれたら、「誰に・何を・どのように」か、T（ターゲット）＋4P（商品・価格・販路・販促）の切り口でしょうよ。

先生：応泉さんのいうとおりですね。確かにターゲットを聞かれているわけではないですが、施策を打つにはターゲットの設定は必須です。たとえば、ターゲットが男性と女性、大人と子供では有効な施策は異なるでしょう？

水戸：勉強になります！　じゃあ、どのようなターゲットにすればよかったんでしょう？

応泉：なんといってもインバウンド客でしょう。あれだけ増えているんだから、ぼかぁ彼らをターゲットにするべきと思うね。

先生：応泉さん、果たしてそうでしょうか？　大事なことを見落としていませんか？

応泉：え？　いや、えーっと……。

水戸：あ！　設問文に「X市の夜の活気を取り込んで」とあります。「夜の活気」って夜間滞在人口が増えていることを指しているのでは？　ということは、夜通し続く祭りやライトアップされた名刹を夜に見に来る観光客がいいんじゃないですか？

先生：なかなかいい視点ですね！　確かにそれを書いた受験生は多かったですよ。ただ、それだけですか？

応泉：「大都市圏とも近く、電車で2時間程度の日帰りできる距離」、「事前に予約のない客が宿泊することはほとんどない」というところから、日帰りで事前予約のない客というのはどうでしょう？

先生：さすが応泉さん。後からですが、よく気がつきました。それに類するキーワードを選んだ方が合格＋A答案には多かったようです。B社が現在、獲得できていない「事前予約のない客」というのは、裏を返せば新規開拓の対象になり得ます。

応泉：あぁ〜……、今さら気づいても、「後の祭り」だよ……。

水戸：応泉さん、元気を出してください。次回、失敗しなければいいじゃないですか！

先生：そうですよ。この失敗を次回にどうつなげるか。勝負は始まっています！

～試験に持って行ってよかったもの～
　　予備の時計。実際は使わなかったが、安心感があった。

【施策はなんでも書ける？】

水戸：いつも思うんですが、事例Ⅱってなんでも書ける気がしませんか？

応泉：確かに、使えそうな与件文のヒントが多いし、なんでもアリな雰囲気があるな。

先生：果たしてそうでしょうか？　まずは、出題の趣旨をご覧ください。

応泉：「X市と連携しながら」とありますね。

水戸：つまり、X市と連携した施策が高得点になったということでしょうか。でも、そこに気づけるようなヒントがありましたっけ？

応泉：みとちゃん、そこは例年の問題の応用だって。事例Ⅱでは地元の自治体や周辺の異業種との連携で施策を提案することが多いんだから。

水戸：え〜、与件文と無関係な、「今までの傾向」を押さえていないと無理だなんて……。

先生：ちょっと待って！　確かに応泉さんのいうとおり、事例Ⅱにはそういう傾向がありますよ。ただ、与件文や設問文に根拠を求めず決め打ちするのは危険では？

応泉：じゃあ、どう考えればよかったんですか？

先生：ターゲットの話を思い出してください。ターゲットを適切に設定すれば、施策の方向性が定まります。夜間にX市を訪れる観光客のお目当てはなんでしょう？

水戸：名刹の通年ライトアップや夜通し続く祭り、でしょうか？

応泉：なるほど！　X市の夜の活気を取り込むには、それらに関連した商品開発や販促を行えばいいんだよ。つまり、X市との連携を行えばよいということでしょう。

水戸：スッキリ！　連携ありきではなく、ターゲットのニーズに対応するためにどうするか、と考えれば自然に連携につながっていくんですね。

先生：ほかにも、夜間の滞在人口増加に寄与している地域ボランティア活動へ参画して、ボランティアからの協力を得るなどというのも自然な施策でしょう。

応泉：やはり事例に沿って考えるべきなんですね。ちなみに、ほかにも高得点なキーワードに辿り着く考え方ってありますか？

先生：B社に対して適切な施策を提案するには、B社の環境分析に基づいたものである必要があるでしょう。みとちゃん、B社はどこを強化したらいいですか？

水戸：えーっと……、仕出しじゃない、ちゃんとした夕食が出せるといいんじゃないでしょうか？　やっぱり旅館に泊まったら美味しい晩御飯ですよね！

応泉：みとちゃん、個人的願望が出てるって！　でも、与件文にもそれはあるな……。夕食の提供は「夜間の活気を取り込む」という経営課題にも合うしね。では、周辺の割烹料理店などとの連携はどうでしょう？　協業ならなんとかできるかも。

先生：2人とも、いいですね！　B社の経営課題に沿うことや、乏しい経営資源を外部資源の活用で補う考え方は非常に重要といえます。バスによる送迎などを提案した答案の点数が伸びなかったのは、環境分析への意識が若干弱いからかもしれません。

水戸：常にB社の立場に立って、とことん考え抜くことが大事なんですね！

〜試験に持って行ってよかったもの〜

　チョコレート、目薬。

▶▶**事例Ⅱ特別企画** ◀◀

事例Ⅱを思いつきで答えていませんか？
～施策問題の対応法～

応泉：キーワードの拾い方って難しいですよね。ぼかぁ与件文を忘れて、ついつい北海道の地元企業のことを思い浮かべて書いちゃうな～。

水戸：それはダメナンデス。合格するためにはちゃんと与件文に寄り添わなくちゃ。与件文はキーワードの宝庫ですよ。

応泉：それができれば苦労しないですよ、北海道帰りて～。

水戸：ふふふ、ここと、ここを抜き出して、キーワードの全部盛りでしょ！　……。あれ～、制限字数に収まらない！　取捨選択しなきゃいけませんね……。

先生：おやおや、お困りのようですね。では、次のように考えてみてはどうでしょう。

【与件文からのキーワードの抜き出し方】

先生：与件文からキーワードを拾うには次の手順で進めるのがよいでしょう。

　　　①B社のターゲット候補と経営資源の整理

　　　②各設問のターゲットを定め、施策を作成

　　思いつきで設問に取り組むと突拍子もない解答になりますが、与件文からキーワードを抜き出すつもりで書いていけばよりB社に即した解答を導くことができ、得点につながりますよ。

応泉：なるほど！　そのへんをこう……、もうちょっと詳しく教えてくれませんか？

先生：では、①から順番に見ていきましょう。

【①B社のターゲット候補と経営資源の整理】

先生：まずはB社のターゲット候補と経営資源の整理をしましょう。この整理はSWOT分析などで第1問にて問われることがあります。平成30年度を例にとって具体的に考え方を見てみましょう。

舞台

X市	江戸時代から栄えた城下町。大都市圏から日帰りできる距離にある。 山車引き体験、夜通し続く祭り、名刹・古刹、夜間ライトアップあり。 観光客500万人、うち20万人がインバウンド客で急増中。

B社のターゲット候補

B社のなじみ客	B社宿泊客の8割を占めるも高齢化で減少中。
観光客	500万人。大都市から2時間程度で日帰り客が多い。
インバウンド客	和の風情を求めてX市に年間20万人来訪し、急増中。

B社の経営資源

強み	老舗日本旅館、和室、美術品、庭園、朝食、外国語対応、周辺に観光名所有り。
弱み	観光需要を享受できていない、設備の老朽化、大浴場と夕食なし。

先生：では、次のステップへ進みましょう。

【②各設問のターゲットを定め、施策を作成】

先生：事例Ⅱの施策の問題は、「誰に、何を、どのように、効果」のフレームワークで問題に取り組むと要点を押さえた解答を作成することができます。一方で、ターゲットの設定次第で施策の内容が大きく変わるので、ターゲットの設定が非常に重要です。そのうえで、施策はターゲットのニーズと合致したものにする必要があります。それでは、ここでも平成30年度の施策の問題を例にとって考えてみましょう。

平成30年度　第2問

　B社は今後、新規宿泊客を増加させたいと考えている。そこで、B社のホームページや旅行サイトにB社の建物の外観や館内設備に関する情報を掲載したが、反応がいまひとつであった。B社はどのような自社情報を新たに掲載することによって、閲覧者の好意的な反応を獲得できるか。今後のメインターゲット層を明確にして、100字以内で述べよ。

問われていること
誰にどのような情報をWebに掲載し、好意的な反応を得て新規宿泊客を増加させるか？

考え方
昔なじみのビジネス客8割、インバウンド客2割であるが、なじみ客は高齢化が進み、減少傾向。 一方、X市に訪問するインバウンド客は和の風情を求めて急増中で、外部環境の機会。 インバウンド客が求める和の風情に対し、競合はチェーン系ビジネスホテルで、B社は老舗日本旅館という強みがあり、競合との差別化が可能。

ターゲット
インバウンド客

解答のポイント
インバウンド客のニーズ＝和の風情に合致するB社の強みを訴求。 老舗日本旅館、和室、美術品、庭園、朝食、外国語対応といった経営資源の活用が可能。

平成30年度 第3問

　B社は、宿泊客のインターネット上での好意的なクチコミをより多く誘発するために、おもてなしの一環として、従業員と宿泊客との交流を促進したいと考えている。B社は、従業員を通じてどのような交流を行うべきか、100字以内で述べよ。

問われていること
従業員が宿泊客とどのような交流をすれば、好意的なクチコミを増やせるか？

考え方
第2問からインバウンド客の取り込みを強化する方向性。
自社からの情報発信のみでなく、利用者にも情報発信してもらい、取り込みを強化。
インバウンド客の満足度を上げ、良いクチコミを書きたくなるおもてなしをする。

ターゲット
インバウンド客

解答のポイント
従業員が外国語でインバウンド客のニーズである、B社の美術品、庭園、朝食や、周辺観光地を説明。

平成30年度 第4問

　B社は、X市の夜の活気を取り込んで、B社への宿泊需要を生み出したいと考えている。B社はどのような施策を行うべきか、100字以内で述べよ。

問われていること
夜の活気を取り込むためにどのような施策を行えば、宿泊需要を生み出せるか？

考え方
まずは設問にある言葉を明確化。
・夜の活気＝X市の夜通し続く祭りと名刹のライトラップ。
・宿泊需要を生み出す＝X市の日帰り観光客に滞在してもらう。
⇒「X市の夜通し続く祭りとライトアップ見物の日帰り観光客がB社に宿泊する施策」を検討。
X市の夜のイベントを用いた施策を検討。
弱みは、周辺施設との連携により補うことができないかを検討。

ターゲット
日帰り訪問客

解答のポイント
弱みの夕食、大浴場を周辺施設と連携して提供。
X市と連携して夜間ライトアップや祭り参加ツアーを提供。

~試験前日の過ごし方~

　本番の起床時間（5:30）に体内時計を合わせて早起き。スーパー銭湯でリラックス。

先生：このように見ていくと、事例Ⅱはアイデア勝負ではなく、根拠に基づいて論理的に答えられることがわかったのではないでしょうか？

水戸：思いつきだと、試験当日の発想力に左右されてしまって、運が大きな要素を握ってしまいますが、与件文に基づくアプローチなら運に左右されず、過去問演習を積み重ねることで安定的に得点を獲得できるようになりそうですね。

応泉：そうですね、より事例に取り組みやすくなりそうです。早速、過去問演習で与件文に基づくアプローチを意識して取り組みたいと思います。

先生：すばらしいですね！　以下に平成29年度、平成28年度のターゲット候補と、ニーズに対して利用できる経営資源をまとめたので、参考にしてください。

平成29年度、平成28年度のターゲット候補とニーズに対して利用できる経営資源

	ターゲット候補	ターゲットの状況	与件文から読み取れるニーズ	ニーズに合致する経営資源
平成29年度	シルバー世代	増加傾向	・介護のための改装 ・欲しいものを近場で買えること	・顧客台帳等のデータベース ・介護ベッド ・こだわりの日用品 ・婦人服
	子育て世代	増加傾向 （図から読み取る）	・入園準備のアドバイス ・保育園で必要なもの	・次期社長の保育士の勤務経験 ・副社長の裁縫、刺繍の技術 ・ベビー布団、ベビーベッド
平成28年度	女性	X市市街地で増加傾向	・懐かしさ ・食に敏感	・健康に配慮したメニュー ・彩り鮮やかな盛り付け
	シニア層		・懐かしさ	なし
	アジアからの外国人観光客		・日本の伝統	・伝統的な製法
	業務用需要者	記載なし	・低価格 ・濃厚さと芳醇さ（例外）	・国産丸大豆を原材料に使用 ・濃厚さと芳醇さ
	インターネット上の最終消費者		記載なし	記載なし

Column　家族と過ごす時間を大切に

　診断士の試験勉強は、少なからず家族に負担をかけることが多いと思います。私自身、夫と4歳の娘と暮らしていますが、土曜日は予備校通学のため娘を保育園に預け、平日夜は丸ごと勉強に充てて夫と飲む時間を減らすなど、多大な協力をしてもらいました。そのようななかでも、金曜と土曜の夜は夫と宴会、日曜は勉強せずに家族と遊ぶなど、意識的に家族と過ごす時間を確保することで、メリハリをつけた受験生活を送ることができました。一方で、やはりコミュニケーションの絶対量が減ってしまうことも否めません。合格後の今も何かと忙しく、夫と会話する時間がなかなか取れずに寂しい思いをさせてしまい、つい先日も腹を割って話し合ったところです。考えていること、悩んでいること、仕事の話題、子育ての話題……。忙しいときこそ、大切な人とコミュニケーションをとる時間を意識的に確保することが、健全な受験生活を送るコツではないでしょうか。　（かわとも）

〜試験前日の過ごし方〜
　どうしても覚えられなかった箇所や苦手な問題を短期記憶で対応するために頭に叩き込む。

ふぞろい流ベスト答案　　事例Ⅱ

第 1 問（配点25点）　149字　　　　【得点】25点

顧客は、高齢化により減少傾向²にあるビジネス客³が8割²、インバウンド客³が2割²である。競合は、駅前にチェーン系ビジネスホテル³がない³。自社の強み³は、和の風情や文化の香りに満ちた館内³、英語に堪能な従業員³がいること、弱みはX市の拡大する観光需要を享受できていない³ことである。

第 2 問（配点25点）　100字　　　　【得点】25点

和の風情を求める²インバウンド客⁶をメインターゲットとし、①芸術家達の作品³とエピソード¹、②苔むした庭園³、③日本の朝を感じる献立³、④古風な和室¹を英語で掲載³し文化の香りに満ちた雰囲気を表現²し好意的反応を獲得¹。

第 3 問（配点25点）　100字　　　　【得点】25点

交流は、インバウンド客¹を中心に①X市の写真映えする街並み³や食べ歩きスポット³、祭り²、住民対象の店舗²等の観光案内⁴や②館内の美術品²や庭園¹の解説³をすることである。英語を交えた³宿泊客との交流でSNS投稿を促進²する。

第 4 問（配点25点）　100字　　　　【得点】25点

施策は、ライトアップを観光する²事前予約の付ない日帰り客³に対し、①ライトアップ見学業き宿泊プランの提供⁷、②割烹料理店との協による夕食の提供⁶、③名刺における³チラシの配布³を行い、宿泊需要を創出する²ことである。

ふぞろい流採点基準による採点

100点

第1問：「顧客」「競合」「自社」について他の設問とのつながりを考慮し、かつそれぞれの項目において状況の比較を意識して記述しました。

第2問：メインターゲット層のニーズに対応する自社情報を中心にホームページ等に掲載すべき項目を列記し、メインターゲットを惹き付ける効果に結び付けました。

第3問：館内施設の案内やX市の観光案内等のサービス施策で従業員と宿泊客との交流を図り、写真映えする観光スポット等の案内で宿泊客のＳＮＳ投稿を促進し、インターネット上のクチコミにつながるよう意識して記述しました。

第4問：ターゲットを明確にしたうえで、施策についてマーケティングの４Ｐのうち、商品面、販促面から多面的に記述しました。

Column

合格までの学習ペースは人それぞれ

　診断士試験は、早い人で半年〜１年で取得する資格ですが、５年以上かけて合格する人もいます（私は４年目で受かりました）。できれば早く受かりたいと思うものですが、すべての人がストレート合格を目指す必要はないと思います。仕事が忙しい、体調がすぐれない、家族との時間をなるべく減らしたくないなど、さまざまな事情を抱えながら勉強しているのですから、その人に合ったスケジューリングでよいと思います。診断士は受かって終わりの試験ではありません。受かった後も、実務補習をはじめ、中小企業経営を支援するために研鑽を重ね、人的ネットワークを作り、知識の仕事への生かし方を考え等々、そこからの道のりのほうがはるかに長いと感じます。そうであれば、勉強が苦しいと思わない自分なりのペースで取り組むことが重要であると私は思います。

　私は、診断士試験が終わると、一瞬解放感を感じましたが、その後試験勉強に充てていた時間が余っていると感じるようになり、また勉強したいと思うようになりました。そのくらい勉強することが習慣になるような受験生活を送ることができたら、今後につながるといえるのではないでしょうか。

（けーすけ）

〜試験前日の過ごし方〜

　おいしいものを食べて適度な時間に寝る。

▶**事例Ⅲ（生産・技術）** ◀

平成30年度 中小企業の診断及び助言に関する実務の事例Ⅲ
（生産・技術）

【C社の概要】

　C社は、1974年の創業以来、大手電気・電子部品メーカー数社を顧客（以下「顧客企業」という）に、電気・電子部品のプラスチック射出成形加工を営む中小企業である。従業員数60名、年商約９億円、会社組織は総務部、製造部で構成されている。

　プラスチック射出成形加工（以下「成形加工」という）とは、プラスチックの材料を加熱溶融し、金型内に加圧注入して、固化させて成形を行う加工方法である。C社では創業当初、顧客企業から金型の支給を受けて、成形加工を行っていた。

　C社は、住工混在地域に立地していたが、1980年、C社同様の立地環境にあった他の中小企業とともに高度化資金を活用して工業団地に移転した。この工業団地には、現在、金属プレス加工、プラスチック加工、コネクター加工、プリント基板製作などの電気・電子部品に関連する中小企業が多く立地している。

　C社のプラスチック射出成形加工製品（以下「成形加工品」という）は、顧客企業で電気・電子部品に組み立てられ、その後、家電メーカーに納品されて家電製品の一部になる。主に量産する成形加工品を受注していたが、1990年代後半から顧客企業の生産工場の海外移転に伴い量産品の国内生産は減少し、主要顧客企業からの受注量の減少が続いた。

　こうした顧客企業の動向に対応した方策として、C社では金型設計と金型製作部門を新設し、製品図面によって注文を受け、金型の設計・製作から成形加工まで対応できる体制を社内に構築した。また、プラスチック成形や金型製作にかかる技能士などの資格取得者を養成し、さらにOJTによってスキルアップを図るなど加工技術力の強化を推進してきた。このように金型設計・製作部門を持ち、技術力を強化したことによって、材料歩留り向上や成形速度の改善など、顧客企業の成形加工品のコスト低減のノウハウを蓄積することができた。

　C社が立地する工業団地の中小企業も大手電気・電子部品メーカーを顧客としていたため、C社同様工業団地に移転後、顧客企業の工場の海外移転に伴い経営難に遭遇した企業が多い。そこで工業団地組合が中心となり、技術交流会の定期開催、共同受注や共同開発の実施などお互いに助け合い、経営難を乗り越えてきた。C社は、この工業団地組合活動のリーダー的存在であった。

　近年、国内需要分の家電製品の生産が国内に戻る傾向があり、以前の国内生産品が戻りはじめた。それによって、C社ではどうにか安定した受注量を確保できる状態になったが、顧客企業からの１回の発注量が以前よりも少なく、受注量全体としては以前と同じレベルまでには戻っていない。

　最近Ｃ社は、成形加工の際に金属部品などを組み込んでしまう成形技術（インサート成形）を習得し、古くから取引のある顧客企業の１社からの受注に成功している。それまで他社の金属加工品とＣ社の成形加工品、そして顧客企業での両部品の組立という３社で分担していた工程が、Ｃ社の高度な成形技術によって金属加工品をＣ社の成形加工で組み込んで納品するため、顧客企業の工程数の短縮や納期の短縮、そしてコスト削減も図られることになる。

【生産概要】

　製造部は、生産管理課、金型製作課、成形加工課、品質管理課で構成されている。生産管理課は顧客企業との窓口になり生産計画の立案、資材購買管理、製品在庫管理を、金型製作課は金型設計・製作を、成形加工課は成形加工を、品質管理課は製品検査および品質保証をそれぞれ担当している。

　主要な顧客企業の成形加工品は、繰り返し発注され、毎日指定の数量を納品する。Ｃ社の受注量の半数を占める顧客企業Ｘ社からの発注については、毎週末の金曜日に翌週の月曜日から金曜日の確定納品計画が指示される。Ｃ社の生産管理課ではＸ社の確定納品計画に基づき、それにその他の顧客企業の受注分を加え、毎週金曜日に翌週の生産計画を確定する。日々の各製品の成形加工は、各設備の能力、稼働状況を考慮して原則週１回計画される。また、生産ロットサイズは長時間を要するプラスチック射出成形機（以下「成形機」という）の段取り時間を考慮して決定される。生産効率を上げるために生産ロットサイズは受注量よりも大きく計画され、製品在庫が過大である。Ｃ社の主要製品で、最も生産数量が多いＸ社製品Ａの今年７月２日（月）から７月31日（火）までの在庫数量推移を図１に示す。製品Ａは、毎日600個前後の納品指定数であり、Ｃ社の生産ロットサイズは約3,000個で週１回の生産を行っている。他の製品は、毎日の指定納品数量が少なく、変動することもあるため、製品Ａ以上に在庫管理に苦慮している。

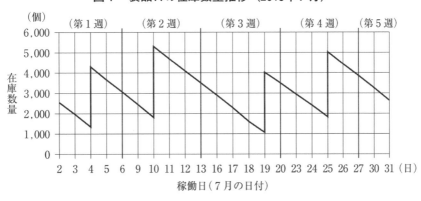

図１　製品Ａの在庫数量推移（2018年７月）

　成形加工課の作業は、作業者1人が2台の成形機を担当し、段取り作業、成形機のメンテナンスなどを担当している。また全ての成形機は、作業者が金型をセットし材料供給してスタートを指示すれば、製品の取り出しも含め自動運転し、指示した成形加工を終了すると自動停止状態となる。

　図2で示す「成形機2台持ちのマン・マシン・チャート（現状）」は、製品Aの成形加工を担当している1人の作業者の作業内容である。

　成形機の段取り時間が長時間となっている主な原因は、金型、使用材料などを各置き場で探し、移動し、準備する作業に長時間要していることにある。図2で示す「成形機1の段取り作業内容の詳細」は、製品Aの成形加工作業者が、昼休み直後に行った製品Bのための段取り作業の内容である。金型は顧客からの支給品もまだあり、C社内で統一した識別コードがなく、また置き場も混乱していることから、成形加工課の中でもベテラン作業者しか探すことができない金型まである。また使用材料は、仕入先から材料倉庫に納品されるが、その都度納品位置が変わり探すことになる。

　顧客企業からは、短納期化、小ロット化、多品種少量化がますます要望される状況にあり、ジャストインタイムな生産に移行するため、C社では段取り作業時間の短縮などの改善によってそれに対応することを会社方針としている。

　その対策の一つとして、現在、生産管理のコンピュータ化を進めようとしているが、生産現場で効率的に運用するためには、成形加工課の作業者が効率よく金型、材料などを使用できるようにする必要があり、そのためにデータベース化などの社内準備を検討中である。

図２　成形加工作業者の一日の作業内容

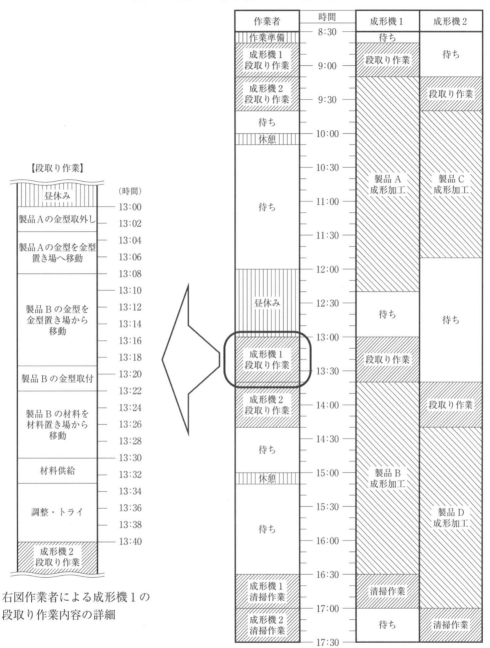

右図作業者による成形機１の
段取り作業内容の詳細

成形機２台持ちのマン・マシン・チャート（現状）

第1問（配点20点）

　顧客企業の生産工場の海外移転などの経営環境にあっても、Ｃ社の業績は維持されてきた。その理由を80字以内で述べよ。

第2問（配点20点）

　Ｃ社の成形加工課の成形加工にかかわる作業内容（図2）を分析し、作業方法に関する問題点とその改善策を120字以内で述べよ。

第3問（配点20点）

　Ｃ社の生産計画策定方法と製品在庫数量の推移（図1）を分析して、Ｃ社の生産計画上の問題点とその改善策を120字以内で述べよ。

第4問（配点20点）

　Ｃ社が検討している生産管理のコンピュータ化を進めるために、事前に整備しておくべき内容を120字以内で述べよ。

第5問（配点20点）

　わが国中小製造業の経営が厳しさを増す中で、Ｃ社が立地環境や経営資源を生かして付加価値を高めるための今後の戦略について、中小企業診断士として120字以内で助言せよ。

Column

現代文の試験との共通性

　中小企業診断士の2次試験では正解というものが公開されません。受験生は手探りで「正解」を探すことになります。ここに、私は、よく正解がないと揶揄される現代文の試験との共通性を感じます。

　私の勉強仲間には、現代文が得意だという自分の娘に模試の問題を解かせてみたことがある人がいます。もちろん、娘さんは中小企業診断士の試験勉強はしていないので専門的な知識はありません。けれど、問題文の意図や与件文とのつながりはピタリと当てたと言っていました。

　カギは、先入観を持たず素直に問題を読むことにあるのではないかと思います。特に長年仕事をしてきて経験に基づいた知識を持っている方々は、与件文を読んだときに少しのキーワードからいろいろな可能性を想像できてしまいます。自分の経験に基づく知識を捨てることは勇気がいることです。ですが、2次試験では与件文に書かれたことのみが事実です。2次試験の学習で行き詰まりを感じている方は、ここを意識することで新たな道が拓けるかもしれません。

（いとー）

～会場で緊張をほぐす方法～

　これまでの学習で使ったノートなどを見直して、頑張ったから大丈夫、と気持ちを落ち着かせる。

第1問（配点20点）【難易度　★☆☆　みんなができた】

　顧客企業の生産工場の海外移転などの経営環境にあっても、C社の業績は維持されてきた。その理由を80字以内で述べよ。

●出題の趣旨

　C社のこれまでの事業や立地環境の推移を把握し、顧客生産工場の海外移転などの経営環境にあっても業績が維持されてきた理由を説明する能力を問う問題である。

●解答ランキングとふぞろい流採点基準

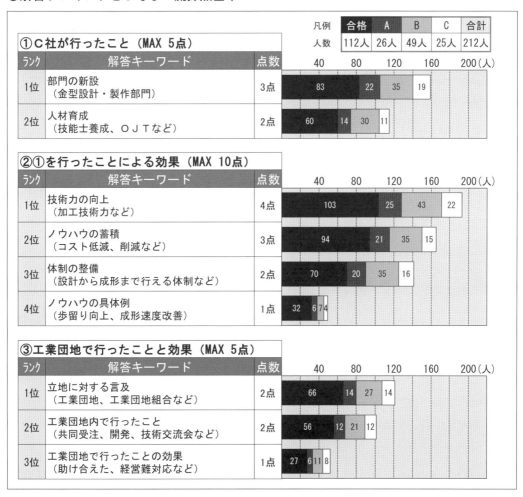

	合格	A	B	C	合計
凡例					
人数	112人	26人	49人	25人	212人

①C社が行ったこと（MAX 5点）

ランク	解答キーワード	点数	合格	A	B	C
1位	部門の新設 （金型設計・製作部門）	3点	83	22	35	19
2位	人材育成 （技能士養成、OJTなど）	2点	60	14	30	11

②①を行ったことによる効果（MAX 10点）

ランク	解答キーワード	点数	合格	A	B	C
1位	技術力の向上 （加工技術力など）	4点	103	25	43	22
2位	ノウハウの蓄積 （コスト低減、削減など）	3点	94	21	35	15
3位	体制の整備 （設計から成形まで行える体制など）	2点	70	20	35	16
4位	ノウハウの具体例 （歩留り向上、成形速度改善）	1点	32	6	7	4

③工業団地で行ったことと効果（MAX 5点）

ランク	解答キーワード	点数	合格	A	B	C
1位	立地に対する言及 （工業団地、工業団地組合など）	2点	66	14	27	14
2位	工業団地内で行ったこと （共同受注、開発、技術交流会など）	2点	56	12	21	12
3位	工業団地で行ったことの効果 （助け合えた、経営難対応など）	1点	27	6	11	8

●再現答案

区	再現答案	点	文字数
合	理由は①<u>金型設計・製作から成形</u>までの<u>体制を構築</u>し②<u>技能士資格</u>等<u>技術力を強化</u>した事で、③<u>顧客コスト低減ノウハウを蓄積</u>した。④<u>工業団地組合</u>で共同受注等<u>互助</u>したため。	19	80
合	理由は、①<u>金型設計と金型製作部門を新設</u>し、<u>製品図面による受注体制構築</u>、②<u>技能士等を育成</u>し、<u>加工技術力強化</u>、<u>材料歩留まり向上</u>、<u>コスト削減</u>、③<u>工業団地組合</u>の<u>助け合い</u>の為。	18	80
A	理由は、①<u>金型設計・製作から成形加工</u>までの<u>一貫体制構築</u>②<u>資格取得支援とOJT</u>による<u>技術力の強化</u>③<u>工業団地</u>の<u>他企業との連携</u>④<u>歩留向上</u>、<u>速度改善</u>や<u>コスト低減</u>した為。	19	80
A	理由は①<u>高い加工技術力</u>と<u>金型設計・製作部門を持つ一貫体制</u>で顧客の成形加工品<u>コスト低減ノウハウを蓄積</u>し受注確保した為②<u>工業団地組合活動</u>で<u>共同受注等</u>の協力体制構築。	16	80
B	理由は<u>資格取得者を養成</u>して<u>成形加工技術力の強化</u>を行い、<u>金型設計・製作部門を設置</u>し、<u>材料歩留まり向上</u>や<u>成形速度の改善</u>など顧客の<u>コスト低減のノウハウを蓄積</u>したため。	13	80
B	<u>新部門の新設</u>による体制強化と、<u>資格取得者の養成やOJT</u>による<u>加工技術力の強化</u>により、成形加工品の<u>コスト低減のノウハウを蓄積</u>することができたためである。	12	75
C	理由は、<u>金型設計・製作部門を持ち</u><u>技術力を強化</u>したこと、新たなインサート成形技術を習得したことで、顧客企業の短納期、<u>コスト削減</u>の要望に応えることができたため。	10	78

●解答のポイント

> 　経営環境の変化に対し、C社単独で行ってきたことに加え、工業団地という立地面も合わせて、80字という少ない文字数で答える対応力が求められた。

【時間軸の把握がカギ】

先生：さぁ後半戦、事例Ⅲですね。早速第1問、ここではC社の業績が維持された理由について答えることになりますが、2人はどう考えましたか？

水戸：設問文に「生産工場の海外移転」ってありますよね。なので、まず、生産工場の海外展開について書かれた第4段落に注目して、「こうした顧客企業の動向に対応した方策として」から始まる第5段落を中心にまとめて書きました。

応泉：みとちゃん、ちょっと待って。対応する段落って第5段落だけかなぁ？　僕は工場の海外移転については第6段落にも書かれていると思うんだ。それにこの問題って「業績を維持」できた理由なんだから、結局のところ、C社の強みを挙げればいい

んじゃないかな？　だから、第8段落にも書かれているインサート成形技術も入れたいよね。

水戸：確かに、第6段落の工業団地について書かれていたところは見逃していました。でもですよ、第8段落って設問文にある「生産工場の海外移転」と時間軸がずれてないですか？

応泉：マジかッ！　しまった！　そういわれてみればそうだ。

先生：2人とも気づきを得たようですね。この設問は出題の趣旨に「これまでの事業や立地環境の推移を把握し」とあるように、時間軸としては過去、盛り込むべき要素は第5段落と第6段落だと考えられますね。

水戸：なるほど、勉強になります。私はちょっと細かいところだけ見ていましたね、反省です。

応泉：ついつい考えすぎちゃったよ。解答を考えるにあたっては、時間軸は常に注意しなきゃね。

【書きやすい問題だからと時間をかけすぎるのは危険？】

先生：実はこの問題、分析の結果、事例Ⅲのなかではあまり点差がつかない問題だったことがわかりました。時間軸として過去の理由が問われており、与件文からキーワードを抜き出すことが基本となるため、書きやすい問題だったのかもしれません。ところで、2人はこの問題に取り組んでいるとき、この問題にかける時間配分については意識しましたか？

応泉：キーワードとして盛り込みたいことがたくさんあって、80字にまとめるのに苦労しました。時間配分についてはあまり意識できてなかったなぁ。

水戸：私もあまり意識していませんでした。でも、第5段落だけをまとめたから応泉さんほど苦労はしなかったと思います！

先生：前年（平成29年度）に比べ、今回の事例Ⅲは解答する全体の文字数自体は560字と変わらなかったものの、図を読み取る問題が複数あったので、第1問に時間をかけすぎると後にしわ寄せがきてしまうのです。つまり、重要なことは？

2人：タイムマネジメント！

先生：そのとおり！　他の事例についてもいえますが、得点を伸ばしていくために、時間配分も意識し、タイムマネジメントをしていきましょう。

第2問（配点20点）【難易度 ★★☆ 勝負の分かれ目】
　C社の成形加工課の成形加工にかかわる作業内容（図2）を分析し、作業方法に関する問題点とその改善策を120字以内で述べよ。

●出題の趣旨

　C社成形加工作業者の一日の作業内容を分析し、作業方法に関する問題点を把握し、その問題を解決する能力を問う問題である。

●解答ランキングとふぞろい流採点基準

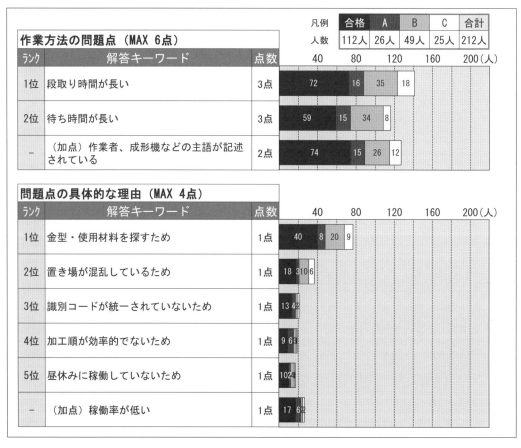

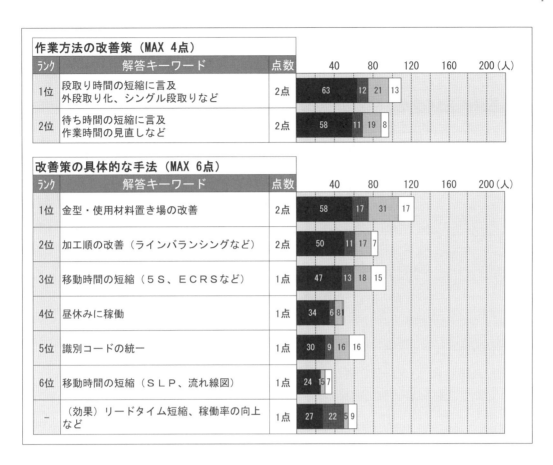

●再現答案

区	再現答案	点	文字数
合	問題点は①作業者や成形機に待ちがある事。②段取替えに長時間要する事。③統一コードが無い事。④置き場が変わる事。改善策は①昼休みに機械がフル稼働するよう調整する事。②外段取り化を行う事。③統一コードを作る事。④置き場を決め５Ｓ活動を徹底する事。	17	120
合	問題点は①長時間の段取り作業②成形加工機の２台同時待ちによる低稼働率である。改善策は、①金型と材料を成形加工機近くの決まった場所に置き、移動時間を削減する事、②加工順を見直して２台同時待ちを防止し昼休みも動かして稼働率を改善する事。	15	116
A	問題点は①金型、使用材料を探し移動し準備に長時間を有し段取り時間が長時間となっている②作業員が昼休み中に成形機が待ちになっている点。改善策は①金型や材料の社内統一識別コード作成②５Ｓの徹底③置場の定位置設定④昼休み前に段取り作業を行うこと。	14	120

B	問題点は、①<u>金型置場の混乱</u>や、②材料倉庫の管理不足により、<u>準備・移動に時間を要し段取時間が長期化</u>している点である。改善策は、①<u>5Sの徹底</u>や<u>流れ線図</u>により金型置場の混乱を緩和し、②材料倉庫に棚番管理を導入し<u>所在を明確にして段取時間を短縮する</u>。	11	119
C	問題点は、<u>金型や使用材料の散在</u>や管理不徹底などに起因する<u>段取り時間の長期化</u>である。改善策は、①金型を管理する<u>社内識別コードの統一化</u>、②使用材料の納品位置の固定化、③<u>整理・整頓等の5Sの徹底</u>、を通じた<u>作業効率の向上</u>である。	7	110

●解答のポイント

> 　図2の作業内容を理解、整理したうえで、作業方法について具体的に解答できたかがポイントだった。

【図の読み取りはできたか？】

先生：第2問です。さぁ、何に着目しましたか？

応泉：設問文にあるように、図2に着目して問題点と改善策を述べました。図2はマン・マシン・チャートだね。連合作業分析ともいわれ、「人と人」あるいは「人と機械」の作業内容を「単独作業」「連合作業」「不稼働」の各性質に区分して、ロスや改善のねらい目を明確にする手法。つまり、分析を行うことで、無駄な作業を減少、改善することができるんだなぁ。（完璧だ！）

先生：すばらしい。図の定義を覚えているとは。では、図2から何が読み取れますか？

水戸：作業者・成形機の待ち時間が長い、と考えました。あと、段取り作業内容の詳細の図を見ると段取り作業が無駄だらけだと思います。だけど、限られた時間のなかで図2を詳細に理解・分析したうえで解答するって難しくないですか？

先生：みとちゃんがいうように、限られた時間で図2から解答の方向性を見つけなければいけません。戸惑った受験生が多かったようです。なかには図を詳細に読み取ると時間がかかるため、後に回した受験生もいたようです。

応泉：（しまった。だから、時間が足らなかったのか）考え過ぎもよくないなぁ。

先生：では、作業者・成形機の待ち時間が長い理由はなんでしょうか？

応泉：待ち時間が長いのは効率的に成形機1と成形機2を動かしていないからですね。昼休みに成形機が稼働してませんしね。

先生：そうです。待ち時間が長い理由について合格者が多く言及していたのはその2点でした。では、段取り作業が長い理由は？

水戸：移動時間が長いからです。あと、与件文を見ると、金型を探す時間が長い、置き場が混乱している、識別コードが統一されていない、このあたりでしょうか。

先生：いいですね！　図2から読み取り、与件文からも理由を抽出する。これで、作業方
　　　法についての問題点は大丈夫ですね。

【設問文を一言一句読めたか？】

先生：では続いて、改善策はどうでしょうか？

応泉：ベテラン作業者しか探せない金型があるとなると、お決まりのOJTで教育、共有
　　　化、標準化で高得点ゲットですね。

水戸：え？　でも、設問文には「作業方法に関する」って書いてありますよ。OJTって
　　　作業方法じゃない気がして、そのキーワードは書きませんでした。

先生：みとちゃんのいうとおり、第2問は「作業方法に関する」という制約条件がありま
　　　した。それが、第2問の難しさの1つだったのです。OJTは作業方法ではありま
　　　せんね。では、どのような解答が作業方法となるのでしょうか？

応泉：じゃ、じゃあ加工順を変えれば待ち時間は減らせますね。そうだ、そもそも成形機
　　　1から動かす必要はあるんだろうか。成形機2から動かせば、昼休み前に製品Dの
　　　成形加工ができて、昼休みの待ち時間を減らせるじゃないか。

水戸：昼休みに動かせるように交代で昼休みをとるのはどうでしょうか？　それなら落ち
　　　着いて食事ができますし。

先生：そのとおり、加工順を変えることは、まさに図2を理解すると導ける解答です。昼
　　　休みの待ち時間解消だけでも加点につながったようです。では、段取り作業につい
　　　てはどうでしょうか？

応泉：置き場を改善すれば、移動時間、探索時間の短縮につながりませんか？　つまり、
　　　SLPの検討や5Sを推進して段取り時間を短縮する……そうか、段取りの順番を
　　　変える、加工中に段取り作業をしても段取り時間は短縮できるじゃないか！

先生：すばらしい！　図2に着目しすぎて、作業内容を言及できていなかったり、図2を
　　　分析できなかったりした受験生は得点が伸びなかったと思われます。さらに、待ち
　　　時間のみ、段取り作業のみを言及しても高得点は得られませんでした。

応泉：両方解答して、図も分析ですか。僕でも時間が足らなくなるわけだ。

先生：そう、限られた時間で書けることを書き、設問文の意図を理解し、分析できる受験
　　　生はなかなかいませんでした。短納期対応、稼働率向上などの効果を書いた受験生
　　　もいましたが、加点は少なかったと予想されます。

水戸：やっぱり、設問文をきちんと読んで、制約条件を意識しないといけませんね。

~試験の休憩時間の過ごし方~
　教室から離れた場所で次の事例のファイナルペーパー確認。

第3問（配点20点）【難易度　★☆☆　みんなができた】

　C社の生産計画策定方法と製品在庫数量の推移（図1）を分析して、C社の生産計画上の問題点とその改善策を120字以内で述べよ。

●出題の趣旨

　C社の生産計画策定方法と製品在庫量の推移を分析し、生産計画上の問題点を把握し、その問題を解決する能力を問う問題である。

●解答ランキングとふぞろい流採点基準

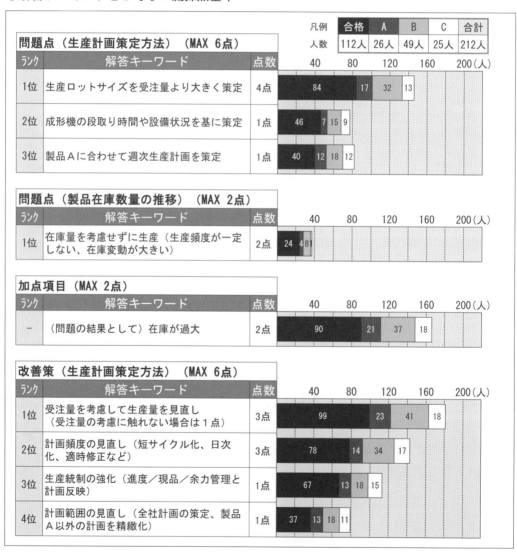

凡例	合格	A	B	C	合計
人数	112人	26人	49人	25人	212人

問題点（生産計画策定方法）（MAX 6点）

ランク	解答キーワード	点数	データ
1位	生産ロットサイズを受注量より大きく策定	4点	84　17　32　13
2位	成形機の段取り時間や設備状況を基に策定	1点	46　7　15　9
3位	製品Aに合わせて週次生産計画を策定	1点	40　12　18　12

問題点（製品在庫数量の推移）（MAX 2点）

ランク	解答キーワード	点数	データ
1位	在庫量を考慮せずに生産（生産頻度が一定しない、在庫変動が大きい）	2点	24　4　8　1

加点項目（MAX 2点）

ランク	解答キーワード	点数	データ
－	（問題の結果として）在庫が過大	2点	90　21　37　18

改善策（生産計画策定方法）（MAX 6点）

ランク	解答キーワード	点数	データ
1位	受注量を考慮して生産量を見直し（受注量の考慮に触れない場合は1点）	3点	99　23　41　18
2位	計画頻度の見直し（短サイクル化、日次化、適時修正など）	3点	78　14　34　17
3位	生産統制の強化（進度／現品／余力管理と計画反映）	1点	67　13　18　15
4位	計画範囲の見直し（全社計画の策定、製品A以外の計画を精緻化）	1点	37　13　18　11

事例Ⅲ

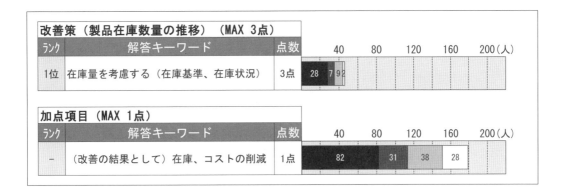

改善策（製品在庫数量の推移）（MAX 3点）			
ランク	解答キーワード	点数	40　80　120　160　200（人）
1位	在庫量を考慮する（在庫基準、在庫状況）	3点	28　7 9 2

加点項目（MAX 1点）			
ランク	解答キーワード	点数	40　80　120　160　200（人）
－	（改善の結果として）在庫、コストの削減	1点	82　31　38　28

●再現答案

区	再現答案	点	文字数
合	問題点は①在庫期間・数ともにムラがある、②成型機の生産性優先でロットが過大なため在庫が過大、③計画が週１回立案で修正がない、等。対応策は①在庫基準の明確化②需要に応じたロットサイズの適正化③日次ベースでの生産統制で計画を精緻化する、等。	18	118
合	問題点は①生産ロットサイズが受注量より大きく計画され、製品在庫が過大②約3000個で週１回の生産のため、在庫の変動が大きい。改善策は①受注予測を精緻化し、ロットサイズの適正化を図る②成形加工の計画を日次化し、在庫の平準化を図る。	16	111
A	問題点はロットサイズが大きいため製品在庫が増加していることである。改善策は、①生産計画の立案と生産実施の短サイクル化を行い、②段取り時間を考慮するのではなく受注量に合わせたロットサイズ設定を行うことで製品在庫を削減することである。	13	115
B	問題点は、製品在庫が過大であることである。改善策は、①Ｘ社と他の競合企業の受注分を加えて全体生産計画を作成すること、②生産計画の更新を週２日以上に高めて生産統制を行うこと、③生産ロットサイズを受注量に合わせて最適化することにより過大在庫削減。	9	120
C	問題点は過剰な製品在庫が発生している事。改善策は生産計画と成形加工計画の立案を短サイクル化して計画の精度向上を図る、製品ごとに適正なロットサイズを設定してロットサイズの適正化を図る。以上で在庫の適正化を行う。	7	111

●解答のポイント

> 「生産計画上」の問題点と改善策を、与件文からだけでなく、図１の製品在庫数量の推移からも指摘できたかどうかがポイントだった。

【図１をどう分析したか】

先生：第２問に続いて図が与えられました。２人は、問題点をどう考えましたか？

水戸：与件文の「生産ロットサイズは受注量よりも大きく計画」を問題点に挙げました。図１を見ると、在庫量が多いときで5,000個を超えているので、在庫が多い点だと思います。これは与件文にも記述がありました！

応泉：僕も同じだなぁ。あと、生産ロットサイズを成形機の段取り時間を考慮して決定している点も問題じゃないですか？

先生：２人とも着眼点はＯＫです。ただ「在庫が多い」は本当に「生産計画上の問題点」なのでしょうか？

水戸：うーん。そういわれると「在庫が多い」は生産計画上の問題ではなさそうですね。生産計画の問題が引き起こした結果、のような……。

先生：そうなのです！　この問題では在庫が多くなってしまう「生産計画上の問題点」を指摘する必要があり、多くの受験生が与件文を読んで「生産ロットサイズが受注量よりも大きい生産計画」を指摘しています。でも、これだけでは「製品在庫数量の推移（図１）を分析して」に対応できたとはいえないでしょう。図１から何を読み取ったか、これがポイントだったと考えられます。図１を見て、何か気づくことはないでしょうか？

応泉：在庫が多いこと以外に読み取れることは……縦軸は在庫数量か。生産量は一定だけど在庫量がバラバラだなー。在庫量を気にせず生産しているみたいだ。

先生：その調子です。横軸を見るとどうでしょう？

水戸：製品Ａの受注量と受注頻度は安定しているのに、生産頻度が一定じゃないです。

先生：２人ともすばらしい！　図１はただ数字で並べた表ではなく、わざわざ縦横２軸で推移を示すグラフにしているわけです。２軸の動きから推移を読み取る必要があったと考えられますね。

応泉：（マジかよ……本番80分でそこまでできるかよ……）

先生：設問文に「製品在庫数量の推移（図１）を分析して」とある以上、図１を分析したことがわかるように解答する必要があるのは確かです。図１のようなグラフを見るときのポイントの１つは「タイトル」です。何を表現したいのかを端的に表しているのがタイトルだからです。もう１つは「縦軸と横軸」です。今回の場合、「量」と「日程」に絞って考えれば、大きく外すことなく分析ができたはずです。

水戸：グラフにも慌てずに対応すればいいんですね！　勉強になります〜。

〜試験当日のアクシデント〜

　ファイナルペーパーを家に忘れる……。

【その他の問題点は？】

応泉：話は変わりますが、僕の指摘した「生産ロットサイズを、成形機の段取り時間を考慮して決定」はどうでしょう。与件文にも記述があるし、間違いないと思いますが。

先生：そうですねぇ、判断が分かれるところだと思います。応泉さんはどこに問題があると考えたのですか？

応泉：成形機の工程しか見ていないので、全工程を考慮する必要があると考えました。また、段取り時間を考慮して決定しているので、受注量と合わなくなりますよ。

先生：本当にそうでしょうか。C社製造部の構成と工程を確認してみましょう。

応泉：えーっと、製造部は生産管理課、金型製作課、成形加工課、品質管理課で構成されていますね。成形加工と連動する工程は……え、ウソだろ？　記述がないじゃない。

先生：そうなのです。過去の事例では工程間の連携不足やネック工程の記述があり、これらが生産計画の問題になることがありました。今回は成形機以外の工程が出てこないので、段取り時間を考慮することが明確に問題とは言い切れないのです。

水戸：確かに、現状の段取り時間を考えずに生産計画を立てても実現できない計画になるかもしれないですね。ほかにも、各設備の能力や稼働状況を考慮して計画を策定するのも同じですね。設備能力を超えた計画は実現できない可能性が出てきます。

先生：そうです。工程間の連携不足など、事例Ⅲによくある問題点が読み取れませんでした。これら問題点の指摘は優先度が低いキーワードだったかもしれないですね。

【改善策をどこまで掘り下げる？】

先生：さぁ、次は改善策です。2人の改善策を教えてください。

応泉：そりゃ問題点を解決する改善策に決まってるじゃないですか。1つ目は受注量に応じた生産量に見直すこと、2つ目は段取り時間の長さが生産ロットサイズに影響しているので、段取り作業を見直して生産統制を強化することを提案しました。

水戸：作業の見直しと生産統制の強化ですか？　設問文には「生産計画上の問題点とその改善点」とあるので、作業や生産統制だと質問に答えていないと思います。

応泉：素直じゃないなー！　作業や統制ができていないと計画が立てられないじゃない。

先生：まぁまぁ、2人とも落ち着いて。どちらの意見も正しいと思います。生産計画を立てる前提に生産統制や在庫などの管理があり、さらにその先には作業があります。どこまで掘り下げるか判断が難しいところですが、設問文や出題の趣旨からも、最終的には生産計画の改善策が求められた問題と考えられます。本番の限られた時間と字数で得点するためには、掘り下げは適度なところに留めて生産計画の量や頻度、範囲に着目して答えたほうが得点しやすかったでしょう。

~試験当日のアクシデント~
「高輪ゲートウェイ駅」の夜間接続工事が遅れ、山手線が大乱れ。（早めに家を出たおかげで影響なし。）

> **第4問（配点20点）【難易度　★★☆　勝負の分かれ目】**
> 　C社が検討している生産管理のコンピュータ化を進めるために、事前に整備しておくべき内容を120字以内で述べよ。

●出題の趣旨

　C社の生産職場の状況を把握し、生産管理のコンピュータ化を進めるために必要な事前整備内容について、助言する能力を問う問題である。

●解答ランキングとふぞろい流採点基準

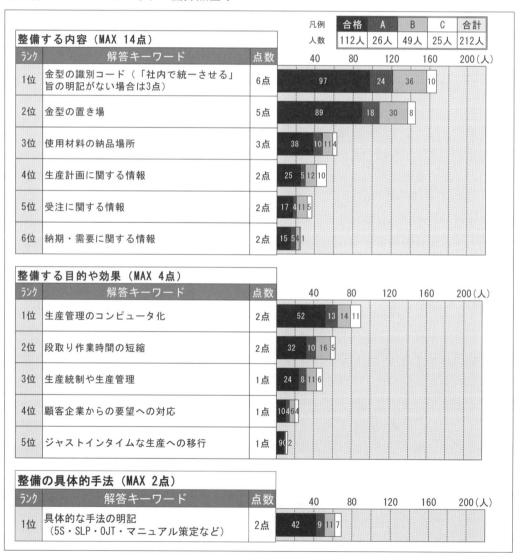

凡例	合格	A	B	C	合計
人数	112人	26人	49人	25人	212人

整備する内容（MAX 14点）

ランク	解答キーワード	点数
1位	金型の識別コード（「社内で統一させる」旨の明記がない場合は3点）	6点
2位	金型の置き場	5点
3位	使用材料の納品場所	3点
4位	生産計画に関する情報	2点
5位	受注に関する情報	2点
6位	納期・需要に関する情報	2点

整備する目的や効果（MAX 4点）

ランク	解答キーワード	点数
1位	生産管理のコンピュータ化	2点
2位	段取り作業時間の短縮	2点
3位	生産統制や生産管理	1点
4位	顧客企業からの要望への対応	1点
5位	ジャストインタイムな生産への移行	1点

整備の具体的手法（MAX 2点）

ランク	解答キーワード	点数
1位	具体的な手法の明記（5S・SLP・OJT・マニュアル策定など）	2点

~試験当日のアクシデント~
　風邪をひき、薬を飲んだことで頭がボーッとしていたこと。

●再現答案

区	再現答案	点	文字数
合	事前整備内容は①金型に社内統一識別コードを付け⁶、②金型置き場を５Ｓ活動で整備し⁵、③ベテラン以外も金型を探せるようルール化³し、④材料納品位置をルール化²する。以上の標準化を進め生産効率を高め²つつ、生産管理のコンピュータ化への下地を整備²する。	20	117
合	内容は①支給品含め、全ての金型に社内で統一した識別コードを付与する⁶②金型や材料の置き場所に名前を付け管理できるようにする⁵③材料の納品方法を標準化し仕入れ先に対して周知する²ことで納品位置を特定できるようにしておく、である。	16	110
A	Ｃ社は、短納期化、小ロット化、多品種少量化に対応する為¹に、①全受注品の生産計画²、②金型の統一コード⁶、③使用材料の納品情報、④生産統制を行うための進捗、現品、余力管理情報¹をリアルタイムで一元管理出来るようにし、コンピュータ化に備える²。	12	116
B	全ての金型、材料に統一の識別コードを付与⁶、置き場所のルールの設定²、生産ルールの策定。	11	42
C	生産計画や生産統制を一元管理して行うため¹共有すべき情報を整備する。具体的には①顧客からの受注情報²、②製品図面などの設計・製作に関わる情報、③全体の生産計画情報²、④進度管理などの生産統制情報、⑤製品識別コード、⑥納品場所などの情報。	5	115

●解答のポイント

　与件文からＣ社の生産現場の実態（金型や使用材料に関すること）を適切につかみ、設問文の制約条件にあるＣ社が今後目指す姿（生産管理のコンピュータ化を進めること）を踏まえ、そのギャップを埋める助言をできたかどうかがポイントだった。

【解答の方向性は？】

先生：第４問は、「整備する内容」だけを解答するにしては、字数が120字とまずまず多いため、解答の構成に迷った人も多かったようです。２人はどう答えましたか？

水戸：与件文から素直に、Ｃ社の生産現場の実態を読み取りました。

応泉：僕はＣ社が今後目指す姿が何かを考えて、そのためのアドバイスを一生懸命に書いたよ。

先生：なるほど、アプローチが少し分かれましたね。この問題の対応に戸惑った人は多そうなので、順番に整理していきましょう。

【C社の生産現場の実態は？】

先生：みとちゃんは、与件文からC社の生産現場の実態を読み取ったということですが、具体的にはどのようなことを解答に書きましたか？

水戸：金型については、「社内統一の識別コードがないこと」や「置き場が混乱していること」、使用材料については、「その都度納品位置が変わること」が問題だと読み取りました。

先生：うん、事例企業にしっかり寄り添って考えられていていいですね。

水戸：与件文にそう書いてありましたから！

先生：すばらしい！ そのなかでも、「金型」「使用材料」と明確に言い切れているのがいいですね。2次試験では、「何が」や「何を」というのを明確にすることが大事ですよ。あと、「社内統一の」といえているのもいいですね。

水戸：これも与件文に書いてありました！ 「顧客からの支給品もまだあり」とわざとらしく書いてあるのが気になりました。

先生：うん、「今もなんらかのコードはあるのだろうけど、それが統一されていないから混乱している」と読み取る必要がありましたね。やはり、解答を構成する基本は与件文。一見して解答を組み立てにくい設問こそ、与件文をもとに解答を組み立てるべきですね。

【C社の目指す姿は？】

応泉：僕はこの問題の設問文をすんなりと理解できず、解答するのを最後に回したんだ。ほかの問題を解くのに夢中になっていたら、最後は時間がなくなって焦っちゃって。「識別コードの付与」と「置き場の固定」とは書いたけど、「何が」や「何を」の部分を明確に書けなかったんだなぁ。

水戸：それだけでは120字も埋まらないんじゃ……。

応泉：だからデータベース化、生産管理のコンピュータ化、ジャストインタイムな生産への移行、顧客要望対応というC社が目指す姿に向けて、僕の熱い思いをふんだんに盛り込んだんじゃないか！ スープカレーと同じく、隠し味の一工夫が勝負の分かれ目でしょ！

先生：C社の目指す姿については応泉さんのいうとおりですね。そこを押さえられているのは、さすがです！ ただ、今の話だと「隠し味」になっておらず、設問文の要求からも少し逸れるような。応泉さんに確認ですが、第4問は「生産管理のコンピュータ化を進めるために、事前に整備しておくべき内容」を答えるんですよ。

応泉：あちゃー、焦って大事なところを抜かして、先走っちゃったみたいですね。

先生：それはよくないですね。一見して解答を組み立てにくい設問こそ、設問文の要求に忠実に従わないと！ でも、応泉さんのように、設問文に対して正面から答えられず、的を外してしまっている解答は、第4問に限らずあるんですよ。本番の緊張感

のなかで、焦りもあるでしょうしね。それはまた事例Ⅲ特別企画のページで取り上げることにしましょう。

【C社の実態と目指す姿のギャップを埋めよう】

先生：第4問で問われている内容を改めて整理してみましょう。C社は今後、「データベース化」⇒「生産管理のコンピュータ化」⇒「段取り作業時間の短縮」⇒「ジャストインタイムな生産への移行」⇒「短納期化・小ロット化・多品種少量化への対応」と、改善していきたいと考えていますよね。目指す姿までのプロセスを理解したうえで、もう一度設問文を見てみると、「生産管理のコンピュータ化を進めるため」とありますね。これがヒントです。C社の実態と、目指す姿に至るまでのプロセスを踏まえて解答を構成することが、高得点へのカギでした。

水戸：試験中はそこまでの流れを意識できていませんでしたが、今読み直してみるとそのとおりですね。私は目先で整理しておくべき内容だけを書いたのですが、それだと不十分でしょうか。

先生：合格＋A答案のなかに、キーワードをたくさん列挙した答案があったのも確かです。みとちゃんは与件文に寄り添ってますし、「何が」や「何を」の部分も明確に書けているので、相応の点数は取れていると思いますよ。ただし、出題の趣旨を見てみると、この問題は、「生産職場の状況を把握」したうえで「助言する能力を問う」問題なので、やはり出題者としてはキーワードを列挙するだけではなく、目的や効果まで書いてほしかったのではないでしょうか。さすがに試験中にこれが助言問題だと気づいた人は少ないでしょうが、字数は120字と多かったので、目的や効果まで解答に盛り込んだ人も多かったです。いずれにしても、事例企業の実態と、これから目指していくべき姿を、常に意識しておくことが大事ですよ。

水戸：なるほど。C社の目指す姿を意識されていた応泉さんはさすがです！

応泉：みとちゃん、それはフォローになってないよぉ。僕は残り時間と目指す姿ばかりに気を取られて、結局何も助言できていないからね。まだまだ頑張らないと。

〜試験当日のアクシデント〜
　ちょっとだけ迷子になりました☆彡

第5問（配点20点）【難易度　★★☆　勝負の分かれ目】

わが国中小製造業の経営が厳しさを増す中で、C社が立地環境や経営資源を生かして付加価値を高めるための今後の戦略について、中小企業診断士として120字以内で助言せよ。

●**出題の趣旨**

C社の経営環境と事業内容の現状を把握し、立地環境や経営資源を生かして付加価値を高めるための今後の戦略について、助言する能力を問う問題である。

●**解答ランキングとふぞろい流採点基準**

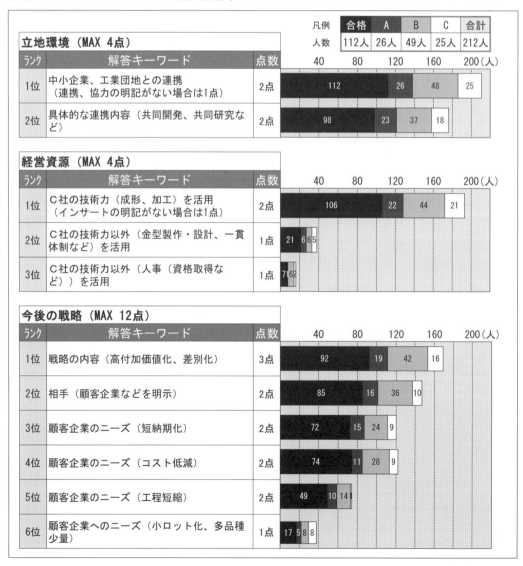

●再現答案

区	再現答案	点	文字数
合	戦略は、<u>工業団地全体</u>で<u>連携</u>し、C社の<u>インサート成形技術</u>とリーダーシップ経験を活かし、工業団地各企業の強みを活かした<u>設計から組み立て納品まで行なえる新製品を開発</u>し、<u>顧客</u>の<u>工程数・納期の短縮</u>、<u>コスト削減</u>に繋げ、<u>付加価値を高めていく</u>事、である。	18	119
合	<u>古くからの取引顧客</u>に<u>インサート成形</u>の高度な成形技術と<u>工業団地組合の金属加工メーカーとの協業</u>を生かし、<u>組み込み製品を販売</u>する事で、<u>工程数の短縮</u>や<u>納期の短縮</u>、<u>コスト削減</u>につなげ<u>高付加価値化</u>することで持続的競争優位を構築する。	17	110
A	戦略は、習得した<u>インサート技術</u>を生かし、<u>技術交流会</u>などを通じ<u>工業団地の金属プレス加工メーカー等と共同研究のきっかけを作り協力</u>する。そしてC社の高度な<u>成形技術</u>により<u>顧客企業</u>の<u>工程数</u>や<u>納期を短縮</u>し、<u>コスト削減</u>を図ることで<u>付加価値を高める</u>。	17	117
B	高度な<u>成形技術</u>と成形加工品のコスト低減ノウハウ、<u>工業団地組合のネットワーク</u>を活かして、<u>顧客企業</u>の成形加工品の<u>工程数短縮</u>、<u>納期短縮</u>、<u>コスト削減</u>に貢献する。具体的には、営業部門を新設して提案営業を強化し、<u>付加価値を高めて</u>CS・収益性向上を図る。	13	120
C	高度な<u>成形技術</u>を生かした製品の開発・販売をする。そのために①工業団地組合活動のリーダーとしての地位を活かして<u>組合内の他社</u>と<u>共同開発</u>をし、②営業部を強化し自社製品の販路を開拓し、ジャストインタイムに対応できる<u>高付加価値品</u>であることを訴求する。	7	120

●解答のポイント

　C社を取り巻く立地環境と経営資源を与件文から読み取ったうえで、顧客企業に提供する付加価値を今後どのように高めるかを多面的、具体的に解答することがポイントだった。

【論点と制約条件について】

先生：ついに第5問！　C社が付加価値を高めるための今後の戦略が問われていますね。2人はどのような点に気をつけるべきだったと思いますか？

水戸：問われていることは「付加価値を高めるための今後の戦略」で、「立地環境と経営資源」を「生かすこと」を考慮した助言を与件文から解答することが必要と考えました。

応泉：みとちゃん、それだけではないんじゃない？　設問文に、「わが国中小製造業の経営が厳しさを増す中で」という記述があるじゃない！　与件文にも外部環境の変化

～試験当日の失敗・反省～

試験終了後、仲間と再現答案作りをするも、ビールの誘惑に負け再現できず。(翌日ちゃんとやりました。)

が書かれていたのだからそれも書くべきでしょうよ。

水戸：120字だとそこまで書けませんでした。

先生：2人ともよく理解できていますね。応泉さんもよいところに気がつきました。一方で、みとちゃんのいうとおり120字で全部書くのは難しかったと思います。実際に外部環境の変化まで触れていた答案は少数でした。第5問では、C社の立地環境と経営資源を生かして付加価値を高めるための今後の戦略について、より詳しく書いた答案が合格＋A答案に多くありました！

応泉：……。(マジかッ！ 外部環境の変化について記述しすぎて、ほかの記述が薄くなってしまった)

【立地環境と経営資源の生かし方は？】

先生：立地環境と経営資源の生かし方について、2人はどう提案しましたか？

水戸：立地環境は、C社と周囲の関係ですよね～。私は、与件文にあった「工業団地の中小企業」と書きました。生かし方は、やっぱり連携かなと思いました。

応泉：経営資源の生かし方ときたら、C社の強みを生かすしかないじゃない！ C社の強みである技術力、特にインサート成形技術を活用するに決まっているね。

先生：立地環境と経営資源それぞれの生かし方を合わせるとどうなるでしょうか？

水戸：うーん。工業団地の中小企業と連携して、C社の強みを強化して、付加価値を高める……。

応泉：おっ、わかったぞ。工業団地内で技術交流会を開催して技術力を高める。そして、インサート成形技術を活用してほかの中小企業の技術も組み込んだ製品を共同開発したらいいんじゃないですか？

先生：いいですね！ 多くの受験生が2人と同じように解答していました。なかでも、具体的にインサート成形技術まで書けた答案がより良かったようです。解答は与件文に忠実でありながら具体的、多面的に書くことが望ましいでしょう！

水戸：与件文に書かれている重要なキーワードは具体的・多面的に書いたほうがいいんですね。まるで切り口の幕の内弁当ね！

【どこで点数の差がついたのか】

先生：この問題は、合格＋A答案と他の答案で点数の差がついた部分があります。どこかわかりますか？

応泉：C社を取り巻く立地環境と経営資源は与件文に明記されているし、先ほどの先生の口ぶりだと解答できている人が多かったように思えるなぁ。

先生：応泉さんのいうとおり、C社の立地環境と経営資源は受験生のほとんどが書けていました。すると、点数の差がついたのは……？

水戸：付加価値を高めるための今後の戦略？

～試験当日の失敗・反省～

連日の試験勉強で疲れが溜まって試験2週間前に風邪をひき、当日まで治せなかったこと。

先生：そうです。C社の立地環境と経営資源を生かして付加価値を高めるための今後の戦略は思いつきますよね？　さらに、効果まで詳しく書いた答案が合格＋A答案に多くありました！

水戸：効果ですか？

応泉：効果って付加価値を高めることだよなぁ？　それは完璧に答えましたよ、当然だ！

先生：おや？　2人ともよく考えてみてください。付加価値を高めることが、誰に対してどうつながりますか？

応泉：もちろん、顧客企業のニーズに応えることでC社の付加価値が高まりますよ。

先生：応泉さん、それは解答に書けました？

応泉：いやー、それが120字に収まらず詳しく書けてません。ん？　ま、まさか……。

先生：そのまさかです。顧客企業を明示したうえで、短納期化などといった顧客企業のニーズを具体的に書いている答案が合格＋A答案に多くありました。そこが今回の点数の差がつく問題、すなわち、勝負の分かれ目だったといえるでしょう。第4問でも述べたように、助言問題は効果まで書くことが重要な場合が多いのです。与件文と設問文を読んだうえで社長にどう助言していくかを考えながら、これからも事例問題に取り組んでいきましょう！

水戸：はい！

応泉：これは応用できそうだぞ！

Column

たまにはスピリチュアルな話でも

　若いころ読んだ小説の話です。昔、中国に「科挙」という官僚を選抜するための試験制度がありました。中国全土から神童と呼ばれる天才、秀才が集まり3日ほど独房に籠って論文を書きます。小説の主人公はなかなか筆が進まず、最終的に隣の独房の受験者の答案をカンニングしてしまいました。……という夢を彼は見ました。途中で眠ってしまったんですね。もちろん、カンニングなんてしていません。答案は手つかずだったので焦って机に戻ったところ、夢で見た内容のとおり完璧な答案が仕上がっていました。眠りに落ちる前は白紙だったはずなのに……なぜ？　自分でもわからない。結果、圧倒的な成績で試験を突破しました。

　僕の場合も、事例Ⅳの第2問で似たようなことが起きたのです（カンニングではないですよ！）。「設問文を読んでも頭に入ってこない」「何から着手すればよいかわからない……」、意識下ではそんな状態でした。「でも、手が勝手に動いている」「自分ではない、この問題を理解した何者かが解答している」、そんな感覚でした。小説の例も同じですが、これって累積学習量の賜物だと思うんです。今まで費やしてきた膨大な学習量が頭のどこかには確実に蓄積されていて、意識下では焦る一方、無意識下の領域で勝手に処理が始まっている。要するに、「努力は自分を裏切らない」。そんな話でした。　　　　（シュホンニ）

～試験当日の失敗・反省～

　ポカミス対策をしていたのに、それに気づかずポカミスした。

▶**事例Ⅲ特別企画** ────────────────────◀

正面から答えてる？　〜的を射た解答で事例Ⅲを攻略しよう〜

先生：応泉さん、今回の事例Ⅲの手ごたえはどうでしたか？

応泉：今回は図表があったので戸惑いましたが、簡単でしたねー。

水戸：あれ、先生は今、試験の手ごたえについて聞かれたんですよ。今のは試験の難易度を答えちゃっていませんか？

応泉：え、あ、それは……。

先生：確かに的を外した答えになっていましたね。応泉さん、ひょっとしたら試験でも同じような失敗をしているのかもしれませんね。

応泉：僕が試験で的を外していたということですか？　いったいどういうことでしょう？

先生：その説明をする前に、今回の問題を振り返ってみましょう。

　　　第1問と第5問：「C社の現状と今後の戦略」
　　　第2問：「作業方法に関する問題点とその改善策」
　　　第3問：「生産計画上の問題点とその改善策」
　　　第4問：「事前に整備しておくべき内容」

今回の事例Ⅲの解答を分析した結果、先ほどの応泉さんのように「的を外してしまった」と思われる解答がいくつかありました。そして、そのような解答の多くは次の2つに分類される傾向がありました。

> その1　制約条件を無視し、問われたことに答えていないもの。
> その2　問われたことの原因や結果だけを答えているもの。

水戸：「問われたことに答えていない」解答なんて、本当にあるのでしょうか？

先生：残念ながら、問われたことに正面から答えられていないと感じる答案がいくつか見られました。順番に具体例を見ていきましょうか。まず紹介するのは、第3問、「生産計画上の問題点とその改善策」の解答例です。

> 解答例1：問題点は、製品在庫が過大であり在庫管理ができていないことである。対応策は、①安全在庫を見直し在庫管理することで在庫量を削減する、②5Sにより置き場所を確保し、現品管理を行うこと、である。

応泉：第3問は「生産計画上の問題点」について問われていたはずなのに「在庫管理」を問題点にしていますね。確かに的が外れちゃってるよ。

水戸：私もこの解答には違和感があります。だって、どこにも「生産計画上の問題点」に

ついて書かれていないですから。どうしてこのようなことになったのでしょう？

先生：これは推測ですが、在庫に関することについてはC社の問題でもあったし、問題点を探しているうちに「生産計画上の」という制約条件を忘れてしまったのかもしれないですね。これは「その１：**制約条件を無視し、問われたことに答えていない**」にあたりますね。では、続けて第２問の解答例を見てみましょう。

> 解答例２：問題点は、①社内で統一した識別コードがなく②置場が混乱している③納品位置が頻繁に変わることでベテラン社員でしか金型・材料を探せないことである。改善策は①識別コードを統一する②５Ｓ、ＳＬＰによる整理整頓③納品位置、作業方法を標準化すること。

応泉：うん、これは「作業方法の問題点」に触れていると思いますよ、これでいいんじゃないですか？

水戸：あっ、これは「作業内容（図２）を分析し」の観点が抜けていますね！

先生：そうです。第２問では「作業方法に関する問題点とその改善策」を問われましたが、設問文にはその前提として「作業内容（図２）を分析し」とありました。これも、「その１：**制約条件を無視し、問われたことに答えていない**」と判断されやすく、分析結果でも点数が伸び悩みました。

応泉：設問文に書かれていることに正面から答えることの大切さ、身に染みるなぁ……。

先生：続けて第２問の解答をもう１つ。

> 解答例３：問題点は、成形機の稼働率が低いこと。改善策は、金型置場の５Ｓを徹底、使用材料の納品場所をルール化し探す時間を減らし段取り時間を削減、成形機の作業順序を入れ替え待ち時間を減らし、成形機の稼働率を上げる。

応泉：んー、僕にはこの解答のどこがいけないのか、わからないなー。作業内容（図２）を分析すれば成形機の稼働率が低いことは読み取れるし。

水戸：第２問の問題点って、「作業者の段取り時間が長いこと」や「成形機の待ち時間が長いこと」でしたよね？　この解答例はなんか少し違うような……。

先生：みとちゃんのいうとおり、肝心の問題点そのものが抜けていますね。これが「**その２：問われたことの原因や結果だけを答えているもの**」にあたります。この解答例３では、問題点による「稼働率が低い」という結果だけを答えていますね。

応泉：原因と問題点、その結果は同じ流れのなかにあるから、僕はこれが間違えているとは思えないんだよなぁ。僕の答案もこのような感じだし……何がいけないんだよぉ。

先生：じゃあほかの話に置き換えてみましょう。応泉さんは今日の待ち合わせの時間に遅れてきました。「時間を守る」うえでの問題点は「時間に遅れたこと」でしょうか？

〜試験当日の失敗・反省〜

　マーカーを引いたら問題用紙に裏写りし、マーカーを使えなかった。

応泉：いーや、違うね。僕は昨晩遅くまでお酒を飲んでて起きられなかったんだ。「深酒したこと」が問題点だよ。（エッヘン）

水戸：んん？　どっちも違う気がする。「時間に遅れたこと」は結果だし「深酒したこと」は時間を守るために時間どおりに起きられなかった原因よね。つまり問題点は「時間どおりに起きなかったこと」になるんじゃないかしら？

先生：みとちゃん、よいところに気がつきましたね。「時間を守る」という制約条件が付いたとき、「正面」が何かを意識することが大切です。その原因と結果だけを答えても的の中心を外してしまうことになるのです。

応泉：うーん……納得。キーワード的にはなんとなく合っているはずなのに、なかなか僕が合格できないのはそういう弱点があったからなのかな……。

先生：弱点がわかったのはよいことですね。大事なのは、「正面」から答えることですよ。あと、字数に応じて問題点の原因や結果を書くことで、問題点と改善策の関係が明確になり、文章としても非常にわかりやすくなります。実際、問題点の原因と結果をうまく盛り込んだものが、合格＋A答案に多くあり、ふぞろい流採点でも高得点になっています。

水戸：なるほどー！　問われたことに「正面」からきちんと答える！　そのうえで問題点の原因や結果を添えられれば根拠がわかりやすくなり、点数が伸びる！　ということですね。先生！　私、早速ですが解答例3を書き換えてみました！

> 解答例3改：問題点は、金型・材料置場が混乱し探索に時間を要し、段取り時間が長く、成形機の待ち時間が長い為稼働率が低い。改善策は、金型・材料置場の5Sを徹底し、探索時間を削減し段取り時間を短縮、成形機の作業順を入れ替え待ち時間を減らすことで稼働率を上げる。

先生：いいですね。問題点である「段取り時間」に正面から答え、その原因についてきちんと触れています。後文の改善策との関係も明確ですね。

応泉：（みとちゃんが力をつけている……。このままでは置いて行かれてしまう……。）
　　　先生、僕が合格に近づくための、何かよい方法はないんでしょうか？　今回のような問題点と改善策の出題は、特に事例Ⅲでは頻出ですよね？

先生：そうですね。対策は打っておくべきでしょう。繰り返しになりますが、まず「**その1　制約条件を無視し、問われたことに答えていない**」ことがないように設問文にある制約条件を意識しましょう。制約条件は、解答の方向性を決定づける重要なヒントになります。そのうえで「**その2　問われたことの原因や結果だけを答えているもの**」にならないよう、問題点に「正面」から答えましょう。さらにいえば、問題点の原因と結果についても優先順位を付けて触れられればなおよいでしょう。

～事例Ⅰのポイント・攻略法～
　「組織・人事」のイメージを捨てる。大前提で問われているのは「戦略」だと強く意識する。

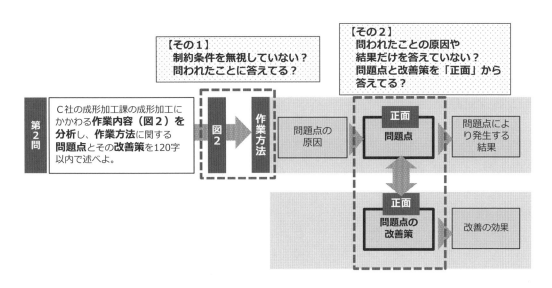

水戸：でも、原因と結果の書き方って難しいですよね。

先生：たとえば、次に紹介するフレームを活用してはどうでしょう。

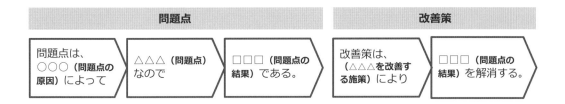

応泉：なまらすげぇー!!

先生：こうすることでキーワードを盛り込めるだけでなく、因果関係がわかり読みやすい文章になるので、高得点を望めるかもしれませんね。

水戸：なるほど、問題点の原因と改善策、結果と効果とつなげることで論理的な文章になりますね。

先生：そうですね、では、ここで１つ問題です。応泉さんの２次試験受験における問題点と改善策はなんでしょうか？

水戸：先生、私、わかりますっ！　**「問題点は、的外れな解答で得点することができず、結果が出せないこと。改善策は、先生に教えてもらった解答フレームで高得点を取り、試験に合格する」**ということですね！

先生：みとちゃん、わかってきましたね。

応泉：２人とも、そりゃないよ〜。

３人：(笑)

~事例Ⅰのポイント・攻略法~

頻出のキーワードや解答パターンは規則性があるので、ふぞろいと過去問を活用して習得すること。

ふぞろい流ベスト答案 ——— 事例Ⅲ

第1問（配点20点） 80字 【得点】20点

理	由	は	①	設	計	部	門	等	新	設³	し	一	貫	生	産	体	制	構	築²
②	O	J	T²	等	通	じ	加	工	技	術	力	強	化⁴	③	歩	留	り	向	上¹
等	コ	ス	ト	低	減	ノ	ウ	ハ	ウ	蓄	積³	④	工	業	団	地²	で	の	共
同	受	注²	等	で	経	営	難	を	乗	り	越	え	た¹	た	め	で	あ	る	。

第2問（配点20点） 118字 【得点】18点

問	題	点	は	①	作	業	者²	の	昼	休	み	に	機	械	が	停	止	し	て
待	ち	時	間	が	長	い³	②	金	型	を	探	す	時	間	が	長	く¹	、	段
取	時	間	が	長	い³	こ	と	。	改	善	策	は	①	待	ち	時	間	短	縮²
の	た	め	、	成	形	機	2	か	ら	加	工	し	て²	、	昼	休	み	も	稼
働	さ	せ	る¹	②	金	型	置	場	の	改	善	の	た	め²	、	5	S	を	徹
底¹	し	、	段	取	を	シ	ン	グ	ル	段	取²	と	す	る	こ	と	。		

第3問（配点20点） 117字 【得点】20点

問	題	点	は	①	効	率	優	先¹	に	よ	り	受	注	量	よ	り	計	画	が
大	き	く⁴	、	②	在	庫	量	を	考	慮	せ	ず²	週	次	計	画¹	し	て	い
る	こ	と	で	、	在	庫	が	過	大²	な	点	で	あ	る	。	改	善	策	は
①	在	庫	量	を	踏	ま	え³	全	製	品	を¹	受	注	量	に	応	じ	て	計
画	し³	②	短	サ	イ	ク	ル³	で	適	時	見	直	す	こ	と	で	計	画	の
適	正	化¹	と	在	庫	コ	ス	ト	を	削	減¹	す	る	こ	と	。			

第4問（配点20点） 119字 【得点】20点

事	前	に	整	備	す	べ	き	内	容	は	①	金	型	に	社	内	統	一	の
識	別	コ	ー	ド	を	付	与	し⁶	、	②	金	型	の	置	き	場	を	固	定⁵
し	、	③	使	用	材	料	の	納	品	位	置	を	固	定³	す	る	こ	と	。
こ	れ	ら	の	マ	ニ	ュ	ア	ル	を	作	成²	し	、	作	業	者	や	納	入
業	者	に	周	知	し	た	上	で	デ	ー	タ	ベ	ー	ス	化²	し	て	一	元
管	理	を	行	い	、	段	取	り	作	業	時	間	短	縮²	を	図	る	。	

~事例Ⅰのポイント・攻略法~
事例企業の過去の成功・失敗体験に着目する。

第5問（配点20点）　119字　　　　　　　　　　　　　　　　　　【得点】19点

戦	略	は	、	工	業	団	地	の	中	小	企	業	と	連	携²	し	共	同	開
発²	を	行	い	、	Ｃ	社	の	イ	ン	サ	ー	ト	成	形	技	術²	や	金	型
か	ら	成	形	ま	で	の	一	貫	生	産	体	制¹	を	活	用	し	た	製	品
を	開	発	す	る	。	ニ	ー	ズ	で	あ	る	コ	ス	ト	低	減²	、	短	納
期²	、	工	程	短	縮²	、	小	ロ	ッ	ト	に	対	応¹	で	き	る	こ	と	を
顧	客	企	業²	に	訴	求	し	、	高	付	加	価	値	化³	を	図	る	。	

ふぞろい流採点基準による採点

97点

第1問：顧客企業の生産工場の海外移転が起こった時間軸を意識し、Ｃ社の業績維持に
　　　　つながる要素を第5段落、第6段落から抽出して記述しました。

第2問：作業方法に関する問題点は図2から読み取り、その原因まで記述しました。改
　　　　善策はこれらを解消する作業方法について具体的に記述しました。

第3問：生産計画策定方法を与件文から、在庫量推移を図1から読み取り、それぞれの
　　　　問題点を記述しました。また、問題点の結果にも言及することで、問題が引き
　　　　起こしている現状にも触れ、これらが解決できる生産計画上の改善策を記述し
　　　　ました。

第4問：与件文より、生産管理のコンピュータ化を進める前提として作業者の効率性改
　　　　善が必要とあることを念頭に、事前に整備しておくべき内容について「何をど
　　　　うする」必要があるのかを具体的になるように記述しました。

第5問：立地環境とＣ社の経営資源である強みの活用について記述しました。また、活
　　　　用した結果、顧客企業のニーズに沿いながらどのように高付加価値化を図るの
　　　　かを記述しました。

事例Ⅲ

▶事例Ⅳ（財務・会計）◀

平成30年度 中小企業の診断及び助言に関する実務の事例Ⅳ（財務・会計）

　D社は資本金5,000万円、従業員55名、売上高約15億円の倉庫・輸送および不動産関連のサービス業を営んでおり、ハウスメーカーおよび不動産流通会社、ならびに不動産管理会社およびマンスリーマンション運営会社のサポートを事業内容としている。同社は、顧客企業から受けた要望に応えるための現場における工夫をブラッシュアップし、全社的に共有して一つ一つ事業化を図ってきた。

　D社は、主に陸上貨物輸送業を営むE社の引越業務の地域拠点として1990年代半ばに設立されたが、新たなビジネスモデルで採算の改善を図るために、2年前に家具・インテリア商材・オフィス什器等の大型品を二人一組で配送し、開梱・組み立て・設置までを全国で行う配送ネットワークを構築した。

　同社は、ハウスメーカーが新築物件と併せて販売するそれらの大型品を一度一カ所に集め、このネットワークにより一括配送するインテリアのトータルサポート事業を開始し、サービスを全国から受注している。その後、E社の子会社F社を吸収合併することにより、インテリアコーディネート、カーテンやブラインドのメンテナンス、インテリア素材調達のサービス業務が事業に加わった。

　さらに、同社は、E社から事業を譲り受けることにより不動産管理会社等のサポート事業を承継し、マンスリーマンションのサポート、建物の定期巡回やレンタルコンテナ点検のサービスを提供している。定期巡回や点検サービスは、不動産巡回点検用の報告システムを活用することで同社の拠点がない地域でも受託可能であり、全国の建物を対象とすることができる。

　D社は受注した業務について、協力個人事業主等に業務委託を行うとともに、配送ネットワークに加盟した物流業者に梱包、発送等の業務や顧客への受け渡し、代金回収業務等を委託しており、協力個人事業主等の確保・育成および加盟物流業者との緊密な連携とサービス水準の把握・向上がビジネスを展開するうえで重要な要素になっている。

　また、D社は顧客企業からの要望に十分対応するために配送ネットワークの強化とともに、協力個人事業主等ならびに自社の支店・営業所の拡大が必要と考えている。同社の事業は労働集約的であることから、昨今の人手不足の状況下で、同社は事業計画に合わせて優秀な人材の採用および社員の教育にも注力する方針である。

　D社と同業他社の今年度の財務諸表は以下のとおりである。

~事例Ⅰのポイント・攻略法~

　　組織論は1次の過去問までチェック。

貸借対照表

（単位：百万円）

＜資産の部＞	D社	同業他社	＜負債の部＞	D社	同業他社
流動資産	388	552	流動負債	290	507
現金及び預金	116	250	仕入債務	10	39
売上債権	237	279	短期借入金	35	234
たな卸資産	10	1	未払金	－	43
前払費用	6	16	未払費用	211	87
その他の流動資産	19	6	未払消費税等	19	50
固定資産	115	64	その他の流動負債	15	54
有形固定資産	88	43	固定負債	34	35
建物	19	2	負債合計	324	542
リース資産	－	41	＜純資産の部＞		
土地	66	－	資本金	50	53
その他の有形固定資産	3	－	資本剰余金	114	3
無形固定資産	18	6	利益剰余金	15	18
投資その他の資産	9	15	純資産合計	179	74
資産合計	503	616	負債・純資産合計	503	616

損益計算書

（単位：百万円）

	D社	同業他社
売上高	1,503	1,815
売上原価	1,140	1,635
売上総利益	363	180
販売費及び一般管理費	345	121
営業利益	18	59
営業外収益	2	1
営業外費用	2	5
経常利益	18	55
特別損失	－	1
税引前当期純利益	18	54
法人税等	5	30
当期純利益	13	24

（以下、設問省略）

~事例Ⅱのポイント・攻略法~
　ターゲットと要素（使えそうな経営資源）を余白にリストアップし、各問題に割り振り・消し込みする。

第1問（配点24点）

（設問1）【難易度　★☆☆　みんなができた】

　D社と同業他社の財務諸表を用いて経営分析を行い、同業他社と比較してD社が優れていると考えられる財務指標を1つ、D社の課題を示すと考えられる財務指標を2つ取り上げ、それぞれについて、名称を(a)欄に、その値を(b)欄に記入せよ。なお、優れていると考えられる指標を①の欄に、課題を示すと考えられる指標を②、③の欄に記入し、(b)欄の値については、小数点第3位を四捨五入し、単位をカッコ内に明記すること。

●出題の趣旨

　財務諸表の数値に基づき、財務状態の評価目的に適合する財務比率を求めることで、診断及び助言の基礎となる数値を算出する能力を問う問題である。

●解答ランキングとふぞろい流採点基準

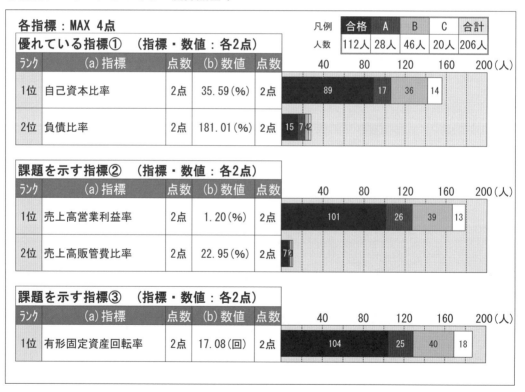

凡例	合格	A	B	C	合計
人数	112人	28人	46人	20人	206人

各指標：MAX 4点

優れている指標①　（指標・数値：各2点）

ランク	(a)指標	点数	(b)数値	点数
1位	自己資本比率	2点	35.59(％)	2点
2位	負債比率	2点	181.01(％)	2点

課題を示す指標②　（指標・数値：各2点）

ランク	(a)指標	点数	(b)数値	点数
1位	売上高営業利益率	2点	1.20(％)	2点
2位	売上高販管費比率	2点	22.95(％)	2点

課題を示す指標③　（指標・数値：各2点）

ランク	(a)指標	点数	(b)数値	点数
1位	有形固定資産回転率	2点	17.08(回)	2点

~事例Ⅱのポイント・攻略法~

　旅館内部や周辺の街並みなど、事例企業の様子を視覚的に想像すると楽しく取り組むことができる。

（設問2）【難易度　★★☆　勝負の分かれ目】
　D社の財政状態および経営成績について、同業他社と比較してD社が優れている点とD社の課題を50字以内で述べよ。

●出題の趣旨
　適切な財務比率に基づき、同業他社と比較することで、財政状態及び経営成績を把握し評価する能力を問う問題である。

●解答ランキングとふぞろい流採点基準

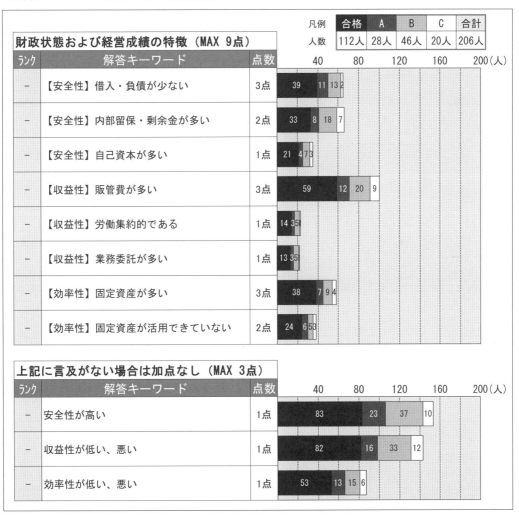

凡例	合格	A	B	C	合計
人数	112人	28人	46人	20人	206人

財政状態および経営成績の特徴（MAX 9点）

ランク	解答キーワード	点数			
－	【安全性】借入・負債が少ない	3点	39	11	13 2
－	【安全性】内部留保・剰余金が多い	2点	33	8	18 7
－	【安全性】自己資本が多い	1点	21	4 7 3	
－	【収益性】販管費が多い	3点	59	12	20 9
－	【収益性】労働集約的である	1点	14 3 5		
－	【収益性】業務委託が多い	1点	13 3 5		
－	【効率性】固定資産が多い	3点	38	7 9 4	
－	【効率性】固定資産が活用できていない	2点	24 6 5 3		

上記に言及がない場合は加点なし（MAX 3点）

ランク	解答キーワード	点数			
－	安全性が高い	1点	83	23	37 10
－	収益性が低い、悪い	1点	82	16	33 12
－	効率性が低い、悪い	1点	53	13 15 6	

●再現答案

区	再現答案	点	文字数
合	<u>借入金が少なく</u>³<u>資本の安全性は高い</u>が<u>土地・建物を多く保有</u>³し<u>効率性が低い</u>上、<u>販管費が多く収益性が低い</u>。	12	49
A	優れている点は<u>自己資本が多く</u>¹<u>安全性高い</u>¹。課題は①<u>販管費過大</u>³で<u>収益率低く</u>②<u>有形固定資産過剰</u>で<u>効率性低い</u>¹。	10	50
B	D社は①過去<u>蓄積した内部留保</u>²で<u>安全性は高い</u>¹が、②人件費や<u>委託費</u>で<u>収益力低く</u>、③大型配送拠点の効率低い。	5	50
C	<u>資本剰余金を有し</u>²ており<u>安全性高い</u>¹が、人手不足で収益性が低く、営業所の開設に向けて効率性が低い事が課題。	3	50

●解答のポイント

> 　50字という限られた字数のなかで、（設問1）で挙げた指標と関連づけ、安全性・収益性・効率性の観点から、原因と結果をバランスよく明示することがポイントだった。

【与件文のヒントを見逃さずに、落ち着いて指標を選ぼう】

先生：第1問は経営分析でした。ここは例年どおりですね。2人はどう解きましたか？

水戸：私は、まず与件文を読んだんですが、これというキーワードが見つからなかったので、考えられる指標の数字はひととおり計算してみました。

先生：みとちゃん、計算した結果、優れた指標も課題となる指標も複数存在したと思います。そのなかから、答案に書く指標はどう選びましたか？

水戸：えっと、まず優れた指標は、財務諸表を見返したときに負債が少ないのが一番特徴的だと思ったので、負債比率にしました。

応泉：ここはやっぱり、D社がE社の地域拠点として設立されたというところに着目すべきじゃないですか？　親会社があるなら資本は充実しているはずなんで、僕は迷わず、自己資本比率です。

先生：そうですね。優れた指標では、2人が選択したとおり、受験生のほとんどが「自己資本比率」か「負債比率」を挙げていました。ただ、応泉さんのいうように、元々母体となる会社があったなら資本は安定している、と考えるのは少し早計では？

応泉：もちろん、計算して確認もしてますよ！　当然じゃないですか！

先生：いいですね。思い込みで解かず、ちゃんと数字を確認するのはとても大事なことです。では、課題となる指標についてはどうでしょう。

水戸：私はやっぱり財務諸表で、営業利益が少ないことと有形固定資産が多いことに着目

して、「営業利益率」と「有形固定資産回転率」を選びました。

応泉：僕は、第5段落の「業務委託」と第6段落の「労働集約的」に着目しました。ここから導けるのは、販管費に問題があるということに間違いない。課題なんだから、ここはより問題を指摘しやすい販管費を選ぶべきです。それから、「支店・営業所の拡大が必要」というところですね。支店・営業所のための建物や土地が必要になるのでポイントは固定資産です。案の定、有形固定資産回転率は悪かった。

先生：効率性については、有形固定資産回転率を考えるという解き方が一般的でしょう。それから、収益性の指標についても、応泉さんのいうように、売上高販管費比率を挙げた受験生も確かにいました。ただ、みとちゃんのように営業利益率を選んだ受験生のほうが圧倒的に多く、この2つの指標の意味するところも同じなので、どちらを書いても問題ないでしょう。

水戸：へ〜、そうなんですね。応泉さんの話を聞いて、ちょっと不安になってました！

先生：2人ともアプローチは違いますが、同じ結論に辿り着いたということですね。ふぞろいの分析でも優れた指標は資本構成に、課題となる指標は販売管理費と固定資産に着目した答案がほとんどでした。多くの受験生が得点していると考えられる問題なので、ここはきっちり取っていきたいところです。

【限られた字数のなかでコンパクトに因果を示そう】

先生：（設問2）は（設問1）で選択した指標の特徴を指摘させる素直な問題だったといえるでしょう。ただ、50字という字数制限に苦戦したのではないでしょうか？

水戸：先生のおっしゃるとおりなんです。50字のなかで3つの指標すべてに触れるのは難しくて、中途半端にしか書けませんでした……。

応泉：僕もだなぁ。収益性について書こうとすると、理由は、販管費が多いことや労働集約的で人件費がかかることも考えられるし、全部書こうとするとほかの指標が入らないし、50字に収めるのに意外と時間がかかりました。

先生：実はこの問題、合格＋A答案の平均点でも7点程度です。3つの指標のうち、2つだけでも答えられたら十分という考え方もできます。たとえば、3つの指標のなかで効率性まで指摘できた答案は全体でも半数以下です。

応泉：満点を目指さずに、確実に取れる点数を取るということかぁ。そういう考え方も試験に通るためには大事ということですね。

先生：そうです。逆にいえば、安全性と収益性に関しては特徴との因果も含めてきっちり書きたいところです。どこで点取るの⁉　ここでしょ！

~事例Ⅱのポイント・攻略法~

奇をてらわず誰でも書けそうなことを書く。怪しいキーワードはどこかで使う。

第2問（配点31点）

　D社は今年度の初めにF社を吸収合併し、インテリアのトータルサポート事業のサービスを拡充した。今年度の実績から、この吸収合併の効果を評価することになった。以下の設問に答えよ。なお、利益に対する税率は30％である。

（設問1）【難易度　★★☆　勝負の分かれ目】

　吸収合併によってD社が取得したF社の資産及び負債は次のとおりであった。

（単位：百万円）

流動資産	99	流動負債	128
固定資産	91	固定負債	10
合　計	190	合　計	138

　今年度の財務諸表をもとに①加重平均資本コスト（WACC）と、②吸収合併により増加した資産に対して要求されるキャッシュフロー（単位：百万円）を求め、その値を(a)欄に、計算過程を(b)欄に記入せよ。なお、株主資本に対する資本コストは8％、負債に対する資本コストは1％とする。また、(a)欄の値については小数点第3位を四捨五入すること。

●**出題の趣旨**

　財務諸表等の数値から加重平均資本コストを求め、吸収合併で取得した資産に対する要求キャッシュフローを算出する能力を問う問題である。

●**解答ランキングとふぞろい流採点基準**

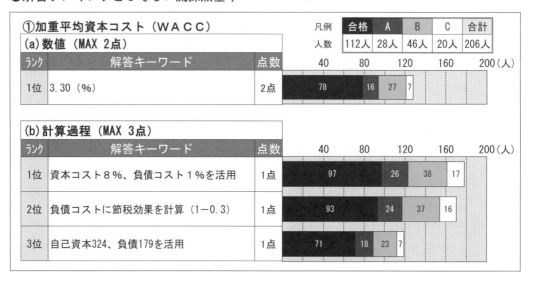

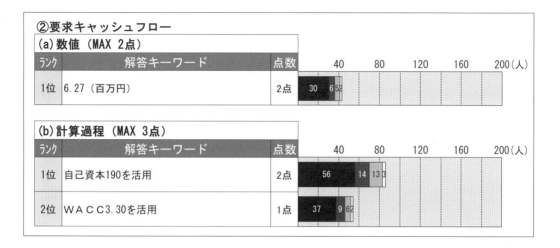

②要求キャッシュフロー

(a) 数値（MAX 2点）

ランク	解答キーワード	点数	40 80 120 160 200（人）
1位	6.27（百万円）	2点	30 6 52

(b) 計算過程（MAX 3点）

ランク	解答キーワード	点数	40 80 120 160 200（人）
1位	自己資本190を活用	2点	56 14 13 3
2位	ＷＡＣＣ3.30を活用	1点	37 9 62

●再現答案

①(b)

区	再現答案	点	文字数
合	$WACC = (\underset{1}{\underline{179}} / 503) \times \underset{1}{\underline{8}}\% + (\underline{324} / 503) \times \underset{1}{\underline{1}}\% \times \underset{1}{\underline{(1\text{-}30\%)}} = 0.0330$	3	–
B	$\underset{1}{\underline{8}} \times 231 / 693 + \underset{1}{\underline{1}} \times \underset{1}{\underline{(1-0.3)}} \times 462 / 693 = 3.13$	2	–
B	$WACC = <負債>資本コスト\underset{1}{\underline{1\%}} \times 税引後\underset{1}{\underline{0.7}} \times 138 \div 190 +$ 　　$<株主資本>\underline{8\%} \times 52 \div 190 = 2.69789 ≒ 2.70\%$	2	–

②(b)

区	再現答案	点	文字数
合	$CF = 総資産 \times WACC$ 　　$= \underset{2}{\underline{190}} \times \underset{1}{\underline{0.033}} = 6.27$	3	–
B	$190 - 138 = 52$ $52 \times \underset{1}{\underline{3.3\%}} = 1.716$	1	–

●解答のポイント

　設問文を読み解き、計算公式を正しく理解したうえで、算出に必要な数値を的確に用いて対応できたかどうかがポイントだった。

【計算能力じゃない？】

先生：①ＷＡＣＣと②要求キャッシュフロー（以下、要求ＣＦ）の算出問題でしたね。まずＷＡＣＣについて、２人は問題を見たときどう感じましたか？

水戸：ＷＡＣＣは１次試験の勉強でも繰り返し使ってきた公式なので、これなら解けると思いました。

応泉：僕は簡単すぎて普通に解いていいのか？　裏はないか？　と疑ってかかったな。

先生：なるほど。確かにみとちゃんのいうとおり１次試験で頻出論点、かつ計算も複雑ではないから、落ち着いて解けば得点できる問題というのは間違いないでしょう。しかし、正答率を見てみると、約６割と決して全員が取れている、というわけではなかったみたいです。

水戸：それは意外です。計算間違いですか？

先生：不正解のうち計算間違いや未回答は４割程度でした。残りは計算に用いる数値、つまり純資産と負債の数字自体が間違っていることがわかりました。間違え方としては、Ｆ社のＢ／Ｓを用いたパターン、Ｄ社とＦ社のＢ／Ｓを足した値を用いたパターンのどちらかに当てはまる解答が数多く見られました。

応泉：僕もそこは引っかかって結構悩みました。

水戸：深く考えずにＤ社のＢ／Ｓしか見ませんでした。よかった！

先生：ポイントは設問文にある「今年度の財務諸表をもとに〜値を求めよ」と、与件文の最後にある「今年度の財務諸表は以下のとおりである」を紐づけてＤ社のＢ／Ｓを使えたかどうかですね。このように、事例Ⅳは意図的に解釈を混乱させるような問題の作り方をしているから注意が必要ですね。次に要求ＣＦも見てみましょう。こちらは正答率がかなり低い結果になりました。

応泉：要求ＣＦの公式は「企業価値×ＷＡＣＣ」だから、①のＷＡＣＣを間違えているとそのまま不正解につながるパターンですね。

先生：そのほかにも①ＷＡＣＣ同様に用いる企業価値の数値自体を間違えているケースがあり、総資産ではなく純資産を用いて計算してしまった解答がありました。

水戸：あ！　私、まさに純資産を使って計算しちゃいました。企業価値ってことは純資産を使うのかなって。あちゃー。

先生：確かに惑わされやすいですね。ＷＡＣＣは負債と純資産を加重平均したもの、と落ち着いて考えたら、おのずと総資産を使う、と結びつけられた問題でした。

応泉：計算能力もさることながら、問題文の解読力や公式の理解度を問われていた可能性が高そうですね。

〜事例Ⅲのポイント・攻略法〜

だいたい、事例企業の課題の種類は決まっているのでシンプルに与件文から課題を捉える。

（設問2）【難易度　★★☆　勝負の分かれ目】

　インテリアのトータルサポート事業のうち、吸収合併により拡充されたサービスの営業損益に関する現金収支と非資金費用は次のとおりであった。

（単位：百万円）

収益	収入	400
費用	支出	395
	非資金費用	1

　企業価値の増減を示すために、吸収合併により増加したキャッシュフロー（単位：百万円）を求め、その値を(a)欄に、計算過程を(b)欄に記入せよ。(a)欄の値については小数点第3位を四捨五入すること。また、吸収合併によるインテリアのトータルサポート事業のサービス拡充が企業価値の向上につながったかについて、（設問1）で求めた値も用いて理由を示して(c)欄に70字以内で述べよ。なお、運転資本の増減は考慮しない。

事例
Ⅳ

●出題の趣旨

　営業損益数値から増分キャッシュフローを求め、要求キャッシュフローとの関係に基づき、吸収合併を企業価値の視点から評価する能力を問う問題である。

●解答ランキングとふぞろい流採点基準

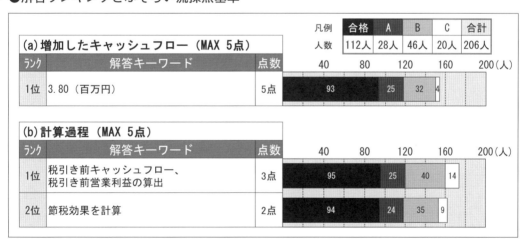

凡例	合格	A	B	C	合計
人数	112人	28人	46人	20人	206人

(a)増加したキャッシュフロー（MAX 5点）

ランク	解答キーワード	点数
1位	3.80（百万円）	5点

(b)計算過程（MAX 5点）

ランク	解答キーワード	点数
1位	税引き前キャッシュフロー、税引き前営業利益の算出	3点
2位	節税効果を計算	2点

~事例Ⅳのポイント・攻略法~

　計算ミスを完全に防ぐのは不可能だから、ミスがある前提で計算・検算をする意識を持つ。

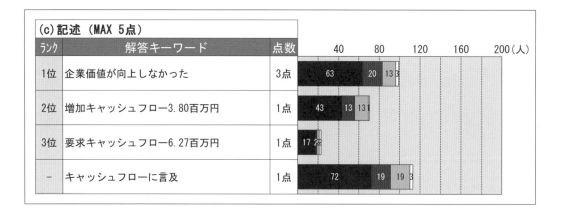

●再現答案

(b)

区	再現答案	点	文字数
合	$(400-395-1) \times (1-0.3) + 1 = 3.8$	5	－

(c)

区	再現答案	点	文字数
合	企業価値の向上に繋がらなかった。理由は要求されるキャッシュフローが 6.27 百万円に対して増加したキャッシュフローが 3.80 百万円と少なかったから。	5	70
B	吸収合併により求められるＣＦ（1.71 百万円）よりも、実際のＣＦ（3.8 百万円）の方が大きいため、企業価値の向上につながっている。	1	61
C	営業ＣＦが大きいため、吸収合併によるインテリアのトータルサポート事業のサービス拡充が企業価値の向上に繋がったと考える。	1	59
D	固定資産が増えたことによって、ＷＡＣＣが下がり企業価値向上となった。	0	31

●解答のポイント

> （設問１）および（設問２）で問われた数値を用いて企業価値が向上したか否かについて分析できたかがポイントだった。

【記述対応がポイント！】

先生：実際に増加したキャッシュフロー（以下、ＣＦ）の計算は大半の受験生が正答しています。まさにみんなができた、落としてはいけなかった問題ということになりました。差がついたポイントは記述になりそうです。2人はいかがでしたか？

水戸：私は（設問1）の要求ＣＦを間違えたため結論が逆転しちゃいました……トホホ……。

応泉：今までの計算の積み重ねだからね、僕と違って高い計算能力がない受験生にはしんどい問題になったんじゃないかな。やはり事例IVは計算力がものをいいますね！

先生：本当にそうでしょうか？　実際に結論が正しい解答は半数程度でした。一方で（設問1）の要求ＣＦの正答率は2割程度。どういうことかわかりますか？

水戸：そっか！　結論は企業価値が向上したか否かの2分の1。今までの問題がわからなくても直感でどちらか書けた。書けば加点された可能性があったってことですね！

先生：そのとおり！　ほかにも「（設問1）で求めた値も用いて理由を示して」と要求されているのに数値を書いていない受験生もたくさんいました。題意に沿っていないと加点されない可能性がありますね。さらにです！　（設問3）ではＣＦが一定で成長する場合の問題が出題されています。つまり成長することで正味ＣＦが要求ＣＦを超える、というストーリーを出題者は作りたかったのではないか、と推測することもできます。ということは、計算しなくても企業価値は向上しなかった、と書けるチャンスがあったのですね。

水戸：事例IVの記述も侮ってはいけない、諦めなければ得点を伸ばせる可能性があるということですね！

（設問3）【難易度　★★★　難しすぎる】

（設問2）で求めたキャッシュフローが将来にわたって一定率で成長するものとする。その場合、キャッシュフローの現在価値合計が吸収合併により増加した資産の金額に一致するのは、キャッシュフローが毎年度何パーセント成長するときか。キャッシュフローの成長率を(a)欄に、計算過程を(b)欄に記入せよ。なお、(a)欄の成長率については小数点第3位を四捨五入すること。

●出題の趣旨

　加重平均資本コストと増分キャッシュフローに基づき、資産価値の維持に必要な成長率を求めることで、診断及び助言の基礎となる数値を算出する能力を問う問題である。

●解答ランキングとふぞろい流採点基準

凡例	合格	A	B	C	合計
人数	112人	28人	46人	20人	206人

(a) キャッシュフローの成長率 （MAX 3点）

ランク	解答キーワード	点数	グラフ
1位	1.27%	3点	12 4
2位	1.30%	2点	23 10 15 9

(b) 計算過程 （MAX 3点）

ランク	解答キーワード	点数	グラフ
－	(設問1)で求めたWACC 3.3%に言及	1点	59 16 19 3
－	(設問2)で求めたキャッシュフロー3.8百万円に言及	1点	50 9 12 3
－	増加した資産190百万円に言及	1点	60 14 17 5
－	「CF／WACC－成長率」の計算式に言及	1点	23 7 16 9

●再現答案

(b)

区	再現答案	点	文字数
合	$[3.80 \times (1+g)] \div (3.30\% - g) = 190$ $[3.80 \times (1+g)] = 190 \times (3.30\% - g)$ 　$g = 0.01274 \cdots \fallingdotseq 1.27\%$	3	－
C	資産金額＝$FCF / (WACC - g)$	1	－

●解答のポイント

> 　成長率を求める公式に、設問1（WACC）、設問2（増加CF）で算出した数値を適切に当てはめることができたかどうかがポイントだった。

【部分点狙い？ それとも完全撤退？】

先生：（設問3）は定率成長モデルの問題でしたね。応泉さんはどう解いたのでしょうか？

応泉：（設問1）、（設問2）で算出した数値を定率成長モデルの計算式に入れるだけだと思ったので、成長率をx％と置き、設問2のCF÷（設問1のWACC－x）＝190として、3.8百万円／3.3％－x％＝190百万円　つまり、x＝1.3％。
　　　（設問3）にしては簡単でしたよ。これはもらった！　と思いました。どうでしょう？

　文章問題に動じない。少し考えればできる問題もあるし、できないときは「みんなできない」と開き直る。

先生：非常に惜しい！　ここで用いるＣＦは3.8百万円でいいのでしょうか？

水戸：あ、そうか！　わかったわ！　定率成長した後のＣＦを使うべきですね。だからＣ
　　　Ｆは、「3.8百万円×（1＋x％）」とするのが正しいんじゃないでしょうか？

応泉：ウソだろっ？　難しすぎますよ。こんなの解けっこないでしょ〜。

先生：確かに、大手予備校の間でも模範解答が異なるほど、この問題は難易度が高かった
　　　ようです。正答を導き出せた再現答案は全体のうち、たったの約2％でした。逆に、
　　　応泉さんと同じ答えだった再現答案は8％ほどあったんですよ。

応泉：でしょーね！　まぁ完答とはいかなかったけど、この問題でみとちゃんとの差を広
　　　げてしまったな！

水戸：そんな〜。ストレスでお腹が空いてきちゃうじゃないですか！

先生：みとちゃん、大丈夫ですよ。合格＋Ａ答案でも正答率は約1割と低調でしたから、
　　　合否への影響は小さかったと思います。みとちゃんはどう対応したのでしょうか？

水戸：私は（設問1、2）の手ごたえがあまりなかったので、この問題はほとんど諦めて
　　　いました。せめて計算式の「ＣＦ／ＷＡＣＣ－成長率」だけでも計算過程に書いた
　　　ら部分点でももらえないかなと思って……。

応泉：甘いな、みとちゃん。生クリームたっぷりのパンケーキくらい甘すぎるよ！　計算
　　　問題なんだから数字で答えないと！

先生：いえいえ、そんなことはないですよ。合格＋Ａ答案のなかでも、みとちゃんと同じ
　　　ように文章の計算式だけを書いていた人が多くいたので部分点は得られたと思いま
　　　すよ。応泉さんは、採点者に伝わるように丁寧に計算過程を書きましたよね？　ま
　　　さか、数字だけを書き殴った、なんてことはありませんよね？

応泉：うぐっ、それは……そのへんをこう……。

先生：難しい計算問題でも、計算過程で部分点を得られるかどうかが勝負を左右します。
　　　今回解答できた応泉さんも油断しないように！

応泉：はい、気をつけます……。

先生：それからもう1つ。実はこの問題、なんと、4人に1人が白紙で解答していたので
　　　す。

水戸：えぇ⁉　そんなにですか⁉

先生：第3、4問の記述問題に時間をかけた人が多かったのかもしれません。合格＋Ａ答
　　　案でも約2割もの人が計算過程すら白紙で解答していました。難しかったこの問題
　　　に時間をかけず、簡単な問題を優先するタイムマネジメントも重要ですね。

水戸：一部でもわかれば部分点を狙って、さっぱりわからなければ次の問題へ、ってこと
　　　ですね。勉強になります〜。

〜事例Ⅳのポイント・攻略法〜

　経営分析は確実に取る。記述はとにかく粘って書く。

第 3 問（配点30点）

　D社は営業拠点として、地方別に計 3 カ所の支店または営業所を中核となる大都市に開設している。広域にビジネスを展開している多くの顧客企業による業務委託の要望に応えるために、D社はこれまで営業拠点がない地方に営業所を 1 カ所新たに開設する予定である。

　今年度の売上原価と販売費及び一般管理費の内訳は次のとおりである。以下の設問に答えよ。

（単位：百万円）

変動費	売上原価		1,014
		外注費	782
		その他	232
	販売費及び一般管理費		33
	計		1,047
固定費	売上原価		126
	販売費及び一般管理費		312
	支店・営業所個別費		99
		給料及び手当	79
		賃借料	16
		その他	4
	本社費・共通費		213
	計		438

（設問 1 ）【難易度　★★★　難しすぎる】

　来年度は外注費が 7 ％上昇すると予測される。また、営業所の開設により売上高が550百万円、固定費が34百万円増加すると予測される。その他の事項に関しては、今年度と同様であるとする。

　予測される以下の数値を求め、その値を(a)欄に、計算過程を(b)に記入せよ。

　①変動費率（小数点第 3 位を四捨五入すること）

　②営業利益（百万円未満を四捨五入すること）

●出題の趣旨

　営業損益の内訳とその変動の予測に基づき、予測の営業損益を求めることで、診断及び助言の基礎となる数値を算出する能力を問う問題である。

●解答ランキングとふぞろい流採点基準

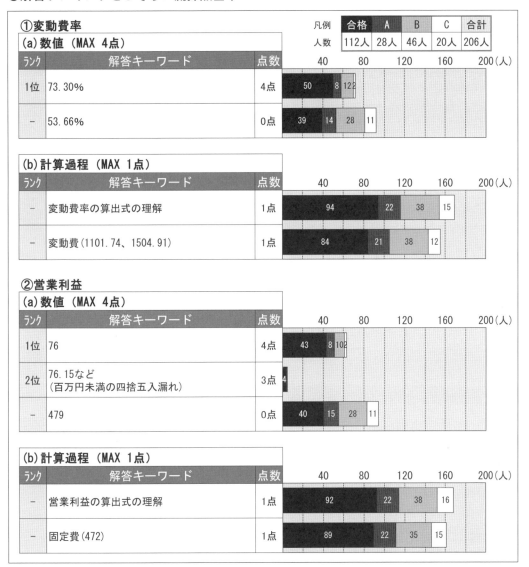

①変動費率

凡例	合格	A	B	C	合計
人数	112人	28人	46人	20人	206人

(a) 数値（MAX 4点）

ランク	解答キーワード	点数	40 / 80 / 120 / 160 / 200（人）
1位	73.30%	4点	50　8 122
－	53.66%	0点	39　14　28　11

(b) 計算過程（MAX 1点）

ランク	解答キーワード	点数	40 / 80 / 120 / 160 / 200（人）
－	変動費率の算出式の理解	1点	94　22　38　15
－	変動費（1101.74、1504.91）	1点	84　21　38　12

②営業利益

(a) 数値（MAX 4点）

ランク	解答キーワード	点数	40 / 80 / 120 / 160 / 200（人）
1位	76	4点	43　8 102
2位	76.15など （百万円未満の四捨五入漏れ）	3点	4
－	479	0点	40　15　28　11

(b) 計算過程（MAX 1点）

ランク	解答キーワード	点数	40 / 80 / 120 / 160 / 200（人）
－	営業利益の算出式の理解	1点	92　22　38　16
－	固定費（472）	1点	89　22　35　15

●再現答案

区	再現答案①-(b)	点	文字数
合	来年度の売上：2053 来年度の外注費：782×1.07×(2053÷1503)＝1142.93 <u>来年度の変動費：1142.93＋(232＋33)×(2053÷1503)＝1504.91</u>[1] 来年度の固定費：438＋34＝472 よって、<u>変動費率＝1504.91÷2053</u>[1]＝73.3%	1	－
C	<u>変動費率＝変動費／売上高</u>＝(1047＋782×0.07)／(1503＋550)＝ 1101.74／2053＝53.664%	1	－

区	再現答案②-(b)	点	文字数
合	売上高 1503＋550＝2053 変動費 2053×0.7330＝1504.849≒1505[1] <u>固定費 438＋34＝472</u>[1] 営業利益 2053－1505－472＝76(百万円)	1	－
C	<u>営業利益＝売上高－変動費－固定費</u> ＝2053－(1047＋54.74)－(438＋34) ＝2053－1101.74－472＝479.26＝479百万円	1	－

●解答のポイント

　設問文に与えられている条件を正しく読み取り、外注費の上昇を考慮しつつ、変動費を売上高に連動させることができたかがポイントだった。

【解釈が難しい設問文への対応】

先生：第3問はCVP分析でしたね。CVP分析はこれで4年連続の出題です。2次試験の頻出論点ですが、今回の問題はひと癖ありました。2人はどうでしたか？

水戸：設問文のとおりに解いたつもりなんですけど、利益がたっぷり出ちゃって……。あれ、大丈夫なのかな？　大丈夫じゃないですよね！

応泉：僕も同じこと考えたよ。でもね、これは引っかけじゃないかってピンと来たんだ。

水戸：え、引っかけってなんですか？　「その他の事項は今年度と同様」って書いてあったから、そのとおりに解いたんですよ。何が引っかけか教えてください！

先生：まあまあ2人とも落ち着いて。この問題は解釈が大きく2つに分かれました。合格＋A答案でも約4割の人は変動費率が極端に下がり、営業利益が急上昇する結果を書いています。それだけ解釈が難しい問題だったともいえますね。

水戸：先生、じゃあこの「その他の事項は今年度と同様」はどう解釈すればよかったんですか？　やっぱり応泉さんがいうように引っかけなんですか？

先生：その前にまず設問文をよく読んでみましょう。実はこれ「来年度に向けた通常外の変化」に関する説明が書かれています。外注費が7％上昇……これは与件文に書いてある人手不足に対応した変化でしょう。また、営業所の開設により売上高と固定費が増える。これらは書かないとわからないことですね。固定費は通常一定のはずですし。売上高が増えれば変動費が増えるという説明はありませんが、2人とも知っていることですよね？

応泉：そうそう、まさか売上高が増えるのに変動費が増えないなんてことはない！　って思ったんだよ。だから「その他の事項は今年度と同様」というのは、外注費が7％上昇することに対して、その他の変動費の〝比率〟は増えないってことなんじゃないかって考えたんだ。

水戸：なんだー、そういうことだったんですね。書いてあることをそのまま素直に読んでまんまと引っかかっちゃったんですね……。

先生：CVP分析のように頻出論点を普通に出題しても、あまり差がつかなくなってきているのでしょう。実際、変動費の売上高連動の解釈の違いだけと考えられる答案、つまり営業利益を76か479と答えた人は、合格＋A答案、B＋C答案いずれも約8割にも上ります。ですから、今後も難易度を上げるために少し設問文を捻って作ることが予想されます。今後、同じように解釈の難しい問題にあたったら、どうすればいいと思いますか？

応泉：利益が出すぎだ！　と気づいたわけだから、日頃から数値の勘所をつかんでおくことが大事なわけですよ。

水戸：私もそこは気がつきました。だから、変動費を売上高に連動させる計算もしていたんですけど……。どちらが問題としてふさわしいか、という視点で考えてもよかったかもしれません。

先生：そうですね。ほかにも、どちらがいいか悩んで時間をかけすぎないことも大事な心構えです。自分が悩む問題は、他の受験生も悩んでいる可能性は大いにあると考えましょう。

～電車の中での2次試験の勉強方法～
　各設問の解答の方向性決定までをタブレットとタッチペンを用いて行う。

> **（設問2）【難易度 ★★★ 難しすぎる】**
> D社が新たに営業拠点を開設する際の固定資産への投資規模と費用構造の特徴について、60字以内で説明せよ。

●出題の趣旨

サービス提供形態及び営業費用の内訳から、営業拠点の費用構造と開設投資の特徴について、分析する能力を問う問題である。

●解答ランキングとふぞろい流採点基準

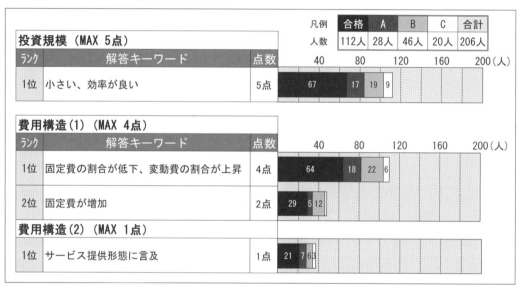

凡例	合格	A	B	C	合計
人数	112人	28人	46人	20人	206人

投資規模（MAX 5点）

ランク	解答キーワード	点数
1位	小さい、効率が良い	5点

費用構造（1）（MAX 4点）

ランク	解答キーワード	点数
1位	固定費の割合が低下、変動費の割合が上昇	4点
2位	固定費が増加	2点

費用構造（2）（MAX 1点）

ランク	解答キーワード	点数
1位	サービス提供形態に言及	1点

●再現答案

区	再現答案	点	文字数
合	固定資産の**投資規模は小さい**[5]反面、**労働集約的**[4]であることから外注費や人件費の増加が大きく**変動費の割合が高い**[4]特徴がある。	10	57
A	特徴は、固定費に対し**変動費率が大きく**[4]、営業利益479百万円という収益規模に対し有形固定資産が88百万円であり**投資規模は小さい**[5]。	9	60
B	固定資産への投資規模は営業拠点の賃貸費用に限られ**小さく**[5]、費用構造の特徴は当該費用が販管費として計上されることである。	5	59
C	固定資産の増加と比較して**変動費の増加が大きい**[4]。そのため営業レバレッジが小さくなり収益の安定性が高まる。	4	52

●**解答のポイント**

> 設問文から営業拠点開設に伴い増加する費用の特徴を読み取り、投資規模にまで言及することがポイントだった。

【設問文のＰ／Ｌから投資規模を類推しよう】

先生：（設問２）では「固定資産への投資規模」と「費用構造の特徴」が問われました。まず、「固定資産への投資規模」について２人はどう考えましたか？

水戸：私は全然わかりませんでした。与件文や設問文のなかに投資額の情報がないし……。（設問１）で固定費は34百万円増加するってあるけど、これは費用のことなので固定資産に影響する金額とは異なりますよね？

応泉：そのとおり！　みとちゃんも惜しいところまでいったのにな。僕は気づいていた。この問題は文頭にあるＰ／Ｌに着目することが重要なんだ！　固定費の内訳の「販売費及び一般管理費」を見てごらん。「支店・営業所個別費」として「賃借料」が計上されているんだ。これは出題者からのメッセージと考えて間違いないはず！　営業所の開設は賃借契約だから固定資産の投資額はそれほど発生しないんだよ！

水戸：なるほど！　さすが応泉さん、私はまったく気がつきませんでした。投資額がわからないから、投資規模は抑えるべきって書いちゃいました。

先生：この問題では応泉さんの長所が生きたみたいですね。合格＋Ａ答案では投資規模が「小さい」や「効率的」というポジティブな解答をした割合が約６割だったのに対して、Ｂ＋Ｃ答案では約４割と大きく差がついていました。逆に、投資規模が「大きい」「抑制すべき」などのネガティブな解答は合格＋Ａ答案が約２割、Ｂ＋Ｃ答案が約４割でした。応泉さんのいうとおり、設問文のＰ／Ｌに着目できたかどうかで得点に差がついた可能性が高いですね。

応泉：やはりな。与件文や設問文にはすべてに意味があるんだ！　すみずみまで確認することが大事なんだよ。

水戸：応泉さん、すごーい。

先生：みとちゃんも勉強になりましたね。設問文の文頭の内容も見落とさないようにしましょう。

【変動費と固定費の「割合」に言及できたか】

先生：次に、「費用構造の特徴」のほうは答えられましたか？

水戸：「構造」と問われているので、変動費率や固定費率の観点で解答すればいいですよね！　ばっちり変動費率が低下していると解答しました！

応泉：みとちゃん、残念だね。（設問１）の計算間違いを引きずってしまったな！　正しく計算すると変動費率は上昇していることになるんだよ！

水戸：そんな〜！　やっちゃいました……。もうボロボロです。構造の観点だとわかってたのに。

先生：同様の解答の答案も一定数ありましたが、加点は難しいかもしれません。みとちゃんは惜しかったですね。構造の観点から、変動費と固定費の「割合」に言及した解答が合格＋A答案のなかで約6割なのに対して、単純に変動費や固定費が増加するという解答は合格＋A答案のなかでも約4割でした。みとちゃんも気がついたとおり、「割合」に言及した答案のほうが高評価だった可能性が考えられるでしょう。

応泉：先生、僕は加えて損益分岐点比率が下がることにも言及したので完璧ですよね。どうでしょう！

先生：そうですね。もちろん間違いではありませんが、変動費率が上昇することや固定費率が低下することと意味が近いので、別途加点されたかは悩ましいところです。解答した人数も少数で、合格＋A答案に多い傾向も見られませんでした。

応泉：マジかっ！　文字数を使いすぎてしまったかなぁ。

先生：ほかには、固定費が増加することに言及した答案が一定数ありました。構造の観点とは多少異なりますが、間違いともいえないため、ふぞろい流採点では加点しています。

（設問3）【難易度　★★★　難しすぎる】
（設問2）の特徴を有する営業拠点の開設がD社の成長性に及ぼす当面の影響、および営業拠点のさらなる開設と成長性の将来的な見通しについて、60字以内で説明せよ。

●出題の趣旨

　営業拠点の新たな開設と成長性の関係について、売上高及び利益への短期的・長期的な影響の視点から分析する能力を問う問題である。

●解答ランキングとふぞろい流採点基準

凡例	合格	A	B	C	合計
人数	112人	28人	46人	20人	206人

当面の影響（MAX 4点）

ランク	解答キーワード	点数	グラフ
1位	好影響、良い、売上増（結論）	3点	72 / 16 / 29 / 12
2位	売上、利益が向上するため（原因）	1点	24 / 3 / 8 / 4

（目盛：40　80　120　160　200（人））

将来的な見通し（1）（MAX 3点）

ランク	解答キーワード	点数	グラフ
1位	将来的に営業拠点を開設する方向性で記述	3点	66 / 14 / 19 / 12

将来的な見通し（2）（MAX 3点）

ランク	解答キーワード	点数	グラフ
-	成長性が鈍化、利益率が逓減	3点	14 / 6 / 9 / 1
-	成長が期待できる、見通しは良い	1点	70 / 9 / 22 / 9

事例Ⅳ

●再現答案

区	再現答案	点	文字数
合	当面は<u>売上高の増加</u>[1]等で<u>収益性が高まる</u>[3]が、<u>更なる拠点開設</u>[3]は経営資源の重複や管理コストの増大等で<u>成長が鈍化</u>[3]する。	10	58
A	営業拠点の開設により、営業レバレッジが改善し、<u>収益性が高まる</u>[3]ため、さらなる<u>営業拠点の開設を実施</u>[3]すべき。	6	53
B	固定費率が低下し、損益分岐点売上高が低下するため<u>安定した成長</u>[3]が見込める。営業利益も黒字であり、<u>見通しは明るい</u>[1]。	4	57
C	カバーしていない地域のため、当面は<u>売上は増加</u>[3]する。営業所の増設はカニバリズムを起こすため、担当エリアの精査必要。	3	57

●解答のポイント

> 営業拠点の開設がD社の成長性に及ぼす影響について、短期的・長期的視点から多面的に解答することがポイントだった。

【設問の要求に素直に解答しよう】

先生：記述問題の連続です。2人とも最後まで諦めないで書けましたか？

水戸：はい！　（設問1）の変動費率は間違っちゃったけど、売上と利益が伸びることに

　　　変わりはないから当面は好影響ですよね！

応泉：そうだね。ここは素直に、短期的には好影響ということで間違いないだろう。応用
　　　力で他の受験生と差をつけたかったのに残念だよ。

先生：そうです。設問の情報を素直に解釈して、当面の影響についてポジティブな解答を
　　　した答案が多かったようです。合格＋Ａ答案、Ｂ＋Ｃ答案とも約6割の方がこのよ
　　　うに解答していたことから、あまり差がつかなかった問題といえるかもしれません。

水戸：みんなができた問題ということですね。でも、こういう問題を不注意で間違えてし
　　　まうと大ダメージですよね。受験生の多くと差がついてしまうし。

先生：そのとおりです！　みんなができた問題を確実に得点することが、合格を勝ち取る
　　　ためには重要なポイントといえるでしょう。

【難問は無難な解答を心掛けよう】

先生：この問題では将来的な見通しも問われていますね。長期的視点で考えたときに、何
　　　か気づいたことはありましたか？

水戸：営業拠点を開設すると売上と利益が伸びるので、長期的にも営業拠点を増やすこと
　　　で成長につながると考えました。投資効率も良いみたいだし、やっぱり積極的に開
　　　設すべきですよね！

応泉：みとちゃん、それは少し安易ではないかな。（設問2）で費用構造を問われている
　　　ことを忘れたのかい？　営業拠点の開設により固定費の割合が下がるから、拠点数
　　　の増加に伴って売上が増加しても利益が増えにくい費用構造になっているんだ。長
　　　期的には成長性が低下していく。これが正答だ！

先生：応泉さん、いつになく冴えてますね。成長が鈍化していくという解答は予備校の模
　　　範解答でも多く見られました。ただ、本試験当日にそこまで考察できた受験生は少
　　　なかったようです。合格＋Ａ答案でも約1割しか言及できていませんでした。

水戸：う～ん、いわれればそうだなってわかるんですけど。試験中はそんなに深く考えら
　　　れなかったな。

先生：そうですね。みとちゃんのように「長期的にも成長につながる」という意図で解答
　　　した答案も全体の半数以上あったので、成長性低下の観点に言及しなくても加点さ
　　　れた可能性は高いでしょう。

水戸：私の解答のほうが多数派なんですね。ちょっと安心。

先生：難しい問題は正答者も少ないので、加点狙いで与件文から読み取れる内容を素直に
　　　解答しておくことも戦略の1つですよ。

~勉強時間を作るコツ~

　　脱アルコール！　ビールが大好きでも早起きの大敵に。炭酸水に代替え（涙）。

第4問（配点15点）【難易度　★★☆　勝負の分かれ目】
　D社が受注したサポート業務にあたる際に業務委託を行うことについて、同社の事業展開や業績に悪影響を及ぼす可能性があるのはどのような場合か。また、それを防ぐにはどのような方策が考えられるか。70字以内で説明せよ。

●出題の趣旨

　業務委託によるサービス業務の遂行について、事業展開や業績の視点から課題を把握し、方策を提言する能力を問う問題である。

●解答ランキングとふぞろい流採点基準

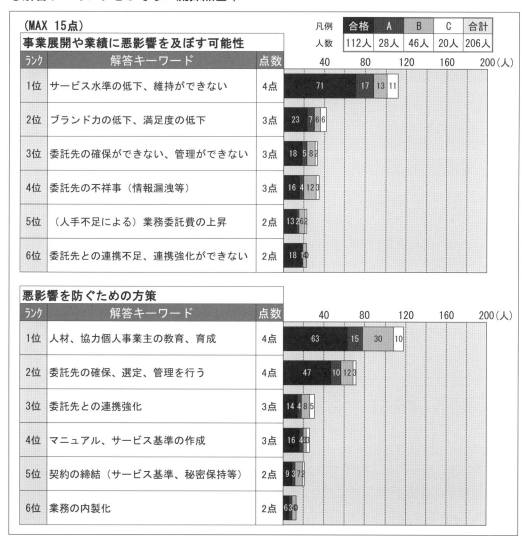

凡例	合格	A	B	C	合計
人数	112人	28人	46人	20人	206人

（MAX 15点）

事業展開や業績に悪影響を及ぼす可能性

ランク	解答キーワード	点数
1位	サービス水準の低下、維持ができない	4点
2位	ブランド力の低下、満足度の低下	3点
3位	委託先の確保ができない、管理ができない	3点
4位	委託先の不祥事（情報漏洩等）	3点
5位	（人手不足による）業務委託費の上昇	2点
6位	委託先との連携不足、連携強化ができない	2点

悪影響を防ぐための方策

ランク	解答キーワード	点数
1位	人材、協力個人事業主の教育、育成	4点
2位	委託先の確保、選定、管理を行う	4点
3位	委託先との連携強化	3点
4位	マニュアル、サービス基準の作成	3点
5位	契約の締結（サービス基準、秘密保持等）	2点
6位	業務の内製化	2点

●再現答案

区	再現答案	点	文字数
合	<u>委託先のサービス水準低下</u>[4]や<u>秘密情報流出</u>[3]により売上減少の悪影響を及ぼす可能性がある。<u>委託先の定期訪問</u>[4]や<u>マニュアル指導</u>[3]を行い対応する。	14	65
A	<u>質のよいサービスが提供できず</u>[4]、<u>愛顧低下、ブランド価値の低下</u>[3]、業績の悪化の可能性がある為、<u>委託者のレベルチェック</u>[4]や<u>教育訓練の実施</u>[4]が必要となる。	15	70
B	可能性は、協力個人事業主等が人手不足のために<u>D社と緊密な連携ができないこと</u>[3]である。方策は、<u>優秀な人材の採用及び社員教育の強化</u>[4]である。	7	68

●解答のポイント

> サポート業務を業務委託することにより、D社の事業展開や業績に悪影響を及ぼす可能性とそれを防ぐ方策について、与件文を踏まえて丁寧に解答することがポイントだった。

【事例Ⅳでもやっぱり与件文は重要！】

先生：第4問は、財務・会計といった要素が薄く、いわゆる事例Ⅳらしい問題ではなかったのですが、2人はうまく対応できましたか？

応泉：もちろんです！　与件文にも、解答の根拠、キーワードになるヒントがたくさんあったので、与件文を活用しながら、設問の制約を踏まえて解答しました。与件文にヒントが多すぎて、逆に不安になったなぁ……。

先生：すばらしい！　応泉さんはイレギュラーな問題にも、与件文を活用してうまく対応できたようですね。しかしこの問題、応泉さんがいうほど、みんなができたわけではないんですよ。みとちゃんはどうでしたか？

水戸：事例Ⅳなので財務・会計の観点から連想される業務委託の悪影響を書けば大丈夫！と思って解答したのですが、ふぞろい流採点ではあまり得点できてないんです。どうしてですか？

応泉：みとちゃんはいつも素直に与件文を読むじゃない。どうして与件文のキーワードに気づかなかったんだい？

水戸：私は第1問から第3問までに時間を使いすぎて、時間がなかったんです。だから、与件文を確認せずに解答してしまいました。

先生：もちろん、みとちゃんのように解答しても間違いにはならないでしょう。しかし、第5、6段落に経営環境やD社の方針について詳細に記述されていることから、これを活用して解答するのが出題者の意図だったと考えるのが自然でしょう。

水戸：事例Ⅳでも与件文を活用することが大事なんですね。でも、事例Ⅳはやっぱり、財務・会計を中心とした問題が出ると思うじゃないですか〜。

先生：中小企業診断士であれば、依頼主の要望に的確に応えることが重要なことは、言うまでもありません。実際にコンサルタント業務を行う際には、想定外の要望が来ることも十分に考えられます。それに応えられてこそ、診断士といえるのではないでしょうか？

応泉：辛いものを食べていると、甘いものが食べたくなることもあるということさ。

水戸：なるほど！　カレーを食べた後、なぜかアイスクリームが食べたくなる、あの感じですね！

事例Ⅳ

Column

受験仲間作る？　作らない？

　私は予備校に通っていたのに受験仲間がいませんでした。理由は簡単、人見知りをこじらせたから。でも楽しそうな団体をただ見ているのもしゃくだったので、こんな風に考えました。4％しか受からない試験、どうせみんな落ちる！　オレが受かった後気まずくなるだけなんだから仲間なんていらねーぜ！

　どうしたらこんなにひねくれるんでしょうね？　そんなわけで1人で勉強していました。それでわかった勉強仲間の有無のメリット・デメリットをお伝えします。

メリット：自分のペースで勉強できる。いるじゃないですか、圧倒的にすごいヒトとか時間割いているヒト。疲れません？　そういうヒトに刺激され続けるの。比べて自分は全然だ、あんな努力必要？　あきらめるか……。みたいなダークサイド。そういうことに惑わされず勉強できたのはよかったです。

デメリット：情報が入ってこない。1人だから当然ですけどね。おかげでタキプロとか知ったのは結構後でした。

　結局はこれでよかったかな、受かった後に友達もできたし。マイペースにがんばりましょ。

（シュン）

〜ちょっと変わった勉強法〜
　自分の答案とふぞろい答案の写真を撮り、翌朝電車で復習を行うこと。

▶**事例Ⅳ特別企画** ◀

記述で稼ごう！ ～事例Ⅳ攻略法～

先生：2人は平成30年度の問題を解いてみて何か感じたことはありましたか？

水戸：解くのに一生懸命で問題がどうとか考える余裕はありませんでした……。

応泉：僕もだなぁ。平成29年度の問題よりは解きやすいと感じましたが。

先生：実は、［直近3年間の記述問題数と文字数］のグラフに示すように、近年では単純に計算するだけではなく記述問題や与件文・設問文の情報を使って解く問題も増えてきているんです。

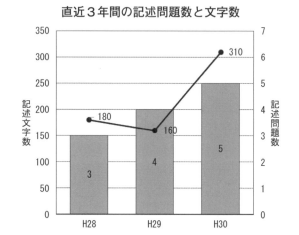

直近3年間の記述問題数と文字数

水戸：へ～！

応泉：いわれてみれば、記述問題は増えた気がしますね。

先生：ほかにも、平成30年度は与件文の内容を利用する記述問題が出ましたね。どの問題か覚えていますか？ 第4問です。

水戸：確かに！ 第4問は落ち着いて読み返したら、与件文にたくさんヒントがありました。

応泉：第5、6段落のあたりですね。

先生：そう、2人のいうとおりです。このことから、「数字の分析ができる」ことに加えて、「事例企業の状況を踏まえて説明できる」能力も測る形に出題が変化してきているといえるかもしれません。

【事例Ⅳは計算事例ではない？】

先生：ちょっと2人に質問です。今回の事例Ⅳの計算問題を全問正解できた人は、何点取れたと思いますか？

応泉：計算問題が中心の事例Ⅳなんだから、7割は堅いでしょ⁉ どうでしょう？

先生：あくまでもふぞろい流の配点基準ですが、計算問題の満点が48点、記述問題の満点が52点でした。

水戸：事例Ⅳなのに記述問題のほうが配点高かったんですか⁉ 意外です～。

先生：平成29年度は数値を答える問題ばかりでしたが、平成30年度は記述問題が多く、配点も高かった傾向があったといえます。さて、受験生が記述問題をどの程度解答できていたか見てみましょう。［問題種類別平均得点率］のグラフは、合格＋A答案

とB答案の平均得点率を表しています。何か見えてくることはありませんか？

水戸：合格＋A答案は計算・記述どちらの問題でも6割前後を確保できているんですね。

応泉：逆に、B答案は記述問題での得点が伸びなかったようだな〜。

先生：事例Ⅳが苦手な受験生は計算問題に苦手意識を持つ人が多いと思いますが、そういう受験生こそ記述問題を押さえることで合格がぐっと高まる可能性があります。では、記述問題の対策を見ていきましょう。

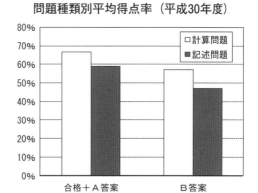

問題種類別平均得点率（平成30年度）

事例Ⅳ

【記述問題パターン別攻略法】

先生：過去の事例Ⅳの記述問題（経営分析を除く）を振り返ると2パターンに分類できます。1つは設問文の情報のみで解答作成が可能なパターン、もう1つは設問文の情報に加えて与件文情報も活用するパターンです。それぞれ見ていきましょう。

パターン①　設問文の情報のみで解答作成可能

平成29年度　第4問（設問3）
　関連会社を子会社化することによって、経営上、どのような影響があるか。財務指標への影響以外で、あなたが重要であると考えることについて、60字以内で説明せよ。

水戸：財務指標への影響以外、という点がポイントになりそうですね。

先生：そのとおり。本問だと組織面についての切り口、つまり事例Ⅰの知識が活用できそうですね。

平成28年度　第4問（設問1）
　業者が運営するネット予約システムを利用することにより、同システムを利用しない場合と比較し、D社の収益や費用はどのような影響を受けているか、60字以内で述べよ。

応泉：与件文では予約システムに触れていない一方、設問文に情報が盛りだくさんだ。収益の影響は、営業時間外でも予約の受付が可能や、業者の検索サイトに店舗情報が掲載され、契約によっては広告などでもネット上の露出が増える。……といった点から予約件数の増加が期待できそうだね。

〜ちょっと変わった勉強法〜
「カンブリア宮殿」などのビジネスドキュメンタリー番組を観る。

水戸：費用面の影響は、店舗側では複数のネット予約システムからの予約と従来どおりの予約とを併せて管理する必要がある。D社でも、各店舗で予約管理に一定の時間が費やされている。ここからコスト増加を想定することができます。

パターン② 与件文の情報も活用

平成29年度 第4問（設問2）
　再来年度に関連会社D－b社を子会社化するか否かを検討している。D－b社を子会社にすることによる連結財務諸表の財務指標に対する主要な影響を30字以内で説明せよ。

応泉：与件文に「D－b社の設立に際し、銀行からの融資12億円を事業資金としている」とあるね。この意味がわかるかい？　みとちゃん？

水戸：ばかにしないでください！　負債の増加から安全性低下への影響あり、ですね！

先生：知識を正確にアウトプットする能力や、問われたポイントを与件文から探してくるといった事例Ⅰ～Ⅲのような処理が必要だとわかりますね。もちろんこれらは計算能力ではありません。事例Ⅳに記述対策が必要な理由がわかりましたか？

【超古い過去問のススメ】

先生：そこで2人におすすめしたい勉強法がありますので、下記の図を見てください。

記述問題の総文字数

（字数）

先生：平成13年度まで遡って、記述問題の総文字数をグラフにしています。注目してほしいのが、平成13年度から23年度頃までの総文字数です。明らかに直近の本試験より記述問題が多く、記述重視だった点がうかがえますね。

水戸：ほんとですね～。平成14年度の610字って、最近の事例Ⅰより多いですよ！

応泉：なるほど、ここまで傾向が違うとは。事例Ⅳで610字なんて想像もつかないなぁ。

先生：問題も財務面での考察を求めるケースが多く、平成30年度の問われ方に近いです。

～ちょっと変わった勉強法～
　歩行中など参考書を見られない時でも過去問の内容を思い出して解き方のシミュレーション。

〈**問題例（抜粋）　平成15年度**〉
　D社の収益構造の問題点と解決の方向性について(b)欄に50字以内で説明せよ。

先生：古い過去問に弱点があるとすれば、模範解答の入手が困難な点が挙げられます。予備校によっては平成13年度まで遡って提供してくれる場合もあるようですが、独学生はインターネット上で探してみたり、ご自身で財務・会計の理解を深める必要があると思います。いずれにしても、初見問題への対応力を鍛える練習にもなりますし、おすすめの勉強法ですよ！

水戸：最近の過去問ばかり解いていたので、早速手に入れてみます！

【**先生からのラストメッセージ**】

先生：記述と計算があり、最も問題数が多い事例Ⅳでは、試験時間80分のなかでいかに得点を確保するか、が特に重要になってきます。例年とは違う傾向の問題が出た場合や、すごく難しい問題が出た場合に、焦って得点すべき問題に注力できないことは、とても残念なことです。そんなことにならないよう、高得点を狙いたい人はもちろん、苦手な人にも意識してもらいたいことが2つあります。

　1．タイムマネジメントせよ！

人それぞれ、好みのやり方があるのは構わないのですが、必ず計算間違え、制約の読み飛ばしなどケアレスミスがないかどうか確認する時間を取りましょう。数字のみ問われている問題では、解き方を理解していても部分点を確保することは、ほぼ不可能だからです。

　2．難しい問題にぶつかったときには、「捨てる勇気」を持て！

捨てる勇気なんてとんでもない、全部解くに決まっている、というご意見もあるかと思います。しかし、受験生のほとんどが正答できない問題が出ることもあるのが事例Ⅳです。試験時間中に自分がわからない問題は、他の受験生もわからないのだ、と割り切って、次の問題に進む勇気、戦略的撤退も必要です。そこまで割り切れない、という人は5分考えてわからなかったら次に進む、などルールを決めておくのもおすすめです。

　これで事例Ⅳを攻略しましょう！

～ちょっと変わった勉強法～
講義動画4画面の3倍速視聴。

ふぞろい流ベスト答案　　　　　　　　　　　事例Ⅳ

第1問（配点24点）
（設問1）　　　　　　　　　　　　　　　　　　　　　　　【得点】12点

	（a）	（b）
①	自己資本比率[2]	35.59　（％）[2]
②	売上高営業利益率[2]	1.20　（％）[2]
③	有形固定資産回転率[2]	17.08　（回）[2]

（設問2）　　　　　　48字　　　　　　　　　　　　　　【得点】12点

負	債	が	少	な	く[3]	安	全	性	に	優	れ	る[1]	一	方	、	販	管	費[3]	と
固	定	資	産	が	多	く[3]	収	益	性[1]	・	効	率	性	が	低	い[1]	た	め	改
善	が	課	題	で	あ	る	。												

第2問（配点31点）
（設問1）　　　　　　　　　　　　　　　　　　　　　　　【得点】10点

	（a）	（b）
①	3.30　（％）[2]	ＷＡＣＣ＝8％[1]×179[1]／503＋1％×0.7[1]×324／503
②	6.27（百万円）[2]	ＣＦ＝総資産×ＷＡＣＣ＝190[2]×0.033[1]＝6.27

（設問2）　　　　　（c）67字　　　　　　　　　　　　【得点】15点

（a）	3.80（百万円）[5]	（b）	ＣＦ＝（400－395－1[3]）×（1－0.3[2]）＋1＝3.80																
（c）	吸	収	合	併	に	よ	っ	て	増	加	し	た	資	産	、	負	債	に	対
	す	る	**要**	**求**	**CF**	**6.**	**27**	**百**	**万**	**円**[1]	と	比	べ	、	実	際	の	**増**	**加**
	CF	は	**3.**	**8**	**百**	**万**	**円**[1]	と	少	な	い	た	め	、	企	業	価	値	向
	上	に	繋	が	ら	な	か	っ	た[3]	。									

（設問3）　　　　　　　　　　　　　　　　　　　　　　　【得点】6点

（a）	1.27　（％）[3]	（b）	成長率をgとする。 資産＝FCF（1＋g）／（WACC－g） 190[1]＝3.8[1]（1＋g）／（0.033[1]－g） g＝0.01274…≒1.27％

第３問（配点30点）
（設問１）　　　　　　　　　　　　　　　　　　　　　【得点】10点

	(a)	(b)
①	73.30（%）[4]	売上高＝1,503＋550＝2,053（百万円） 変動費[1]＝（782×1.07＋232＋33）×（2,053／1,503） 　　　　＝1,504.9050…（百万円） 変動費率＝変動費÷売上高[1]＝73.3027…≒73.30%
②	76（百万円）[4]	営業利益＝売上高－変動費－固定費[1] 　　　　＝（1,503＋550）－（1,503＋550）×73.3%－（438＋34[1]） 　　　　＝76.15百万円…≒76百万円

（設問２）　　　　　　57字　　　　　　　　　　　　　【得点】10点

建	物	、	土	地	の	増	加	が	少	な	く	固	定	資	産	へ	の	**投**	**資**
規	**模**	**は**	**小**	**さ**	**い**[5]	。	費	用	構	造	は	、	**外**	**注**	**費**[1]	の	割	合	が
高	く	**固**	**定**	**費**	の	**割**	**合**	**が**	**低**	**い**[4]	特	徴	が	あ	る	。			

（設問３）　　　　　　60字　　　　　　　　　　　　　【得点】10点

当	面	は	売	上	と	営	業	利	益	の	増	加[1]	で	好	影	響[3]	で	あ	る。
営	業	拠	点	の	さ	ら	な	る	開	設	で	成	長[3]	が	期	待	で	き	る
が	、	変	動	費	率	が	高	い	た	め	成	長	は	鈍	化[3]	す	る	。	

第４問（配点15点）　　　70字　　　　　　　　　　　【得点】15点

委	託	先	の	サ	ー	ビ	ス	水	準	の	低	下[4]	に	よ	り	、	顧	客	満
足	度	が	低	下[3]	す	る	恐	れ	が	あ	る	。	人	材	の	教	育	、	育
成[4]	を	行	い	、	**委**	**託**	**先**	**を**	定	期	的	に	監	査[4]	し	て	、	サ	ー
ビ	ス	水	準	を	維	持	す	る	。										

~勉強が楽しかった瞬間~

　１次対策で学習した知識が実務とリンクする瞬間が最高に楽しい！

ふぞろい流採点基準による採点

100点

第1問（設問1）：与件文および財務諸表から得られる情報から正しく算出しました。

第1問（設問2）：（設問1）で求めた指標と、与件文および財務諸表から得られる情報を対応させ、多面的に分析しました。

第2問（設問1）：与件文、財務諸表から正しい数値を取り出して算出しました。

第2問（設問2）：要求ＣＦと実際に増加したＣＦを算出後、設問要求に沿って数値を活用しながら記述しました。

第2問（設問3）：（設問1）、（設問2）で算出した数値を用いて、成長率を正しく計算しました。

第3問（設問1）：外注費の上昇および、売上高上昇による変動費の連動など設問要求に沿って正しく計算しました。

第3問（設問2）：営業所は賃借契約であることから固定資産への投資規模が小さいことを読み取り、費用構造は変動費と固定費の割合の観点から特徴を記述しました。

第3問（設問3）：短期的視点と長期的視点からＤ社への影響を記述しました。特に、長期的視点においては費用構造に着目し、成長性への影響にまで言及しました。

第4問　　　　　：サポート業務を業務委託することにより、Ｄ社の事業展開や業績に悪影響を及ぼす可能性とそれを防ぐ方策について、与件文の要素を組み込んで解答しました。

~勉強が楽しかった瞬間~

自分の書いた答案が、ふぞろいのキーワードとばっちり一致し、高得点を取れたとき。

第2節　ふぞろいを使った2次試験合格への道

　時は遡って、ある日の昼下がり。水戸と応泉が中小企業診断士試験の勉強方法について何やら話をしています。

応泉：うーん、どうしようかな。はぁ～。

水戸：どうしたんですか？　ため息なんてついちゃって。

応泉：みとちゃん……。僕って、不合格が長いこと続いているじゃない？　この前帰省したときに、次の試験で落ちたら北海道に帰る‼　って、宣言しちゃったんだ。だから、どうしたら合格できるのかなって考えていたところだよ……。

水戸：えー！　それは大変ですね。私も必ず合格したいです。本当に難しい悩みです。

応泉：だから、今度は勉強方法を変えようと考えているんだ。知り合いの合格者に聞いたところ、『ふぞろいな合格答案』（以下、ふぞろい）という本をおすすめされたから使ってみようと思って。ただ、手に取ったものの使ったことがないからどうしたらいいかわからないんだよなぁ～。

先生：応泉さん、みとちゃん。このようなところでどうしました？　あっ、それはふぞろいじゃないですか。懐かしいなぁ～。私もこの本はほかの参考書同様に、かなり活用しました。

応泉：先生も活用していたんですね。どのようにこの本を使えばいいのか知りたいです。そして、絶対に合格したいです……！

先生：応泉さん、予備校の模範解答やふぞろいの模範解答って、共通する特徴があるのだけれど……、わかりますか？

応泉：それぞれ独自の模範解答を発表していることは、もちろん知っていますよ。診断士試験は解答が公表されていないですから……。

先生：模範解答ということは、解答は100点満点になるようになっていますよね。でも、思い出してほしいことがあります。2次試験の合格条件は？

水戸：はい。事例Ⅰから事例Ⅳの全体で6割以上、かつ事例（科目）ごとに4割未満の点数がないことです。

先生：そうです。合格者全員が模範解答のように書けているわけではないのです。だって、満点を取る必要はない試験ですから。だから、ふぞろいをうまく活用して合格レベルを知り、合格するために必要なことを知ることが重要であると考えています。私が考えるふぞろいの活用法を次に挙げておきます。

~勉強が楽しかった瞬間~

育児中のため、丸一日自分の学習のためだけに予備校の授業を受けられることが、最高に贅沢で楽しかった！

【正 修先生が考える！ ふぞろいの活用法】
ふぞろいを活用することで、以下のことができるようになる。
1. 合格答案と不合格答案の違いがわかる。
2. 各設問で0点を回避するために、複数のキーワードや多面的な視点を盛り込むことでしっかりと部分点を稼ぐことができる。
3. 頻出のキーワードが存在することがわかる。
4. 合格者の80分間の解答パターンを知ることができる。

応泉：本当かなぁ～？　2次試験の採点方法は非公表ですよ？　ふぞろいに書かれていることは正しいのでしょうか？　怪しいなぁ～。もう僕には後がないんですよ？

先生：ふぞろいで勉強することにまだ疑いをもっているようですね。では、**ふぞろいを用いた採点と実際に開示された得点の間にある程度の関係があることをお話ししましょうか。**

応泉：もったいぶらずに話してくださいよ～。

先生：まず前提として、ふぞろいは合格答案だけではなく不合格答案も分析し、得点に結びついたと考えられるキーワードを抽出して配点しています。どうですか、これだけでもふぞろい流採点と開示得点の間に相関関係があるということがわかるのではないでしょうか？

応泉：確かにそうですね。実際にも相関しているのでしょうか。

先生：していますよ。こちらのグラフを見てください。

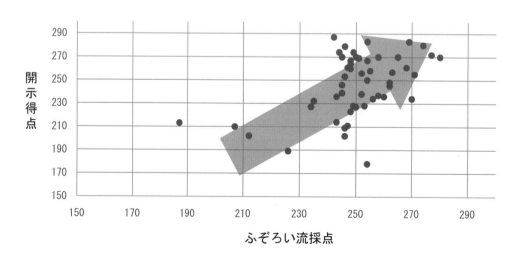

先生：これは過去3年間の執筆メンバーのふぞろい流採点と、開示得点の関係を散布図で示したものです。2人とも、散布図については説明しなくてもわかっていますよね？

水戸：はい、散布図とは2つのデータ間の関係をグラフで表したもので、グラフが右肩上がりであった場合、2つのデータ間には正の相関関係があるとされます。

先生：そのとおり、この散布図は右肩上がりの傾向を示しています。つまり、**ふぞろい流採点と開示得点の間には相関関係がある**ということです。2人にはぜひともふぞろいを使って採点をして、その点数を記録していってもらいたいと思います。学習が進むにつれてふぞろい流採点の点数に向上が見られること、これの意味するところはなんでしょうか？

水戸：合格点に近づいているということですね！

先生：そうです。次に過去10年間で、どのような論点が頻繁に聞かれ、何を書いたら得点につながったのか、得点につながったフレームワーク、キーワードをまとめました。

【事例Ⅰ～Ⅲで過去10年間（平成21～30年度）で5回以上出題された論点と得点につながったフレームワーク、キーワード】

事例Ⅰ

	解答で役立つフレームワーク、キーワードの例　＊フレームワークは太字
SWOT分析	**外部環境（機会、脅威）、内部環境（強み、弱み）**
人的資源管理	採用、配置、異動、成果主義的な給与体系、教育制度（OJT、外部研修、CDP）、公平・公正な評価、目標管理制度

事例Ⅱ

		解答で役立つフレームワーク、キーワードの例　＊フレームワークは太字
SWOT分析		**外部環境（機会、脅威）、内部環境（強み、弱み）**
マーケティング戦略(T+4P)		**誰に、何を、どのように、効果**
	ターゲット	**デモグラフィック・ジオグラフィック・サイコグラフィック基準**
	製品戦略	品揃え強化、低回転率商品の削減、顧客ニーズに合わせた新商品開発、高付加価値、高品質、高級、安心感
	チャネル戦略	ネット販売、通信販売、人的販売、提案販売
	プロモーション戦略	情報発信（DM、SNS、HP）、掲示板設置、イベント開催、チラシ配布、実演、クーポン発行、ノベルティ配布、友人紹介制度
	効果	好意的な反応を獲得、客単価向上（リピート率向上、購買頻度向上）、客数増加（新規顧客獲得、接点創出）、関係性強化（愛顧向上、固定客化）、顧客生涯価値向上、好意的な口コミの獲得
関係性マーケティング		双方向のコミュニケーション、FSP導入、顧客DB整備
協業・連携		～と連携する

事例Ⅲ

	解答で役立つ**フレームワーク**、キーワードの例 *フレームワークは太字
SWOT分析	**外部環境（機会、脅威）、内部環境（強み、弱み）**
生産計画・統制	（全工程を通した）生産計画立案、生産統制（余力・現品・進捗管理）の実施
作業方法、作業管理	標準化、マニュアル化、ルール化、教育(OJT)の実施、情報共有化、メンテナンス、外段取り化、ロットサイズの適正化、基準在庫、多能工化、5S、SLP、生産計画の短サイクル化
生産管理系の情報システム	データベース化、一元管理、共有化

応泉：案外同じ論点が過去10年間で問われているんだなぁ。

水戸：びっくり！

先生：ＳＷＯＴ分析は事例Ⅰ～Ⅲすべてで問われる基本中の基本です。直接問われなくても設問を解く際の手掛かりとして役立つので、事例企業を取り巻く外部環境の機会と脅威、自社の強みと弱みを意識して整理する癖を身につけておきましょう。

水戸：はい！

応泉：私が得意な多面的な分析も短時間でできるようになりそうですね。

先生：さすが、よい気づきですね。
　　　補足として、事例Ⅰにて10年間で5回未満ながらも何度か聞かれた論点に、組織管理があります。人的資源管理とセットで覚えておくとよいでしょう。加えて、成果主義や非正規社員の活用も複数回問われました。知識問題なので、もし再び出題されても確実に得点できるように1次試験の知識を復習しておきましょう。

水戸：はい！

先生：事例Ⅱは「誰に、何を、どのように、効果」のフレームワークを覚えておき、抜け漏れなく書けるようにしておきましょう。具体的な戦略は、特に「製品、プロモーション」が問われる頻度が高いので得点キーワードを覚えておくとよいでしょう。

応泉：これは応用できそうだ！

先生：事例Ⅲは、やや頻度が落ちるものの、作業方法や作業管理の設問で使う「標準化、マニュアル化、教育実施、5S」などのキーワードや、生産管理系情報システムの設問で使う「データベース化、一元管理、共有化」などのキーワードが重要です。

応泉：本番で使える武器がどんどん増えてきて、無敵の気分になってきましたよ。

水戸：すごーい！

先生：事例企業の業種は毎年変わり、「写真映え」などのトレンドの言葉が入ったとしても、実は似た論点が繰り返し問われています。頻出論点で得点につながるフレームワークやキーワードを覚えておけば、再び出題されたときに役に立つでしょう。過去10年間で問われていることを踏まえ、対策を打てば効率的に合格に近づけそうではないですか？

～効果的な過去問の使い方～

　共通して問われている内容を考察し、各事例のパターンを把握する。

応泉：ほんとだ。これを覚えたら合格だ！　なまら簡単だよ！

水戸：そうですね！　勉強になります〜！　キーワードの大盛り定食で合格一直線ナンデス！

先生：2人ともちょっと待って。キーワードを書くだけで合格できると思いますか？

応泉：ウソだろ？　先生の今までの話を聞いていたら、それでバッチリだと思ったのですが。

先生：**事例問題に対する解答は企業への提案書だと思って見てください。相手（読み手）に意図を伝えるためには、因果関係を成立させることも重要です。**

水戸：因果関係ですか？

先生：そう。因果とは、原因と結果という意味です。つまり、因果関係とは、原因である理由とその結果を文章で明記するということ。理由と結果がつながらず、わかりにくい文章は、言っていることが相手に伝わりにくい。試しに、以下の文章を読んでみてください。平成30年度の事例ⅡのB社を参考にして作成した文章です。

> B社は英語に堪能な従業員を採用したことで、外国人観光客の宿泊者数が増加した。

応泉：そうだな。原因は英語に堪能な従業員を採用したこと、結果は外国人観光客の宿泊者数が増加したこと、かな。簡単だね。

先生：本当にそうですかね。聞き方を変えてみましょう。なぜ、外国人観光客の宿泊者数が増加したのか。その理由は、英語に堪能な従業員を採用したからでよいと思いますか？

水戸：外国人観光客の宿泊者数増加の理由は、英語に堪能な従業員を採用したことなのでしょうか。なんだかスッキリしないです。本当にそれだけでしょうか。

先生：みとちゃん、いいところに気がつきましたね。英語に堪能な従業員を採用したことでB社は何ができるようになったでしょう？

応泉：そりゃあ、外国人対応ができるようになったんだろう。

水戸：そして、B社は外国人観光客のニーズに対応できるようになったと思います。

応泉：結果、B社の外国人観光客の満足度が向上し、外国人観光客の宿泊者数が増えました。

先生：2人ともすばらしい。ただ、先ほどの文章から今の考えたことは読み取れましたか？

応泉：超能力者じゃあるまいし、わかりませんよ。

先生：そのとおり。先ほどの文章には、重要な部分が抜けていました。英語に堪能な従業員を採用したことで外国人のニーズに沿った対応ができるようになり、外国人観光客の満足度が向上した、という部分です。早速、加えてみましょうか。

～効果的な過去問の使い方～

　頻出論点を整理し、それぞれについて対応方法を決めておくこと。

> B社は英語に堪能な従業員を採用したことにより、外国人のニーズに沿った対応ができるようになった結果、外国人観光客の満足度が向上し宿泊者数が増加した。

水戸：英語に堪能な従業員を採用したことで宿泊者数が増加した理由が、はっきりとわかりますね。スッキリ！

先生：このように、文章を作るにあたって因果関係は重要な部分です。いくら妥当といえるキーワードを詰め込んでも、相手に意味が伝わる文章じゃなかったら駄目ですよ。キーワードを盛り込みつつ、因果関係を意識して解答を作る必要があると私は考えています。なぜなら……。

水戸：2次試験は、事例企業の社長に対し中小企業診断士として助言する能力が問われているから、ですね！

先生：みとちゃんも2次試験に慣れてきましたね。その意識を大切にしながら、2次試験に向き合っていきましょう！

応泉：すげぇなオイ！　2次試験は奥が深いなー。

先生：今、話したことはほんの一例に過ぎません。80分の使い方は一人ひとり異なります。過去問題演習と『ふぞろいな合格答案』での採点を通して自分なりの解答パターンを確立してもらいたいですね。さぁ、2人とも、いつやるの？　今でしょ！

応泉：これは応用できそうだぞ。僕なりの勉強方法を見つけて、今度こそ合格するぞ！

水戸：応泉さん、私も絶対に合格したいです。お互い頑張りましょう！

〜効果的な過去問の使い方〜

『ふぞろいな合格答案』で解答プロセスをつかみ、『10年データブック』の繰り返し。

第3節　高得点答案から学ぼう！　加点要素の仮説

　平成27年から「中小企業診断士試験にかかる保有個人情報の開示請求」の申請が可能になりました。これにより、受験者は自身の得点区分（A～D）に加え、事例毎の正確な得点を知ることができるようになりました。採点方法や模範解答が公表されない2次試験ですが、開示結果が高得点であった再現答案の特徴を分析することで、どのような答案が高く評価されるのか、そのヒントをつかむことができます。

　本節では、開示結果が高得点だった再現答案を掲載し、その特徴を分析していきます。得られた考察は必ずしも本試験での得点を保証するものではありませんが、正答が不透明な2次試験に臨むにあたり、解答作成の一助になれば幸いです。

　　　　　　　　　　登場人物：シュホンニ（以下「シュ」）、☆はる☆（以下「はる」）

【キーワードは幅広く採点されている】

シュ：ふぞろい流採点は「合格＋A」答案に多いキーワードに配点するのが基本だけど、
　　　実際の開示得点と乖離が出ている答案も一定数あったね。

はる：ふぞろい流だと、使っている受験生が少ないキーワードには配点しないよね。でも、
　　　本試験だと内容が妥当であれば少数派の解答でも加点されたのではないかな。ふぞ
　　　ろいメンバーの例を見てみよう。

平成30年度　事例Ⅱ　第3問（開示得点69点　ふぞろい流採点50点）

X	市	市	街	地	の	名	刹	や	歴	史	的	建	造	物	、	さ	ま	ざ	ま
な	種	類	の	飲	食	店	、	伝	統	を	思	わ	せ	る	和	菓	子	な	ど
に	つ	い	て	ま	と	め	た	観	光	マ	ッ	プ	を	作	成	し	、	地	元
に	住	む	人	な	ら	で	は	の	情	報	を	顧	客	に	提	供	し	、	交
流	を	図	る	。															

シュ：この問題では、「合格＋A」答案の約6割が「英語での交流」という観点から解答
　　　していたため、ふぞろい流採点でも「英語」のキーワードが高めの配点になってい
　　　る。でも上記の再現答案では英語に一切言及していないようだ。

はる：そうだね。代わりに、「地元に住む人ならではの情報」という与件文にも記述がな
　　　い表現が使われているね。これは逆に、受験生のほとんどが使わなかった観点だか
　　　らふぞろい流採点では加点されていない。

シュ：確かに。でも意味はわかるし、ターゲットであるインバウンド客は喜びそうだよね。

はる：不自然ではまったくないね。少数派の解答でも、妥当であれば加点されている可能
　　　性はありそうだ。

~受験生に一言エール~
　人の意見に耳を傾ける柔軟さは大事ですが、自分で考え主体的に取り組むことのほうがもっと大事です。

【キーワード以外の得点可能性】

はる：同じような話で、僕の知り合いの Tochiro さんという方が、平成30年度の事例Ⅰで
なんと89点という高得点で合格したんだけど、再現答案を提供してもらったから試
しにふぞろい流で採点してみたら、74点という結果だったんだよ。

平成30年度　事例Ⅰ　第1問（開示得点89点　ふぞろい流採点74点）

理	由	は	①	A	社	の	様	な	小	規	模	な	研	究	開	発	型	企	業
は	大	手	と	の	差	別	化	が	必	要	で	あ	り	、	特	に	価	格	競
争	回	避	す	る	こ	と	②	ニ	ッ	チ	市	場	で	リ	ー	ダ	ー	と	な
る	こ	と	で	、	景	気	悪	化	に	よ	る	急	速	な	市	場	縮	小	の
中	で	も	シ	ェ	ア	を	拡	大	す	る	こ	と	が	出	来	る	た	め	。

シュ：設問要求である「研究開発型企業であるA社が、相対的に規模の小さな市場をター
ゲットとしている理由」に対して素直に解答していて、読みやすい文章だね。

はる：これは推測になるんだけど、実際にはキーワード以外にも加点要素はあるんじゃな
いかな？　中小企業診断協会が発表している出題の趣旨に対して忠実に答えている
ところも凄いと思うよ。

> 出題の趣旨
>
> 　研究開発型企業であるA社のターゲット市場が小規模市場である理由を、競争戦略
> の視点から分析する能力を問う問題である。

はる：一方、恥ずかしながら57点だった僕の解答はこんな感じ。

平成30年度　事例Ⅰ　第1問（開示得点57点　ふぞろい流採点61点）

理	由	は	、	限	ら	れ	た	経	営	資	源	を	有	効	活	用	す	る	為
に	差	別	化	戦	略	に	集	中	す	る	為	で	あ	る	。	大	手	取	引
先	へ	の	依	存	度	が	高	い	と	市	場	の	好	不	況	に	左	右	さ
れ	る	リ	ス	ク	も	高	ま	る	の	で	、	ニ	ッ	チ	市	場	に	て	高
付	加	化	価	値	を	追	求	し	競	争	力	を	強	化	し	て	い	る	。

はる：文章はそれっぽいけど、「理由を述べよ」という設問要求に対して、特に後半部分
はニッチ市場に対する高付加価値化という設問要求に素直に答えていないキーワー
ド詰め込み型になっているから、点数が伸びなかったんだろうな。

シュ：なるほど。題意を捉えた解答になっているかなども採点に影響がありそうだね。

第4節　合格に必要な事例数とは？ アンケートから見る合格者の特徴

　本節では、平成30年度の２次試験に合格したふぞろい12メンバー全員へアンケートを実施し、事例演習においてどのような特徴や共通点があったのかをまとめました。アンケート内容は、ふぞろいメンバーの①合格年度に実際に学習した事例数、②学習時間、③事例演習における工夫、④問題解答時の工夫、です。アンケートの内容を少しでも勉強に生かしていただければと思います。

①ふぞろいメンバーが合格年度に実際に学習した事例数

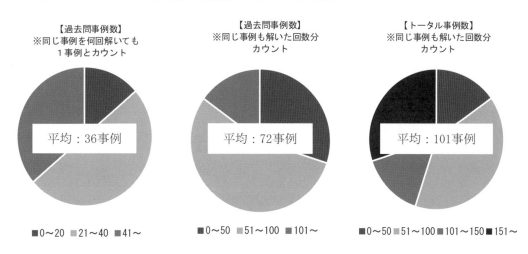

■過去問を解いた事例数と、トータルで解いた事例数（合格年度）

けーすけ：ふぞろいメンバーの合格者は平均して36事例（９年分相当）の過去問を解いているようだ。ちなみに、最高では、68事例（17年分相当）の過去問を解いた強者もいた。過去問の学習が、全事例演習の７割を占めているという傾向も確認できたぞ。

ゆ　　か：思ったより多い印象だね。この傾向は、予備校生と独学生で違いがありそう。

けーすけ：そうだね、独学生は予備校の演習問題がない分、事例数が不足しがちだが、それを、過去問を解く回数を増やして（平均2.5回）補っていた。

ゆ　　か：グラフには出ていないけれど、過去問は１事例当たり平均２回学習されているのに対して、その他（予備校、通信講座の問題、市販の問題集、模試の問題など）は平均1.2回程度の学習だった点も特徴的だよ。過去問の反復演習の必要性は多くの人が感じているようだね。

②ふぞろいメンバーの学習時間

■1事例当たりにかける平均学習時間

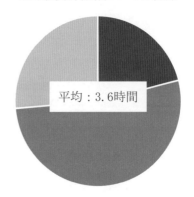

【事例数換算時の1事例当たり学習時間】
※2次試験総学習時間÷トータル事例数

平均：3.6時間

■2時間未満　■2〜5時間未満　■5時間以上

けーすけ：アンケートの結果、総学習時間数がほぼ同じでも、取り組んだ事例数は人によって大きく異なっていることがわかったんだ。そこで各自の2次試験総学習時間を取り組み事例数で割って、1事例当たりにかける時間数を大まかに算出してみたぞ。

その結果、1事例に9時間以上をかけている人もいる一方、1事例に時間をかけない人は、1時間未満という人もいたんだ。

ゆ　か：面白いわね。その人なりの学習方法の工夫が隠れていそう。それぞれのタイプの人は学習方法の工夫においてどのような特徴が見られたのだろう？

③事例演習における工夫

■1事例に時間をかけないタイプ（1事例当たり2時間未満）

・まず予備校解答などを見ながら実現可能なマイベスト答案を作る。2回目以降は、解答を書くところまではほとんどせず、初めて事例を解く際の、自分の手法や癖を思い浮かべて、自分の思考を客観的に分析して問題点の発見などを行っていた。

・1回目は普通に解く。2回目は解答のキーワード作成のみで時間節約。『ふぞろい10年データブック』の切り口・キーワードまとめ表をスマホで写真を撮り、移動中に暗記。

■中間タイプ（1事例当たり2時間以上〜5時間未満）

・ふぞろいで採点。勉強会で文章に対するフィードバックをもらう。受験生支援団体のブログ記事で事例の解き方のヒントをもらう。

・通勤電車の60分間で骨子のみ作成し、ふぞろいで採点。

■1事例に時間をかけるタイプ（1事例当たり5時間以上）

・過去問分析に基づいて自分で決めた80分のプロセスを実行する。知識面の定着、スキル面（読み方、書き方）の定着それぞれに取り組む。事例Ⅰ〜Ⅳの分野別にまとめ表を作るなど傾向と対策を作成し、各事例問題に当てはめて応用する。勉強会で議論する。

・①80分で解く、②解いたあと、時間をかけて手順、論点、知識を振り返る、③振り返ったあとの弱点を「読む、考える、書く」で、事例Ⅰ～Ⅳの分野別に集約することで、弱点の分析と対応策を集約した。

けーすけ：どのタイプの学習方法も参考になるな。どのタイプからも一定数の合格者が出ているから、どのように学習するかはその人に合った方法を採用するべきだね。ゆかは、どんなタイプだった？

ゆ　　か：私は、目標を高く設定して、80分で予備校レベルの答案を書くことを目指して取り組んだよ。1事例当たりの学習時間でいえば、中間タイプかな。学習傾向でいえば、合格者には事例Ⅳに特化した問題集や演習を行っている人が多かったのが印象的だね。

けーすけ：僕も事例Ⅳには苦労したから、問題集などで特訓をしたのを思い出したよ。

④問題解答時の工夫

■ふぞろいな解答スタイル

ゆ　　か：解答スタイルも分析してみたよ。まずは、問題を解くときに、与件文から読むか、設問文から読むかを聞いてみたら、約9割が設問文から読み始めるという結果だったの。先に設問文を読むことで、ポイントを押さえて与件文を読むことができるのでおすすめだよ。

けーすけ：与件文の第1段落だけ先に読んで、事例企業の概要を把握してから、設問文を読むという方法もあるよね。

ゆ　　か：模試を受けた人は知っているかもしれないけれど、問題用紙を破るもしくは、ホッチキスを外して、メモなどを取りやすくしている人もいるよね。約半数の人が、問題用紙を破るか、ホッチキスを外しているの。メモを取らない人は全員、問題用紙をそのまま使用していたよ。

けーすけ：メモを取る人が、余白の確保のために問題用紙を破っているんだね。

ゆ　　か：そのほかでおもしろい結果が出たのは、ペンの使用だね。なんと6割の人が3色以上のペンを使って与件文の分析をしていて、そのうちの大半がメモに20分以上をかけていたわ。

けーすけ：シャーペンのみで、ほとんどメモを取らない僕たちとは正反対のスタイルだ。

ゆ　　か：解答スタイルの確立には慣れが必要なので、ある程度の期間試してみないと効果が出ないこともあるわね。

けーすけ：試験の直前期に解答スタイルを変えると、混乱を生じやすいから要注意だ。

ゆ　　か：ここまで見てきたように解答スタイルは十人十色だね。早めにいろいろ試して自分にぴったりの方法を見つけてね！　皆さんのご健闘をお祈りします！

―――〜自分に合った勉強方法の選び方〜―――――――――――――――――――――――――――
　いろいろ試してみると、自分に合うこと、合わないことが見えてくるから、走りながら取捨選択。

Column

試験本番での心得

　読者の皆さんは、受験会場での本番を想定して勉強されていますか？　問題に関しては本番と同じ時間で解かれている方が多いと思いますが、本番でどのようなことがあるかを想定して勉強されているでしょうか？　そこで、試験本番でそれまでの勉強の成果を最大限発揮するための方法を紹介しようと思います。1点目は、試験会場に到着するまでについてです。当然のことながら、試験会場には早く着くようにしましょう。目安としては開場時間の20分前ぐらいです。試験会場への道程ではお手洗いに行ったり、電車が遅延したり、と想定外の事態が発生することが往々にしてあります。想定外の事態が発生しても時間に余裕があれば焦らずに済みます。心理的な余裕があれば、本番で自分の持つ力を発揮できる可能性は高まります。焦りや不安が生まれると、試験どころではありません。2点目は、試験会場についてです。試験会場では周りの受験生を気にしないようにしましょう。試験会場に到着すると、当然ながら多くの受験生がいます。彼ら彼女らが自分より賢く見えたり、彼ら彼女らの参考書がいかにもすごそうだと感じたりすることがあるかもしれません。しかし、大事なのは自分の力を出し切ることです。そうすれば、合格レベルまで高めた方は合格することができるはずです。自分に集中して、自分のスタイル・考え方・フレームワーク等を再確認しましょう。以上の取組みを行い合格に近づきましょう。　　（たくじ）

Column

1次試験・保険受験のススメ

　平成28年度の1次試験合格、2次試験で不合格だった私は、翌29年度の2次試験の受験資格があったのですが、29年度の1次試験を保険で受験しました。理由は、保険という名のとおり、29年度の2次試験も不合格だった場合に、30年度の1次試験をイチから受け直さなければならないことを避けるためでもあったのですが、もう1つ、1次試験の知識を再度確認したいという思いがありました。28年度の1次試験は、幸い半年程度の学習で効率よく（法務は足切り40点ギリギリという運も味方して…）受かってはいましたが、その分、知識の定着率は低く、2次試験での引き出しが少なくて苦労した部分があったのです。29年度に保険で1次試験を受験したことで、そのまま2次試験にも1次知識を活かせたのは合格の要因の1つだったと思っています。よく、「1次の保険受験はすべきですか？」という質問を見受けますが、私は、①ダメならイチからというプレッシャーを感じずに2次試験を受験できること、②フレッシュな1次知識を2次に活かせること、の2点から、保険受験をおすすめしています。　※ただし、合格者仲間の中にはあえて自分を追い込んだほうが力を発揮できる、というツワモノも何人かおり、個人の特性にもよりますのであしからず。

（ちょく）

第2章

平成29年度試験 答案分析
（2018年版）

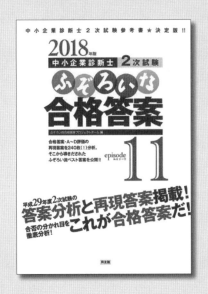

【登場人物紹介】

〈岡松 鋳造（おかまつ ちゅうぞう）（51歳 男）〉（以下、先生）

　熱血レッスンで受験生から絶大な人気の講師。持ち前の明るさと、関わる人を元気にするポジティブ思考で受験生から愛されている。

〈無礼損 ちえみ（ぶれいぞん ちえみ）（27歳 女）〉（以下、無礼損）

　大手予備校に通うも、充実したキャリアウーマンライフを捨てきれず、あまり勉強してこなかった初年度生。与件文に素直でスマートな解答を作るが、知識不足な面もちらほら。無礼な物言いで損をすることが多い。

〈葛藤 一二三（かっとう ひふみ）（55歳 男）〉（以下、葛藤）

　「神武以来の天才受験生」と呼ばれていたのも今は昔の、大ベテラン多年度受験生。頭の良さは抜群、知識量も膨大だが、知識偏重のため序盤の大長考で葛藤して時間を浪費し、終盤はいつも時間に追われている。

第1節 ふぞろいな答案分析

▶事例Ⅰ（組織・人事）

平成29年度　中小企業の診断及び助言に関する実務の事例Ⅰ
（組織・人事）

　A社は、資本金1,000万円、年間売上高約8億円の菓子製造業である。A社の主力商品は、地元での認知度が高く、贈答品や土産物として利用される高級菓子である。A社の人員構成は、すべての株式を保有し創業メンバーの社長と専務の2名、そして正規社員18名、パートタイマー中心の非正規社員約70名をあわせた約90名である。A社は、2000年の創業以来、毎年数千万円単位の規模で売り上げを伸長させてきた。近年では、全国市場に展開することを模索して、創業時から取り扱ってきた3種類の主力商品に加えて、新しい菓子の開発に取り組んでいる。同社のビジョンは、売上高30億円の中堅菓子メーカーになることである。

　現在、A社の組織は、製造部門、営業部門、総務部門の3部門からなる機能別組織である。部門長と9名の正規社員が所属する製造部門は、餡づくり、生地づくり、成型加工、そして生産管理を担当している。また、自社店舗による直接販売は行っていないため、創業以来営業を担当してきた専務をトップに6名からなる営業部門は、県内外の取引先との折衝や販売ルートの開拓のほか、出荷地域別にくくられた取引先への配送管理と在庫管理が主な業務である。非正規社員70名のうち毎日出社するのは30名程度で、残りの40名は交代勤務である。非正規社員の主な仕事は、製造ラインの最終工程である箱詰めや包装、倉庫管理などの補助業務である。人事・経理などの業務は、3名の正規社員から成る総務部門が社長の下で担当している。

　長期的な景気低迷期の激しい企業間競争の中で順調に売上規模を拡大することができたのは、A社が事業を引き継ぐ以前のX社時代から、現在の主力商品の認知度が地元で高かったからである。A社の前身ともいえるX社は、70年近い歴史を誇る菓子製造販売業の老舗であり、1990年代後半までは地元の有力企業として知られていた。創業当初、小さな店構えにすぎなかったX社は、その後直営店をはじめ様々な販売ルートを通じて、和・洋の生菓子、和洋折衷焼菓子など100品目以上の菓子を扱うようになり、年間売上高は10億円を超えるまでになった。しかしながら、1990年代後半バブル経済崩壊後の長期景気低迷の中で販路拡大・生産力増強のための過剰投資によって巨額の負債を抱え、事業の継続を断念せざるを得なくなった。それに対して、当時、県を代表する銘菓として人気を博していた商品が売り場から消えてしまうことを惜しみ、菓子工業組合に贔屓筋がその復活を嘆

願するといった動きもみられた。さらに、県内外の同業メーカーからその商標権を求める声も相次いだ。

その商標権を地元の菓子工業組合長がX社社長から取得していたこともあって、A社に譲渡することが短期間で決まった。もちろん、A社社長がX社の社員であったということは重要な点であった。1970年代半ばから長年にわたって営業の最前線でキャリアを積んだA社社長は、経営破綻時に営業課長の職にあった。一連の破綻処理業務で主要取引先を訪れていた折に、販売支援の継続を条件に商品の存続を強く求められたことで一念発起し、事業の再興に立ち上がったのである。

企業経営者としての経験がないといった不安を抱えながらも、周囲の後押しを受けてA社社長が過半数を出資し、X社で共に働いていた仲間7名もわずかな手持ち資金を出資して事業再建の道をスタートさせた。主力商品だけに絞って、商品名を冠にした新会社設立の準備を急ピッチで進めた。資金の不足分については、県の支援で低利融資で賄った。とはいえ、かつてと同じ品質や食感を出すために必要な機器を購入するためには多額の資金が必要であり、昔ながらの味を復活させるには、その後数年の年月がかかっている。餡づくりはもとより、旧式の窯を使用した焼き上げ工程を含めて菓子づくりのほとんどが、人手による作業であった製造工程を大幅に変更し、自動化によって効率性を高められるようになったのは、現在の工場が完成する2005年であった。

製造設備面の課題こそあったものの、商品アイテムを主力商品だけに限定してスタートしたA社は、創業直後から一定水準の売り上げを確保することができただけでなく、年を重ねるにつれ売り上げを伸ばし続け、今日の規模にまで成長したのである。2000年代半ばには増資して、手狭になった工場を、そこから離れた郊外の、主に地元の企業を誘致対象とした工業団地に移転させた。また、その新工場は、食品製造の国際標準規格であるHACCP（ハサップ）に準拠するとともに、銘菓といわれたかつての商品に勝るとも劣らない品質や食感を確保し、現在の3種類のラインアップの焼菓子を日産50,000個体制にまで整備した。

しかし、創業からおよそ17年の時を過ぎたとはいえA社の主力商品は、前身であるX社が築きあげてきた主力商品に依存しており、A社が独自で創りあげたものではないことは事実である。かねてより目標として掲げてきた全国市場への進出の要件ともいうべき首都圏出店の夢もいまだにかなっているわけではない。売上高30億円というビジョンを達成するためには、全国の市場で戦うことのできる新商品の開発が不可避であるし、それを実現していくための人材の確保や育成も不可欠である。

17年の時を経て、共に苦労を乗り越えてきた戦友の多くが定年退職したA社は、正に「第三の創業期」に直面しようとしているのである。

第1問（配点20点）

景気低迷の中で、一度市場から消えた主力商品をA社が再び人気商品にさせた最大の要因は、どのような点にあると考えられるか。100字以内で答えよ。

第2問（配点20点）

A社の正規社員数は、事業規模が同じ同業他社と比して少人数である。少人数の正規社員での運営を可能にしているA社の経営体制には、どのような特徴があるのか。100字以内で答えよ。

第3問（配点20点）

A社が工業団地に移転し操業したことによって、どのような戦略的メリットを生み出したと考えられるか。100字以内で答えよ。

第4問（配点20点）

A社は、全国市場に拡大することでビジョンの達成を模索しているが、それを進めていく上で障害となるリスクの可能性について、中小企業診断士の立場で助言せよ。100字以内で答えよ。

第5問（配点20点）

「第三の創業期」ともいうべき段階を目前にして、A社の存続にとって懸念すべき組織的課題を、中小企業診断士として、どのように分析するか。150字以内で答えよ。

第1問（配点20点）【難易度　★☆☆　みんなができた】

　景気低迷の中で、一度市場から消えた主力商品をA社が再び人気商品にさせた最大の要因は、どのような点にあると考えられるか。100字以内で答えよ。

●出題の趣旨

　創業後わずかな期間で高い業績をあげるに至った要因について、経営環境を考慮した上で分析する能力を問う問題である。

●解答ランキングとふぞろい流採点基準

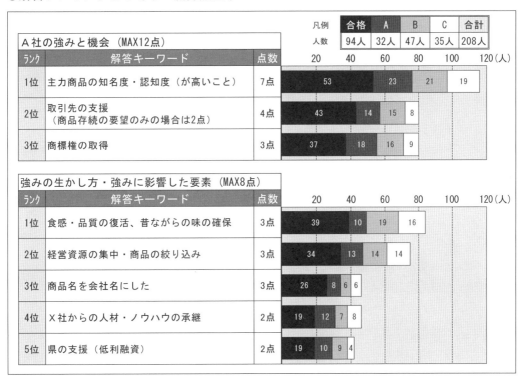

凡例	合格	A	B	C	合計
人数	94人	32人	47人	35人	208人

A社の強みと機会　（MAX12点）

ランク	解答キーワード	点数
1位	主力商品の知名度・認知度（が高いこと）	7点
2位	取引先の支援（商品存続の要望のみの場合は2点）	4点
3位	商標権の取得	3点

強みの生かし方・強みに影響した要素　（MAX8点）

ランク	解答キーワード	点数
1位	食感・品質の復活、昔ながらの味の確保	3点
2位	経営資源の集中・商品の絞り込み	3点
3位	商品名を会社名にした	3点
4位	X社からの人材・ノウハウの承継	2点
5位	県の支援（低利融資）	2点

●再現答案

区	再現答案	点	文字数
合	元々地元で認知度が高かった商品の商標権を取得しており、その商品名を冠にした新会社で最員筋や主要取引先の支援の下、主要商品に絞り、製造工程を自動化し、かつての商品に劣らない品質や食感を確保できた点。	20	98
合	①県を代表する銘菓としての地元での認知度の高さ、②最員筋や主要得意先からの商品復活要請が高く県による支援も受けられた、③社長を含め旧X社メンバーによるノウハウ継承、④商品名を商号とし愛顧が得られた。	16	99

~事例Ⅰのポイント・攻略法~

　「事例Ⅰは組織・人事！」と思う。Ⅱっぽくならないように気をつける。

A	要因は、①元々主力商品は県を代表する銘菓として知名度が高く、②主要取引先からの支援を受け、③商品名を冠にした会社の元、④主力商品に絞って事業をおこない付加価値を高めていったためである。	17	92
A	最大の要因は商品の認知度が地元で高かったためである。①商品アイテムを主力商品だけに絞り、商品名を冠にした新会社を設立したこと、②増資等や自動化により昔ながらの味を復活させたことが要因。	15	92
B	最大の要因は、A社が認知度が高く県を代表する銘菓として県内の愛顧を受けていた主力製品に絞込み、ブランド価値を向上させ、昔ながらの味を維持しつつ、自動化で効率性を高め売上げ向上を図ったこと。	13	94
B	要因は、県を代表する銘菓の存続を求められ、主力商品だけに絞って事業再編に取組んだ事である。県の融資等を活用して、かつての品質や食感を出す為に必要な機器を購入し、昔ながらの味わいを復活させて愛顧を得た。	10	100
C	要因は、①主力商品だけに絞り、商標をA社社長が取得できたこと、②A社社長がX社の営業課長をしており、営業のノウハウがあったこと、である。	8	68

●解答のポイント

> 「A社の強み」と「強みをどのように生かしたか」を組み合わせ、A社が能動的に対応してきたことがわかるように解答できたかがポイントである。

【強み】

先生：平成29年度の最初の設問はどうだった？　いつもどおりできたか⁉　一度市場から消えた主力商品をA社が再び人気商品にさせた最大の「要因」を分析する問題だったが、2人はどのように対応した？

無礼損：主力商品を「再び」人気商品にしたということだったから、当初人気だったX社時代に関する記述を探したわ。そのなかでも他社より強みといえそうな事項を解答要素にしたわ。具体的には、「主力商品の知名度が地元で高かったこと」、「A社がX社の商標権を取得したこと」などね。与件文に答えは書いてあるわ。

葛藤：私は、A社の取り組みのなかで強みとなりうる事項について考えましたよ。A社は「主力商品に絞って商品名を冠にして設立した」、「新工場を設立して昔ながらの品質・食感を復活させた」などですね。

先生：そうだ、いいじゃないか！　強みに着目したのは良かった。ただ、要求内容は「再び人気商品にさせた要因」だ。強みを羅列するだけでいいのか？　もっと考えるんだ！

無礼損：そうですね！　強みがあるだけでは主力商品の復活はなかったかもしれませんね。強みを市場に合わせて活用したという視点が必要なのではないかしら。それ

なら、「地元で知名度が高かった主力商品の商標権の取得」と「商品名を会社名
にしたこと」、「ブランド浸透を図った」という風に組み合わせればいいのかしら。

葛藤：なるほど！　強みとその活用がつながっていてわかりやすいですね、無礼ちゃん。
強みを挙げるだけより、「要因」らしくなりましたね。

先生：いい感じだ！　すばらしいよ、無礼さん！　そのようにＡ社の強みを挙げて、それ
を市場に向けていかに活用したかが、この設問のポイントだった。強みについては
多くの答案で書くことができていた。合格＋Ａ答案では、強みの活用についても記
述されている解答が多かった。やはり、設問文から何を解答要素とするかを検討す
ることが重要なんだ！

【「最大の要因」への対応】

先生：今回の設問で特徴的だった「最大の要因」という要求に対してはどう対応した？

無礼損：設問文を素直に読めば、１つに絞り込む必要があると思ったわ。でも、１つに絞っ
て間違えると０点にされてしまうと思ったから、複数の解答要素を盛り込んだわ。

葛藤：無礼ちゃん！　それは詰んでますよ。「最大」という要求のとおり、要因を１つに
絞り込みましたよ。設問文にそう書いているのだから１つに絞っていない段階で０
点にされますね。でも、無礼ちゃんの言うとおり、いくつか要素を盛り込んだほう
が良かったかもしれませんね。たくさん候補を考えてはいたのですが…。

先生：ここは多くの受験生が対応に戸惑ったかもしれない！　設問どおりに対応すると葛
藤さんの対応方法になる。しかし、やはり外してしまうリスクも大きい。ただ、現
場での対応では葛藤さんのようにいくつかの要素を「１つ」にまとめて記述するほ
うが設問文の要求に合っているから良かっただろうね。実際には、要素をいくつか
並列している答案が多かったが、合格＋Ａ答案のほうが１つにまとめていた傾向に
あった。この部分については大きな差はつかなかったみたいだな。

【設問文の「させた」への対応】

先生：最後に、「させた」という要求に対してはどのように対応したかな？

無礼損：この部分も戸惑いました。単に「なった」というのではなく、「させた」という
設問の要求であるため、「Ａ社が能動的に行動した」ことを解答要素にしました。

葛藤：「なった」も「させた」も気にする必要はないですよ。要は、「主力商品が復活した
要因」を記述しただけです。そのようなことは気にしなくても得点できますよ。

先生：この部分は読み流した受験生も多かったかもしれないな。それに、この部分を意識
しなくても解答要素は挙げられたかもしれないし、実際には反映させていた答案も
多くなかった。しかし、設問文に従い、「Ａ社が主体であること」を解答に反映さ
せたり、「Ａ社を主語に」したりすることができればより良い解答になったはずだ。

～事例Ⅰのおススメ勉強法～

茶化（採用・配置・報酬・育成［委譲］・評価）を自分の勤務先ではどうかを考えてイメージをつけること。

第2問（配点20点）【難易度　★★☆　勝負の分かれ目】

　Ａ社の正規社員数は、事業規模が同じ同業他社と比して少人数である。少人数の正規社員での運営を可能にしているＡ社の経営体制には、どのような特徴があるのか。100字以内で答えよ。

●出題の趣旨

　同業他社に比べて少数の正規社員による効率経営を実現している事業の仕組み及び管理体制について、分析する能力を問う問題である。

●解答ランキングとふぞろい流採点基準

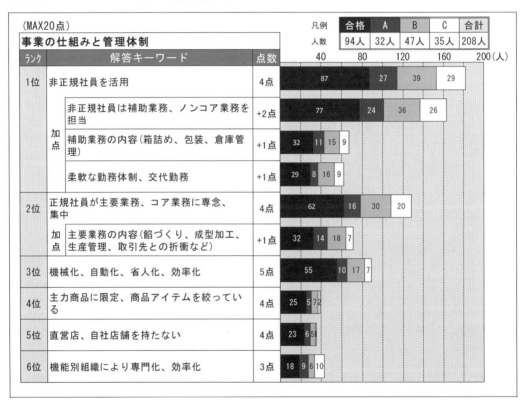

●再現答案

区	再現答案	点	文字数
合	特徴は、①直接販売は行わず主力商品だけに絞って販売した事、②人手作業の製造工程を大幅に変更し自動化によって効率性を高めた事、③正規社員を重要業務に適切に配置し、非正規社員を有効活用した事、である。	20	98
合	特徴は、①機能別組織により専門性を高め、コア業務は正社員、ノンコア業務は非正規社員が行う住み分けで合理化が進んでいる②旧式の窯を使った人手作業であった製造工程を自動化し、効率性を高めたことである。	18	98
A	特徴は、自動化によって製造ラインの補助業務等が効率化し非正規社員が担当できる為、少人数の正規社員が生産管理、取引先との折衝、新規開拓、人事・経理などの管理業務に集中できる体制になっている点である。	16	98
A	特徴は、製造・営業・総務が機能別組織である為専門化が進み業務効率が良い事、営業・製造・経理のコア業務は正社員、製造補助作業等のノンコア業務は非正規社員に分離で効率化し少数正社員で運営可能としている事。	15	100
B	製造部門・営業部門・総務部門の主要業務は正規社員で実施し、製造ラインの最終工程である箱詰めや包装、倉庫管理等の補助業務を非正規社員で実施し、非正規社員の半数以上を交代制とし業務に柔軟に対応可能なこと。	13	100
B	特徴は、①製品ラインアップが3種類と少なく管理コストが低減できたこと、②菓子製造工程の自動化により生産管理に特化できたこと、③出荷地域別に取引先をくくり、配送および在庫管理の運用コストを低減したこと。	9	100
C	特徴は、①餡づくりや焼き上げ工程を含む菓子づくりを自動化して効率化し、少人数でも製造可能な高い専門性がある事。②営業部門は出荷地域別に取引先がくくられ、部員に対し適切な責任と権限が与えられている事。	5	99

●解答のポイント

> 少人数の正規社員による効率経営を実現している体制について、従業員の配置、生産体制、販売体制などの面から多面的に分析できたかがポイントであった。

【非正規社員の活用と効率性】

先生：第2問では、少人数の正規社員での運営を可能にしている経営体制が問われたが、2人はどう対応したかな？

無礼損：私は、少ない正規社員でも運営できているのは、効率経営を実現しているからじゃないかなと思いました。ヒントとなる管理体制の内容が与件文に必ず書いてあると思いながら与件文を読みに行きました。すると、「製造の自動化」、「機能別組織」、「商品アイテムの絞り込み」、「非正規社員の活用」といったような業務の効率化につながる記述があったので、これらを並べて書きました。

先生：すばらしい対応だ！　無礼さん‼　「非正規社員の活用」は、ほとんどの受験生が書いていたようだ。正規社員が少人数、といわれれば、対になる非正規社員が活躍している、と導くことは簡単だったみたいだね。葛藤さんはどう対応した？

葛藤：私は、設問文を見た瞬間に、平成25年度の事例Ⅰ（第1問、設問2、A社が急速な事業の拡大にもかかわらず正規社員の数を大幅に増員せずに成長を実現してきた体制を問われた問題）のことを思い出しましたよ。たしか、あの事例は非正規社員の活用がテーマとなっていたため、今回の事例でも、定跡どおり非正規社員の活用を書くのが最善手だと思いましたね。ちなみに、私は過去問の分析を平成13年までさかのぼっておりまして…（ぐだぐだ）。

無礼損：葛藤さん、話長すぎ。そうやって問題もぐだぐだ解いているからいつも時間足りなくなるんでしょ？

葛藤：う…実は、第2問でも時間が足りなくなってしまって中途半端な解答になってしまいました。

先生：なんだって？　何があったんだ??

葛藤：葛藤した挙句、非正規社員の活用だけしか書けませんでした。なぜなら、設問文では、「正規社員」が少人数であることの理由が問われていたじゃないですか。自動化、商品アイテムの限定などは、たしかに効率の良さにはつながりますが、それだとわざわざ設問文に書いてある、「正規社員数は」という問いに対する答えにはならないのでは、と迷ったわけですよ。

先生：いつもどおり、葛藤してしまったんだね。

無礼損：決められない人は大変よねぇ。

先生：まぁまぁ、設問をよく読んでいるからこその葛藤だからね、仕方がない。

葛藤：無礼ちゃんの解答だと、「正規社員数は」という設問要求から外れてしまわないのでしょうか？

先生：設問の趣旨を見てみると、「同業他社に比べて少数の正規社員による効率経営を実現している事業の仕組み及び管理体制について、分析する能力を問う問題である。」とあるから、効率という観点が求められていたみたいだ。実際、合格＋A答案では、非正規社員の活用のほかに、自動化、機能別組織による専門化、商品アイテムの限定など、多面的に効率経営の内容をバランスよく盛り込んだ解答が多かった。それに比べてB＋C答案は1つの切り口を詳しく書いている解答が目立った。非正規社員が担当している補助業務の内容や正規社員が担当しているコア業務の具体的内容を詳しく述べるだけでは得点は伸びなかったようだね。

【事業の仕組みと管理体制】

先生：設問文に「経営体制」という言葉が出てきたね。一見抽象的な言葉のように思えるが、どう対応した？

無礼損：「経営体制」の言葉の正確な定義はわからなかったけど、とりあえず関係ありそうなことを並べました。葛藤さんみたいにぐずぐずしていてもしょうがないし。

葛藤：熟考していると言ってもらいたいのですが…。

先生：出題の趣旨では「事業の仕組み」と「管理体制」という言葉が使われているね。しかし、実際の答案ではこの2つを明確に意識して切り分けている解答は少なかった。現実的な対応としては、関連のありそうなことを並べて記述することで得点を稼ぐことが得策だったみたいだね。

Column

2次試験対策は最初が肝心？

　私は大手予備校の通学ストレート1年コースに通っていましたが、たまたまその学校の先生が手弁当で2次試験の勉強会を開かれており、受験前年の11月頃からは2次試験の対策を始めていました。5名一組になって固定チームを組み、毎週1つの事例についてディスカッションをしていましたが、当初チームを組んだ5名のうち4名が1次試験を通過し、そのうちの3名が2次試験を通過しました。合格後に3人で話している時に、「2次試験は勉強しはじめが結構大切かもしれない」という話題になりました。あらためて何度も解いた答案を見比べてみると、「間違えている箇所も含めて、結構同じことを書いている」のです。設問を読んで思い浮かべる知識や切り口、解答を書くまでの思考回路やまとめ方というのは、一度固まってしまうと変えるのは結構難しいと思います。スポーツと同じように最初に変な癖がついてしまうと、「矯正するのに時間がかかる」みたいなことにもなりかねません。

（だいまつ）

第3問（配点20点）【難易度 ★★☆ 勝負の分かれ目】

A社が工業団地に移転し操業したことによって、どのような戦略的メリットを生み出したと考えられるか。100字以内で述べよ。

●出題の趣旨

事業活動拠点の移設に伴う事業展開上の戦略的メリットについて、分析する能力を問う問題である。

●解答ランキングとふぞろい流採点基準

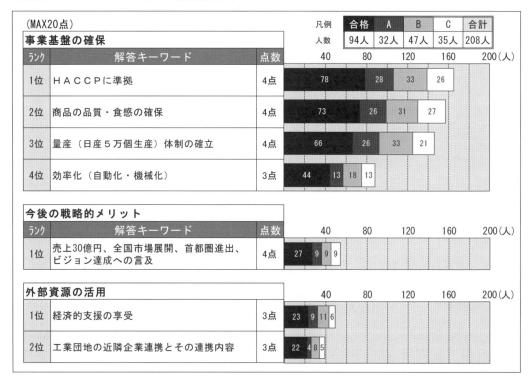

（MAX20点）

凡例	合格	A	B	C	合計
人数	94人	32人	47人	35人	208人

事業基盤の確保

ランク	解答キーワード	点数	人数
1位	ＨＡＣＣＰに準拠	4点	78 / 28 / 33 / 26
2位	商品の品質・食感の確保	4点	73 / 26 / 31 / 27
3位	量産（日産5万個生産）体制の確立	4点	66 / 26 / 33 / 21
4位	効率化（自動化・機械化）	3点	44 / 13 / 18 / 13

今後の戦略的メリット

ランク	解答キーワード	点数	人数
1位	売上30億円、全国市場展開、首都圏進出、ビジョン達成への言及	4点	27 / 9 / 9 / 9

外部資源の活用

ランク	解答キーワード	点数	人数
1位	経済的支援の享受	3点	23 / 9 / 11 / 6
2位	工業団地の近隣企業連携とその連携内容	3点	22 / 4 / 8 / 5

●再現答案

区	再現答案	点	文字数
合	メリットは<u>全国市場進出</u>に向けて、①<u>近隣の地元企業</u>とネットワークを構築でき<u>新商品開発に活用</u>できる事、②<u>ＨＡＣＣＰ</u>による<u>品質管理体制</u>の強化や製造工程の<u>自動化による</u>効率性の向上で<u>生産能力の増強</u>が図れた事。	20	99
合	メリットは、①製造工程の<u>自動化</u>により効率性を高められたこと、②<u>ＨＡＣＣＰに準拠</u>すると共にかつての<u>商品と同等の品質や食感を確保</u>できたこと、③<u>日産５万個体制</u>にまで整備し<u>全国展開への布石</u>を打てたことである。	19	100
A	メリットは、<u>全国市場進出実現</u>のための土台作りができたことである。具体的には工場拡張による<u>生産能力の向上</u>、ハサップに準拠した<u>製品品質の確保</u>、地元企業を誘致対象とした工業団地への移転による<u>支援期待</u>である。	19	100
A	メリットは、①地元企業を誘致対象とした工業団地であるため、地元の<u>配送業者等と連携</u>が取りやすいこと、②<u>ＨＡＣＣＰに準拠</u>すると共に、<u>品質や食感を確保</u>できる製品の<u>生産ラインを整備</u>できたことが考えられる。	15	98
B	メリットは、①工業団地に移転することで<u>公的な資金支援</u>を得やすくなり、工場拡張を行うことができたこと、②<u>国際標準規格であるＨＡＣＣＰ</u>の取得を行いやすくなったこと、③<u>日産 50000 個の生産体制</u>を構築できたこと。	11	99
C	メリットは、①地元に根付いたブランド、地元の活性化を図ること、②<u>工業団地による連携、シナジー効果を得られる</u>こと、③<u>ＨＡＣＣＰ</u>の取得、信頼・安心感の獲得をできることである。	7	85

●解答のポイント

> 　A社の工業団地への移転に伴う戦略的メリットについて、事業基盤の確保と今後の事業展開上の観点から解答することがポイントであった。

【時制を意識したか】

先生：第3問は、工業団地に移転したことにより生み出した「戦略的メリット」を分析する問題だったけれど、2人は対応できたかな？

無礼損：あたしは、工業団地移転後の変化に着目し、与件文からメリットを抽出して列挙しました。分析問題は与件文が命だと思います。

葛藤：私も同じです。A社は2000年に創業し、2000年代半ばに工業団地に移転しています。そして、ＨＡＣＣＰに準拠しました。2005年の工場完成に伴って、人手による作業から製造工程を大幅に変更し、自動化によって効率性を高めています。これらを解答すれば、合格への王手間違いなしでしょう。

先生：さすが、私の教え子だ！　2人とも時制を意識できたようだね。すばらしいよ!!

無礼損：ところで、「ＨＡＣＣＰ」とはなんでしたっけ？

葛藤：「ＨＡＣＣＰ」とは、食中毒菌汚染などの危害要因を除去、低減させるために重要な工程を管理し、製品の安全性を確保する衛生管理の手法ですよ。この「衛生管理体制を構築できた」ということを書けたかどうかで点差がついたのですかね？

無礼損：知識が豊富な人には憧れるわ。葛藤さん素敵ね。

先生：葛藤さん、さすがだね！　ただ、全体の答案を見ると、安全・衛生管理について記述している解答はごくわずかなんだ！　それよりも与件文のとおり、かつての銘菓に勝るとも劣らない商品の品質・食感を維持できた点を多くの人が記述していたし、合格＋Ａ答案が多く使っていた「ＨＡＣＣＰ」だけでも加点対象になったと考えられるぞ。

無礼損：あたしは、品質・食感について答えました。やっぱり与件文に素直なのが一番ね。

葛藤：私もわかってはいたんです。知識を優先し、葛藤してしまって書けませんでした。

先生：さきほど、葛藤さんが挙げてくれた生産効率の向上も増産体制の整備につながる重要なポイントだからね。工場を移転することで、現在の事業基盤を確立することができたわけだ‼　そして、この設問には１次試験の知識も活用できるんだ！

【１次試験の知識も使えたか】

先生：出題の趣旨をよく見てごらん！　事業展開上の戦略的メリットって書いてある。つまり、戦略的な方向で解答が求められていたんじゃないかな。2人とも、戦略といえば、何を思い浮かべるかな？

無礼損：１次試験の知識ですね。う〜ん、ここまで出かかっているんですが…。

葛藤：成長戦略、すなわち、アンゾフの成長ベクトルではないでしょうか。

無礼損：なるほど。Ａ社は、全国市場に展開するために3種類の主力商品に加え、新しい商品の開発に取り組んでいるのだから「新市場開拓」、「新商品開発」が考えられるのね。工場移転後に、3種類の焼菓子の日産5万個体制まで整備したことから「新市場開拓戦略」が示唆されていたのかしら。でも、「新商品開発」に関する記述は見当たらないわ。ほかの受験生は、どのように考えたのか疑問だわ。

葛藤：工業団地に存在する地元の企業と連携して新商品開発を行うのです。不足する経営資源を他社との連携で補完するということですね。

先生：無礼さん、いいセンスだ！　葛藤さんも良い視点だね。与件文に地元企業の具体的な記述がなかったことから、合格＋Ａ答案の解答でも企業間連携について書いている答案は少なかったよ。新商品開発のための連携も考えられるが、共同輸送や生産体制の構築などにつながる解答のほうが多かったな。得点開示で高得点を獲得した人は、第3問では「全国展開における戦略的メリット」のことをしっかり捉えて書いていたよ。合格＋Ａ答案でも解答者が少なかった「企業間連携」、「全国市場展開」の配点は実はかなり高かったんじゃないかな。ほら、１次知識の活用も大事だろ‼

第4問（配点20点）【難易度　★★★　難しすぎる】

　A社は、全国市場に拡大することでビジョンの達成を模索しているが、それを進めていく上で障害となるリスクの可能性について、中小企業診断士の立場で助言せよ。100字以内で答えよ。

●**出題の趣旨**

　地域ブランドとして優位性をもつ主力商品の全国市場への展開がもたらす問題を分析し、それに対して適切な助言をする能力を問う問題である。

●**解答ランキングとふぞろい流採点基準**

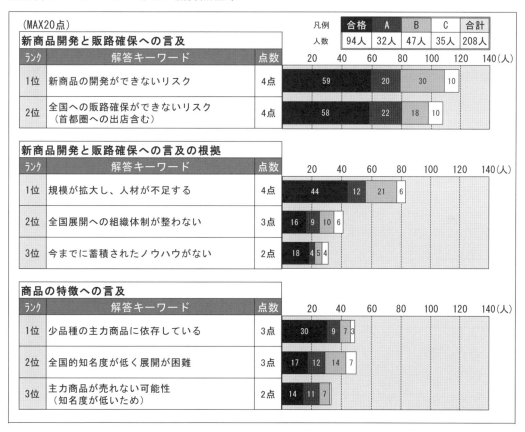

（MAX20点）

凡例	合格	A	B	C	合計
人数	94人	32人	47人	35人	208人

新商品開発と販路確保への言及

ランク	解答キーワード	点数
1位	新商品の開発ができないリスク	4点
2位	全国への販路確保ができないリスク（首都圏への出店含む）	4点

新商品開発と販路確保への言及の根拠

ランク	解答キーワード	点数
1位	規模が拡大し、人材が不足する	4点
2位	全国展開への組織体制が整わない	3点
3位	今までに蓄積されたノウハウがない	2点

商品の特徴への言及

ランク	解答キーワード	点数
1位	少品種の主力商品に依存している	3点
2位	全国的知名度が低く展開が困難	3点
3位	主力商品が売れない可能性（知名度が低いため）	2点

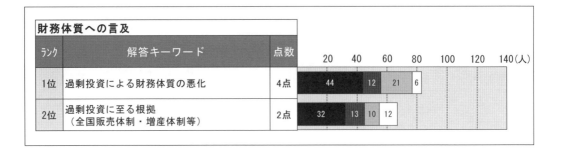

●再現答案

区	再現答案	点	文字数
合	リスクは①主力商品が地元では認知度が高いが全国市場では販売に苦戦する可能性②販路拡大・生産力増強のための投資で財務面のリスク③全国に販売する組織を作るための人材育成リスク④商品数が少ない事、である。	18	99
合	リスクは①販路拡大、生産増強のための過剰投資によって巨額の負債を抱えたX社の二の舞になり事業断念となる事②新商品開発が難航する事③店舗経営のノウハウがない事④人材が不足する事、である。	16	92
A	リスクは①地元以外でブランド認知度が高まらないリスク②全国展開に対応可能な商品開発が出来ないリスク③首都圏での販売や営業部門の人員が不足するリスク④販路拡大・生産力増強のため過大投資を生むリスク。	17	98
A	リスクは、①X社の主力商品に依存しA社が独自で新商品開発を行うノウハウの不足、②全国市場へ進出する為の営業体制の不備、③全国市場で戦う事の出来る新商品開発や営業の為の人材の確保や育成が不足している事。	14	100
B	主力商品に依存し、新商品開発が進んでいない。また、首都圏出店もできておらず、そのための人員も確保できていない。そのため目標未達の可能性がある。そのために、人員の確保・目標の共有化を図る必要がある。	15	98
B	リスクは、①主力商品が、前身のX社からの商品に依存しており、新商品の開発ができていない事、②その開発を担い、売上30億を達成するための人材の確保や育成ができておらず、社員の採用や育成の必要がある事。	11	98
C	全国市場で戦うためには、新商品の開発が必須となり、そのためには人材の確保や育成が不可欠である。助言は、中途採用を行い即戦力を確保し、従業員に対しては積極的に教育・育成を行うことである。	8	92

~事例Ⅲのポイント・攻略法~

まずは現状の生産の問題点を探す→問題の原因を探す→解決する方向で記述する。

●解答のポイント

> 与件文の記述をふまえ、A社の現在の主力商品をはじめとした経営資源を商品面・販売面・組織面・財務面といった多面的な切り口から、ビジョン達成への障害となる可能性のあるリスクを読み取り、助言できたかがポイントであった。

【全国展開への障害を理解することができたか】

先生：この問題では、リスクを助言することが求められているけれど、どのようなものがA社の全国市場展開で障害になるのか、2人は答えることができたかな？

葛藤：私はまず、リスクとは何かについて10分ほど悩んでしまいました。

無礼損：あたしは10分も悩まなかったけど、たしかにリスクというこれまでの設問とは違った問い方をされた！　と思って、一瞬頭が真っ白になりそうだったわ。

先生：なるほど。ここでは「リスク」という言葉に戸惑った受験生も多そうだけれど、与件文から丁寧に考えていこう！　A社は中堅菓子メーカーになるために、全国という勝手知ったる地元とは特性も規模も異なる市場で売上を伸ばそうとしている。つまり、リスクを含んだ挑戦をしていくことになるといえるんじゃないかな？　そうした時に、A社は果たして準備万端だろうか？「現状の体制だと、どんなことができないか？」ということを考えていくべきだな。

無礼損：そうなると、与件文から障害となりそうなものを抜き出して、センスでまとめることが重要ね。全国展開の要となる「首都圏の直販体制と新商品の開発」は外せないわ。この2つに関しては、ノウハウもないし、今のA社ではかなりの挑戦で、間違いなくリスクだということができると思うわ。

先生：そうだね、その2つについては多くの受験生が書けていたようだ。与件文に書かれているため、素直になれば抜き出すことができる。その2つだけでも合格の可能性がある解答に近づくことができるけれど、ほかの視点でも見ることができるんじゃないかな？

無礼損：ほかの視点…与件文から抜き出そうとするとちょっとわからないわ。何かの知識が足りないのかしら。

葛藤：先生、新商品の開発も必要ですが、A社には今の主力商品もありますよね。私、SWOT分析のフレームワークでA社の強みを分析していて気づいたのですが、A社は地方での知名度が高いという強みを持っています。しかし、「あくまで地元では」という話であって全国的知名度はなく、全国では主力商品が売れないというリスクも考えられるかと思います。

無礼損：さすが、言われてみれば納得ね。与件文からそのまま抜き出しただけでは解答に深みが足りないわ。センスで与件文をまとめるだけでなく、A社の強みについて深く追求して全国で販売を開始すればどうなるのかを類推することも必要ね。

先生：そのとおりだ！　よく考えられている！　この問題では、「直販体制」と「商品開発」についてのリスクはほとんどの受験生が書けていた。一方、主力商品の認知度について書けている受験生は少なかったが、合格＋A答案に多く、出題の趣旨とも合致するため、加点ポイントになったのではないかと思われる。葛藤さんはこの部分ではいい解答を書くことができたんじゃないかい？

葛藤：いや、実は私、考察を深めて頭ではわかっていたのですが、時間が足りなくなって、商品開発のことしか書くことができませんでした…。

先生：葛藤さん！　時にはフォールトを恐れずに、思い切ったショットを打ち込むことも大事だぞ！

葛藤：先生、私はテニスのことはよくわからないのですが…。

先生：おっと、すまん！　熱くなりすぎてつい！　考察が完璧でも、書けなければ0点だから、時には思い切って解答してしまうことも必要だぞ！

【経営資源の観点から論理的に答えられたか】

先生：与件文とA社の強みの考察から、全国市場に拡大することの障害を考えたが、それではまだ合格には至らない。A社が保有している経営資源という観点からリスクを考えることも必要だ！　では、具体的にどのような資源が不足するリスクがあるか考えてみよう。

葛藤：経営資源とくれば、ヒト・モノ・カネ・情報ですね。

無礼損：さすが葛藤さん、知識はすぐに出てくるわね。与件文では、過去にX社が全国展開をしようとして失敗した資金の問題が気になるところね。もちろん事例Iだから組織・人事にも焦点を当てることが必要になるわ。

先生：そうだ、そのとおり！　30億円の売上高という、大きなビジョンを達成するためには経営資源である「ヒト」、「カネ」が不足する可能性がある。また、この設問ではA社へ「助言せよ」とあるから、販売体制や生産体制を強化した結果、「資金不足に陥る可能性がある」ということや、具体的に販路開拓や商品開発などの「人材が不足する可能性がある」、といった因果関係をうまく書けていれば、さらなる高得点を狙えたんじゃないかな。

第5問（配点20点）【難易度　★★☆　勝負の分かれ目】

　「第三の創業期」ともいうべき段階を目前にして、A社の存続にとって懸念すべき組織的課題を、中小企業診断士として、どのように分析するか。150字以内で答えよ。

●出題の趣旨

　非同族支配の中小企業であるA社が、「第三の創業期」といわれる新しい時代に向けて、どのような経営課題に直面しているのかを分析する能力を問う問題である。

●解答ランキングとふぞろい流採点基準

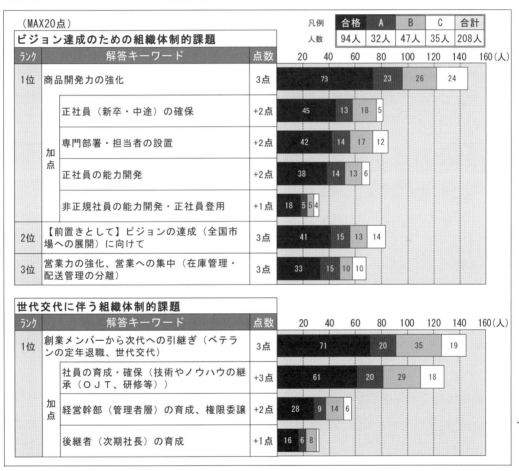

凡例	合格	A	B	C	合計
人数	94人	32人	47人	35人	208人

（MAX20点）

ビジョン達成のための組織体制的課題

ランク	解答キーワード	点数	人数（20〜160人）
1位	商品開発力の強化	3点	73／23／26／24
加点	正社員（新卒・中途）の確保	+2点	45／13／18／5
加点	専門部署・担当者の設置	+2点	42／14／17／12
加点	正社員の能力開発	+2点	38／14／13／6
加点	非正規社員の能力開発・正社員登用	+1点	18／5／5／4
2位	【前置きとして】ビジョンの達成（全国市場への展開）に向けて	3点	41／15／13／14
3位	営業力の強化、営業への集中（在庫管理・配送管理の分離）	3点	33／15／10／10

世代交代に伴う組織体制的課題

ランク	解答キーワード	点数	人数（20〜160人）
1位	創業メンバーから次代への引継ぎ（ベテランの定年退職、世代交代）	3点	71／20／35／19
加点	社員の育成・確保（技術やノウハウの継承（OJT、研修等））	+3点	61／20／29／18
加点	経営幹部（管理者層）の育成、権限委譲	+2点	28／9／14／6
加点	後継者（次期社長）の育成	+1点	16／6／8

組織文化的課題

ランク	解答キーワード	点数	人数（20〜160人）
1位	組織の一体感の維持・変革、経営理念の共有、社内コミュニケーションの強化など	2点	30／12／14／16

～事例Ⅳのポイント・攻略法～

どんなに簡単な問題でも紙に書いて計算する。電卓は焦らずゆっくり叩く！

●再現答案

区	再現答案	点	文字数
合	課題は、①創業時からの従業員の退職に伴い経営陣・部長の役割を引き継ぐ人材の育成・確保、②全国進出のための営業部門の強化、③新商品開発のための人材強化。対応策は、①非正規社員の業務拡大を図り新商品開発に活かし、②正社員の権限委譲と企業文化継承を進め、③次世代リーダーを育成し事業・収益拡大を図る。	20	147
合	ベテラン社員が定年退職した事により、主力商品の品質や食感を引き継ぐ為に製造技術を承継、権限移譲できる体制づくり、経営幹部の育成が課題である。また、新商品開発に注力できる部署の新設や担当の配置、全国への営業体制の為の営業部門の強化や配送・在庫管理の担当を設置する事により、全国市場に展開、存続を目指す。	19	150
A	組織的課題は、①新商品の開発体制の構築、②経営幹部候補生の育成、である。全国の市場で戦うことのできる新商品の開発のためには、市場調査を含む企画・開発機能が必要である。また、X社から共に苦労を乗り越えてきた戦友の多くが定年退職したために、経営幹部の育成が急務である。	13	132
B	組織的課題は、①定年退職に伴いこれまで培った技術・ノウハウを継承させること、②組織文化が断絶することを避けること、③後継者問題が解決すること。対応策は、①技術・ノウハウをマニュアル化し継承すること、②職場集会を開催し組織文化を語り継ぐこと、③有望な若手社員を経営に参画させて後継者を育成すること。	9	148
C	課題は、売上高30億円の目標を達成するための組織作りである。具体的には、①全国市場で戦うことのできる商品開発を行うため、プロジェクトチームを編成し、直営店を新設し試行錯誤で開発を進める、②退職した従業員や社長の持ち株を拠出し従業員持株会を作り、従業員に持たせて目標達成への意欲の向上を図ること、である。	8	150

●解答のポイント

> A社が新しい時代に向けて掲げているビジョン（売上30億円の中堅菓子メーカー）をふまえながら、A社の内部環境を分析し、組織の存続における課題を解答することがポイントであった。

【"組織的課題" を分析する視点】

先生：これまでの事例Ⅰでは、同族支配や社長が一代で築き上げてきた会社が取り上げられることが多かったけど、今回は久しぶりに「非同族支配」の会社が対象だったね。非同族支配であるA社の「組織的課題」について、まずはどんな視点で考えたかな？

葛藤：「戦友の多くが定年退職した」ということは、戦友に代わる人材の育成が不可欠ですね。解答の定跡としては「元X社社員である社長や専務からの世代交代」で間違いないでしょう。

先生：そのとおり！　でも葛藤さん、もっと熱くなれる解答が作れるんじゃないかな‼

~事例Ⅳのポイント・攻略法~

　演習時、解説を読むだけでなくしっかり自分の手を動かして、できるようになるまでやる。

　　　A社が組織として存続するのに必要なことは本当にそれだけかい？　見逃している
　　　視点があるんじゃないか？

無礼損：与件文を読むと、A社は、売上高30億円の中堅菓子メーカーになることをビジョ
　　　ンとして掲げているわ。「第三の創業期」というのは、単に世代交代することだ
　　　けでなく、新商品開発を進めながら全国市場に展開し、ビジョンを達成していく
　　　過渡期でもあるのよ。解答としては、A社の今後の発展に必要な課題をふまえた
　　　構成になるんじゃないかしら？　やっぱり、与件文が命ね。

先生：すばらしい！　つまり、A社の「組織的課題」としては、世代交代の視点とビジョ
　　　ン達成のための視点、両方について触れる必要があるね。C＋D答案では、どちら
　　　かの視点のみで書かれた答案が多かった。また、無礼さんの言うような「第三の創
　　　業期」に対する考察を行わず、具体的な対応のみ書いている解答も見られたね。

【２つの視点で分析する解答の切り口】

先生：２人は、世代交代の視点とビジョン達成のための視点から、それぞれどう分析して
　　　解答したかな？

無礼損：多面的に答えることを意識しました。世代交代としては人材の育成や確保、ビジョ
　　　ン達成には新商品開発部署の設置…でもうまく書けずに、だらだらと書いてしま
　　　いました。知識がないと与件文を整理しきれないのかしら。

葛藤：私は切り分けを意識して解答しました。個人や組織の切り口から見ると、それぞれ
　　　課題はありそうです。でも、私の長年の研鑽が培ってきた膨大な知識が邪魔をして、
　　　解答欄に収まりきりませんでした。わかってはいたんです。でも、葛藤してしまっ
　　　て書けなかっただけで…。

先生：無礼さんの内容は、解答に含める要素として悪くないね！　実際に多くの受験生が
　　　書いていた。葛藤さんの切り分けはとてもグッドだ！　制限文字数以内に書けてい
　　　たら合格点に届いていただろう。

無礼損：切り口って、具体的にどういうこと？

葛藤：無礼さんの解答でいいますと、ビジョン達成のために新商品開発部署を設置するこ
　　　とは「組織」の観点。それ以外にも「個人」の観点があります。正規社員や非正規
　　　社員、つまり内部人材の育成と新卒や中途採用といった外部人材の確保も「組織的
　　　課題」になるのではありませんか？

無礼損：うっ…、すごく充実した解答内容になりそう…。やはりセンスだけではベストな
　　　解答は書けないわ（あれ、でも葛藤さんはビジョン達成のための視点から実際
　　　に解答していたのかしら…？）。

葛藤：世代交代についても、「個人」の視点として各社員の育成や人材の確保も必要です
　　　が、A社社長の後継となる経営者を見つけることや、経営経験のある幹部の育成、
　　　つまり組織階層に応じて課題があるでしょう。やはり、私のように優れた考察力が

あればこその切り口でしょうか。

無礼損：同じように世代交代でも「組織」の観点から、何か課題はないのかしら？

葛藤：えっとですね、それはですね…。

先生：葛藤さんが長考に入ってしまったね。「組織」の観点からは一体感の醸成や士気向上について解答が見られた。でもこれは世代交代の視点からだけでなく、新商品開発マインドを促す視点からの解答もあった。どちらの視点からでも間違いではなかったのではないかな。

無礼損：ちなみに、ビジョン達成には商品開発の視点だけで大丈夫なのでしょうか…？

先生：営業力や販売体制の強化という視点での解答も合格＋A答案では多く見られた。「全国市場への進出」という面で見ると、ビジョン達成には当然、販路開拓も必要と考えれば加点対象となっただろう。

【第4問とのつながり】

先生：ところで、第4問とのつながりは2人とも意識したかな？

葛藤：第4問で犯した悪手で平常心ではありませんでしたが、つながりはあるな、と直観力でわかっていました。ちなみに私の直観と言いますのは…（ぐだぐだ）。

無礼損：あー、もう長い！　具体的にどういうことなの??　ストレートに言いなさいよ。先生、第4問はA社に"将来"起こり得るリスクとすれば、第5問は"現在"解決していかなければならない課題といえませんか？　つまり、第5問で分析される課題を解決すれば、第4問のリスクも防げるのではないでしょうか？

先生：とてもいい考えだ！　ただ現実には、たとえば商品開発力は一朝一夕で身につくものではないし、それだけで万事解決とはいかないだろう。でも第5問で導かれる課題を解決していくことが、第4問のリスク軽減につながるのは間違いないね。同じように君たちも、今は試験合格のための課題をそれぞれ抱えているかもしれないが、大丈夫！　できるできる、必ずできる!!　「これがベストだ！」と思うことは迷わずトライしていくことが大事だぞ！

~事例Ⅳのおススメ勉強法~

　計算ミスしたポイントをすべて記録する。

▶事例Ⅰ特別企画

形式から見る事例Ⅰの定番とは何か

　岡松先生の猛特訓後の打ち上げ時における葛藤さんと無礼損さんの居酒屋トークを通して、過去５年間の事例Ⅰの設問形式に、どのような「傾向」や「特徴」があるかに迫ります。

【文字数と配点の関係】

無礼損：葛藤さん、受験歴の長さを活かして、「事例Ⅰの定番」みたいなものを教えてもらえないかしら？　あたし、効率的に勉強して、充実した私生活を謳歌したいの。

葛藤：ん？　「事例Ⅰの定番」ですか。私は、当然の如く事例Ⅰの特徴を把握していますよ。この際ですから、私の長年の経験を披露してあげましょう。

　　　（な、なんなのですか、この無茶振りは…。しかし、ここは多年度受験生の私の腕の見せ所ですね。なんとかして法則を見つけて、違いを見せねばなりませんね）

無礼損：さすが、葛藤さん。楽しみにしているわ。

葛藤：ガサガサガサ、ガリガリガリ…（作業中）。さあ、できましたよ。どうですか、見やすくまとまっているでしょう。

配点と字数と設問数

	第１問	第２問	第３問	第４問	第５問
平成29年度	100文字 分	100文字 分	100文字 分	100文字 助	150文字 分
	20点	20点	20点	20点	20点
平成28年度	(1)100文字 分 (2)100文字 分	(1)100文字 分 (2)100文字 分	100文字 助		
	40点	40点	20点		
平成27年度	100文字 分	120文字 分	100文字 分	100文字 分	100文字 助
	20点	20点	20点	20点	20点
平成26年度	120文字 分	80文字 分	80文字 分	100文字 分	100文字 助
	20点	20点	20点	20点	20点
平成25年度	(1) 80文字 助 (2)100文字 分	(1) 80文字 分 (2)100文字 助	80文字 分	80文字 分	
	35点	35点	15点	15点	

※問題の種類を分析と助言に分け、分析問題は 分 、助言問題は 助 で表しています。

葛藤：表を見てもらえばわかるとおり、多くの問題が100文字・配点20点となっているでしょう。それに、直近４年は解答欄の数が５つなんですよ。ふふふ、無礼ちゃん、私も無駄に受験回数を重ねてきたのではないのですよ（なんとか格好がつきました）。

～事例Ⅳのおススメ勉強法～

　ひたすら計算問題を解く‼　努力が点数に直結する唯一の教科ですよ。

無礼損：ほんとだわ！　事例Ⅰは、「100文字・配点20点の5問構成」というのが標準なの
　　　　ね。事例Ⅰのどっしり感というか、ほかの事例に比べて安定感のある印象は問題
　　　　構成から来ているかもしれないわね。たまにイレギュラーな問題もあるけど。

葛藤：それと、表を見てもらえればわかると思いますが、実は助言問題は少なくて、ほと
　　　んどが分析問題ですね。また、助言だからといって特に解答させる文字数が多いと
　　　いったこともなさそうですね。

【設問の順番と難易度の関係】

無礼損：それじゃあ、次の質問いくわよ。葛藤さんって、問題を解く順番決めている？

葛藤：もちろんですよ。簡単な問題から解くようにしていますよ。

無礼損：じゃあ、簡単かどうかは、どのように見極めているのかしら。そこが知りたいわ。

葛藤：えっとですね、それは長年の経験に裏打ちされた「勘」と呼ばれるものですよ。

無礼損：「勘」なんて葛藤さんにしかわからないじゃない。意地悪なこと言わないで、あた
　　　　しにもわかるように説明してよね。あっ、店員さーん。芋ロックお願いしまーす。

葛藤：（うかつでしたね。まさか私の経験を形式知化させられるとは思いませんでした。）

無礼損：葛藤さん、何しているの？　レディを待たせる男はサイテーよ。

葛藤：ちょっと、待ってくださいよ…。ガサガサ、ガリガリガリ…（作業中）。で、
　　　できました。問題ごとのふぞろい流難易度を整理してみた表ですが、どうでしょう。

設問の順番と難易度

	第1問	第2問	第3問	第4問	第5問
平成29年度	★　S	★★　戦	★★　戦	★★★　戦	★★　組
平成28年度	(1)　★　S (2)　★★　S	(1)★★　戦 (2)★★　組	★★　組		
平成27年度	★　S	★　戦	★★★　戦	★★　組	★★　組
平成26年度	★　S	★　S	★★★　組	★★　組	★★　組
平成25年度	(1)★★★戦 (2)　★★　組	(1)　★　戦 (2)★★　組	★★　組	★★　組	

※要求内容をSWOT分析、戦略、組織に分け、SWOT分析はS、戦略問題は戦、組織問題は組で表しています。

葛藤：直近4年では、第1問に簡単な問題が来ることが多いようですね。加えて、第2問
　　　にも、比較的簡単な問題が集まる傾向があります。その一方で、難易度3（★★★）
　　　は第3問か第4問に来るのが定跡となっています。また、難易度1（★）の設問が
　　　必ずあることもわかります。あと、SWOT分析の問題は最初のほうに来て、しか
　　　も難易度が高くないという特徴も読み取れます。

無礼損：さすが葛藤さん。こんな法則があるなんて知らなかったわ。この表を見たら、第

３問と第４問はとばして第５問を先に解くことも有効かもしれないわね。

【文字数と難易度の関係】

無礼損：葛藤さん、もう１つ質問するけれど、字数と難易度って関係あるのかしら？

葛藤：ちょ、ちょっと待ってくださいよ…（すぐに答えられない質問ばかりですね）。

字数別の難易度

字数	難易度★	難易度★★	難易度★★★	設問数
150 字	0 問	1 問	0 問	1 問
120 字	2 問	0 問	0 問	2 問
100 字	3 問	12 問	2 問	17 問
80 字	2 問	2 問	2 問	6 問
設問数	7 問	15 問	4 問	26 問

葛藤：100文字の問題の難易度がばらけていますね。でも、字数が120字の問題はすべて難易度１（★）となっています。逆に字数が少ないほうが難易度は高い傾向にありますね。これは意外ですよね！　文字数が多い問題は意外に「簡単」なのかもしれません。

無礼損：ほんとうね（聞いてない）。あたしはデキル女だから全然気にしないけど。店員さーん、熱燗２合まだですか〜？　葛藤さん、サワーよりお酒のほうがおいしいわよ。

【まとめ】

無礼損：パターンがわかって、勉強しながらでも充実した私生活が送れる気がしてきたわ。

葛藤：でも、もし試験委員の先生方が『ふぞろい』を読んでおられたら、出題の形式を変えてくる可能性もありますね。

無礼損：もう！　いつもちょっと考えすぎじゃないの？　せっかくいい気分になってきたのに、台無しだわ。おちょこが空になっているわよ。いらない心配している暇があったら、お酒を注いでよね。じゃないと帰るわよ。

葛藤：またそのようなことを言って…。せっかく心配して言ってあげているのに…。
　　　（そのうち私は、無礼ちゃんに相手してもらえなくなってしまうのでしょうか…）

【帰宅後】

無礼損：すやすや…。葛藤さん、いつもありがとう…（寝言）。

〜事例Ⅳのおススメ勉強法〜

　特に勉強し始めは、同じ事例を連日解いて解答方法を覚えること。

ふぞろい流ベスト答案　　事例Ⅰ

第1問（配点20点）　96字　　【得点】20点

最	大	の	要	因	は	、	地	元	で	認	知	度	が	高	か	っ	た	主	力
商	品	の	商	標	権	を	取	得	し	、	そ	の	商	品	名	を	冠	に	し
て	新	会	社	を	設	立	し	、	主	要	取	引	先	の	支	援	の	下	、
主	力	商	品	に	絞	り	、	か	つ	て	の	商	品	に	劣	ら	な	い	品
質	や	食	感	を	確	保	で	き	た	こ	と	で	あ	る	。				

第2問（配点20点）　100字　　【得点】20点

特	徴	は	、	①	補	助	業	務	に	非	正	規	社	員	を	活	用	し	、
正	規	社	員	は	コ	ア	業	務	に	注	力	し	て	い	る	、	②	商	品
数	を	絞	り	、	自	社	店	舗	を	持	た	ず	製	造	設	備	を	機	械
化	し	て	い	る	、	③	機	能	別	組	織	で	業	務	を	専	門	化	し
て	い	る	、	こ	と	に	よ	り	業	務	効	率	が	高	い	点	で	あ	る。

第3問（配点20点）　98字　　【得点】20点

メ	リ	ッ	ト	は	、	①	Ｈ	Ａ	Ｃ	Ｃ	Ｐ	に	準	拠	し	昔	な	が	ら
の	商	品	の	品	質	・	食	感	を	確	保	し	た	、	②	経	済	支	援
を	獲	得	で	き	地	元	企	業	と	も	共	同	輸	送	を	行	え	た	、
③	製	造	工	程	を	自	動	化	し	効	率	化	を	図	り	、	量	産	体
制	の	構	築	で	全	国	展	開	が	可	能	と	な	っ	た	こ	と	。	

第4問（配点20点）　96字　　【得点】20点

リ	ス	ク	は	、	①	商	品	開	発	や	首	都	圏	へ	の	進	出	が	人
材	の	採	用	・	育	成	の	進	ま	な	い	こ	と	に	よ	り	失	敗	す
る	、	②	増	産	と	首	都	圏	で	の	直	販	開	始	に	よ	り	過	剰
投	資	に	陥	る	、	③	主	力	製	品	の	全	国	的	知	名	度	が	な
い	た	め	売	上	が	伸	び	悩	む	こ	と	で	あ	る	。				

第5問（配点20点）　148字　　　　　　　　　　　　　　　　　　【得点】20点

組	織	的	課	題	は	、	①	ビ	ジ	ョ	ン	達	成³	の	た	め	商	品	開
発	力³	や	営	業	力³	の	強	化	②	創	業	メ	ン	バ	ー	退	職	に	伴
う	次	代	へ	の	引	継	ぎ⁴	で	あ	る	。	具	体	的	に	は	、	①	商
品	開	発	部	署	を	設	置²	し	、	社	員	の	育	成²	や	採	用²	を	図
る	こ	と	、	②	現	社	長	の	後	継	者	と	な	る	人	材	確	保¹	や
ト	ッ	プ	を	支	え	る	経	営	幹	部	の	育	成²	、	社	員	へ	の	ノ
ウ	ハ	ウ	継	承³	で	あ	り	、	組	織	的	一	体	感	の	維	持²	に	つ
い	て	も	留	意	す	る	。												

ふぞろい流採点基準による採点

100点

第1問：主力商品を短期間で復活できた要因について、A社の強みとその活かし方を軸
　　　　に1つにまとめて解答しました。

第2問：効率経営につながる特徴を、多面的に盛り込み解答しました。

第3問：これまでの事業基盤の確立につながった事柄と、今後の戦略につながる事柄の
　　　　観点から、戦略的メリットを多面的に解答しました。

第4問：全国市場への拡大にあたり、障害となるリスクを多方面から分析し、因果を意
　　　　識しながら解答にまとめました。

第5問：ビジョン達成のための組織的課題と創業メンバーの退職に伴う組織的課題を、
　　　　組織と個人の観点で捉え、解答しました。

▶事例Ⅱ（マーケティング・流通）

平成29年度 中小企業の診断及び助言に関する実務の事例Ⅱ（マーケティング・流通）

　B社は資本金1,000万円、社員3名、パート3名の寝具小売業である。創業以来、地方都市X市の商店街に1階と2階を合わせて300㎡強の売場の1店舗を構えている。B社は1955年に現社長の父親が創業し、1970年に現社長とその夫人である副社長が事業を継承した。品揃えは、布団、ベッド、マットレス、ベビー布団、ベビーベッド、介護ベッド、布団カバー、枕、パジャマなどである。B社は寝具類のボランタリー・チェーンに加盟し、商品は同本部から仕入れている。B社のこだわりは接客にある。睡眠状況を聞きながら商品を薦めるという、現社長が始めた接客は、多くの顧客の信頼を得ている。また趣味の裁縫、刺繍の技術を生かして、副社長が作った小物入れやトートバッグなどのノベルティも人気があり、それを目当てに来店する顧客がいるほどである。

　現在のX市の人口は緩やかな減少傾向にある。そして、年齢分布は図のようになっている。X市の主要産業は農業とガラス製品生産である。市内にはガラス製品の大小工場が林立し、多くの雇用を創出している。2000年に大規模工場の一部が海外移転し、市内経済の衰退が見られたが、近年は中小工場の若手経営者の努力により、市内経済は回復傾向にある。2000年頃の一時期は若年層の住民が県庁所在地に転居することが多かった。これに対してX市役所は若年層の環流を図り、子育てに関する行政サービスを充実させた。また、ここ数年は建築業も好調である。2世帯同居が減少し、核家族世帯のための建築需要が増えている。加えて、介護のための改装も増加している。

　今日まで商店街の小売店は収益悪化と経営者の高齢化による閉店が続いている。収益悪化の主要因は1980年に出店した幹線道路沿いにある大型スーパーである。しかし、商店街の飲食店の多くは工場関係者による外食、出前需要があり繁盛している。

　現在は飲食店を除くと閑散としている商店街も、高度成長期には大変なにぎわいであった。B社も日々多くの来店客を集めた。しかし、丁寧な接客のため来店客に待ち時間が生じるという問題が起きた。そこで、店舗の一角に椅子とテーブルを置き、無料で飲み物を提供する休憩コーナーを設置した。これにより、接客中であることを見て来店客が帰ってしまうケースが減り、売り上げは増加した。

　2000年代以降、若年層住民の大半が大型スーパーで買い物をするようになり、B社の来店客数も大幅に減った。時間を持て余した副社長は、手のあいた飲食店経営者を集め、休憩コーナーで井戸端会議をし始めた。次第に人の輪が広がり、午前は引退した小売店経営者、昼過ぎは飲食店の経営者やスタッフ、夕方は工場関係者が集うようになった。定休日には一緒にバス旅行や映画に出かけ、交流を深めた。当然、日々集まる井戸端会議メンバーがそれほど頻繁に寝具を買うわけではないが、寝具の買い替えがあればほぼB社で購入し

ている。また、他の小売店が閉店した2000年代以降に、化粧品、せっけん等のこだわりの日用品販売を引き継いだ。これらが店内にあるのを見て、井戸端会議メンバーが購入し、リピートする例も多い。寝具は購買間隔が長く、顧客との接点が切れやすいが、日用品は購買間隔が短いので、B社が顧客との継続的な接点を作りやすくなった。

　井戸端会議はB社が潜在的な顧客ニーズを収集する場でもあった。2010年のある日、井戸端会議で「買い物のために県庁所在地の百貨店まで出かけたのに、欲しいものがなかったときは体力的、精神的につらい」ということが話題になり、多くのメンバーがその意見に賛同した。その頃、B社には、ボランタリー・チェーン本部から外出用を主とする婦人服の予約会（注）を実施しないか、という打診があった。同チェーンは近年、加盟店活性化のために、寝具に加えて婦人服、婦人用ハンドバッグ、宝飾品の仕入および販売を強化していた。開催には登録料を払う必要があり、長年寝具一筋でやってきた現社長は婦人服が売れるイメージが湧かず、当初は断る予定であった。しかし、井戸端会議の話を聞き、打診を受け入れた。期間中は店舗2階の売場を整理し、試着室を設け、臨時イベントスペースとした。ただし、スペースはそれほど広くないため、日頃の交流を通じて、顧客の好みをよく把握している副社長が品揃えを厳選した。予約会には井戸端会議のメンバーが多数来店し、時間によっては顧客が会場に入れないほどであった。好評を得た予約会は、継続を望む声があり、開始から既に数年が経過している現在もシーズンごとの予約会の売り上げは落ちずにいる。現在の年間売り上げに占める割合はおおよそ寝具70％、婦人服25％、日用品5％となっている。

　予約会が始まった頃、子育てにめどが付いた現社長の娘が店を手伝うようになった。既に現社長は70歳近くとなり、一時は廃業を検討したが井戸端会議メンバーが存続を強く希望し、数年内に現社長の娘が次期社長となり、事業を継承することになった。

　次期社長は保育士の勤務経験があり、保育園ごとの昼寝用布団、手作りで用意する手さげカバンのサイズなどに関するルールを詳しく知っていた。ある日、井戸端会議メンバーの世代（以下、「シルバー世代」という）の顧客に、孫の入園準備のアドバイスをし、感謝されたことがあった。それをきっかけに、シルバー世代の子供世代（以下、「子育て世代」という）の顧客が入園準備のアドバイスと商品を求め、来店するようになった。

　現在も休憩コーナーに人が集うが、シルバー世代の顧客の多くはやがて介護をされる側の立場となり、確実に減少する。今後の対応を考えるべく次期社長は、大型スーパーの寝具売場を視察した。視察を通じて、高品質な商品が少ないこと、従業員がほとんどおらず、十分な説明もできないことが分かった。そこで、次期社長は保育園の入園準備を通じて知り合った子育て世代向けに「親と子の快眠教室」という月1回のイベントを開催し、親の快眠と子供を寝かしつける工夫についての教室を開始した。教室の参加者は、後日顧客として来店するようになりつつある。

　B社にとってシルバー世代に関する店内の顧客台帳や現社長達の頭の中にある情報は貴重な無形資産である。次期社長はこれらの情報に容易にアクセスすることができるように

情報のデータベース化を実施した。現社長が配達時に記録した住所、副社長が記録した寝具や婦人服の購買履歴と記憶した好みを、可能な限り文字と画像にして、簡易型データベースに登録した。データベースはリピーターである重要顧客からなる100件強の小規模なものであるが、1件の情報は非常に詳細なものとなった。しかし、活用方法は見いだせずにおり、課題となっている。

　B社は、地域とその顧客に支えられて存続してきた。そのため、次期社長は事業継続のためには、地域の繁栄が必要だと考えている。次期社長は取り組むべき施策について、中小企業診断士に助言を求めることとした。

（注）主にアパレル業界で行われるイベント。顧客が会場でサンプルを確認、試着し、気に入ったものがあれば商品を予約できる。商品の引き渡しと支払いは後日行う。

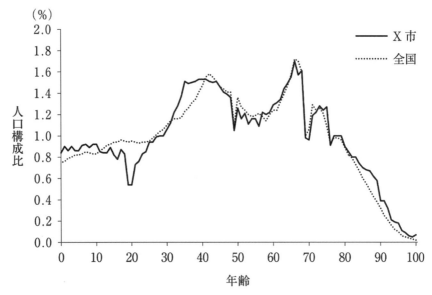

図　現在のX市と全国の年齢別人口構成比（0歳～100歳まで）

第1問（配点20点）

　B社について、現在の（a）自社の強みと（b）競合の状況をそれぞれ60字以内で説明せよ。

第2問（配点25点）

　B社はボランタリー・チェーン本部から新たに婦人用ハンドバッグの予約会の開催を打診された。B社は現在のデータベースを活用しながら、この予約会を成功させようと考えている。そのためには、どのような施策を行うべきか。120字以内で助言せよ。

第3問（配点30点）

　地域内の中小建築業と連携しながら、シルバー世代の顧客生涯価値を高めるための施策について、120字以内で助言せよ。

第4問（配点25点）

　B社は今後、シルバー世代以外のどのセグメントをメイン・ターゲットにし、どのような施策を行うべきか。図を参考に、120字以内で助言せよ。

第1問（配点20点）【難易度 ★☆☆ みんなができた】
　B社について、現在の（a）自社の強みと（b）競合の状況をそれぞれ60字以内で説明せよ。

●出題の趣旨
　B社の強みと、競合する大型スーパーや百貨店の現状を分析する能力を問う問題である。

●解答ランキングとふぞろい流採点基準（a）

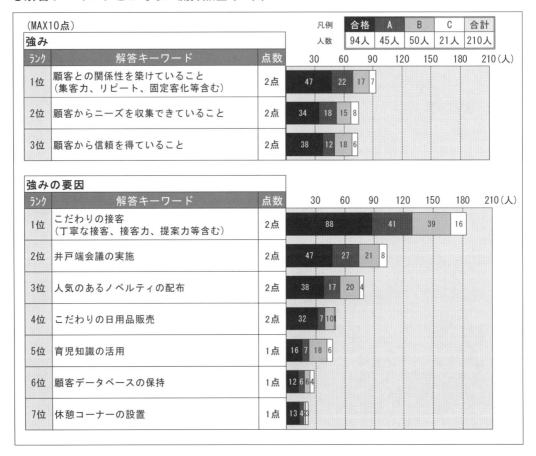

●再現答案（a）

区	再現答案	点	文字数
合	強みは<u>こだわりの接客</u>が<u>信頼を得ている</u>こと、<u>顧客との継続的な接点</u>があること、<u>井戸端会議</u>を通して<u>顧客ニーズ収集</u>が可能なこと。	10	60
合	<u>①提案型の丁寧な接客</u>、②日用品やノベルティによる<u>顧客の来店頻度の高さ</u>、<u>③井戸端会議</u>で<u>顧客関係性が高い</u>こと。	10	53

A	睡眠状況を聞きながら商品を薦める**こだわりの接客**。井戸端会議での**顧客ニーズ収集**と交流の促進。**日用品販売**による**継続的な接点**。	10	60
A	①**高い接客力**、②副社長が作る**ノベルティ**、③井戸端会議による**顧客ニーズ収集力**、④**元保育士である副社長の入園準備**提案力。	9	58
B	強みは、睡眠状況を聞き商品を薦める**こだわりの接客**と**ノベルティ**や**日用品目当て**に来店する顧客との**継続的な接点**を有する点。	8	58
B	強みは睡眠状況を聞きながら商品を薦めるという**こだわりの接客**と**日用品**等も扱う品揃えにより多くの**顧客の信頼を得ている**こと。	6	59
C	強みは①顧客の話を聞き提案する**丁寧な接客力**、②裁縫、刺繍技術を生かした**ノベルティ**、③重要顧客の非常に詳細な**データベース**。	5	60

●解答のポイント（a）

> B社の強みについて、60文字という少ない字数のなかで、与件文を整理し、解答要素を多面的に盛り込むことができたかどうかがポイントであった。

【強みの要因】

葛藤：やはり今回もおなじみのB社の強みを問う設問が来ましたね。多年度受験生の腕の見せ所です。ここは定跡どおりでしょう。

先生：さすが葛藤さん、そうだね！　たしかに強みを問う問題は出題頻度が非常に高く重要な問題だ！　与件文から多面的に強みを記載することがポイントになるぞ！　B社の「強み」と、その強みにつながっている特徴、つまり「強みの要因」に区別すると整理しやすくなるはずだ。無礼さんはうまく対応できたか⁉

無礼損：あたしは「強み」と「強みの要因」は明確に区別せずに列挙することから始めました。たとえば与件文には、「商店街にある寝具店で、地域に根付いた企業」とあります。ほかにあたしが目についたのは、丁寧な接客をしていることですね。顧客から信頼を得ることにつながるため重要な解答要素だと思います。

先生：そうだね。列挙しながら自然と丁寧な接客という要因と顧客から信頼を得るという結果の因果関係も整理できてグッドだ！　ほかにも要因はあるんじゃないか⁉

無礼損：井戸端会議で高齢者と定期的にコミュニケーションが取れていることも強みの要因だと思います。

先生：さすがだ！　でも本当にそれだけかい？　見逃している視点はないか？

葛藤：私はですね、ほかにも重要なキーワードがあるのではないかと思っております。たとえば副社長が作った人気のあるノベルティを扱っていること、こだわりの日用品を販売していることもB社の強みにつながっているといえるのではないでしょうか。与件文には「寝具は購買間隔が長い一方で、日用品は購買間隔が短い」とあります。これは特徴的な要因で、顧客との継続的な関係性を構築することに役立っています。

過去問を1日1年分、黙読でもよいので回す。

無礼損：たしかに、そうね。すごく充実した解答内容…。あと、次期社長の育児に関する知識、シルバー世代に関する店内の顧客台帳といった顧客に関する情報も候補になりそうだわ。

【強み】

先生：それではあらためて解答に記載する強みについて整理してみよう。

無礼損：与件文が正義だから、あらためて与件文を確認してみます。こだわりの接客は、顧客からの信頼を得ることにつながっているみたいね。高齢者の集う井戸端会議は潜在的な顧客ニーズの収集に役立っているわ。

先生：すばらしい！　葛藤さんはどうかな？

葛藤：人気のあるノベルティはそれを目当てに来店する顧客がいますね。日用品販売は顧客との継続的な接点を作れるという強みになっています。

無礼損：育児に関する知識は「子育て世代」の顧客への販売につながっているようね。

先生：2人とも与件文からB社の強みがきちんと読み取れているね！　実際の解答はうまく整理できたかい？

無礼損：あたしは接客で顧客の信頼が得られていることと、井戸端会議でニーズ収集していることについて、与件文に忠実に、書きたいことは書けました。

葛藤：私は無礼ちゃんの書いたものに加えてノベルティや日用品のことも書きたかったんですけど、長考して時間をかけたうえ、途中で文字数が足りなくなってしまって…。書きたいことの半分くらいしか書けませんでした。

先生：葛藤さん、諦めちゃダメだ！　たしかに、この問題は制限字数が60字と少なく、与件文に忠実に書いてしまうと論点を2つほどしか書けない人が多かったようだ。ただ、無礼さんの書いた強みと葛藤さんの書きたかった強みはまったく異なる観点のものだから、多面的な答案という意味ではきちんと盛り込んだほうがいいぞ！

葛藤：多面的に書くことが大切なのはわかっているのですが…。少ない文字数で書くにはどうすればよいでしょうか？

先生：そのためには与件文を自分なりにまとめて短くする必要があるぞ！　また、再現答案を見ると、高得点者は現時点で既に売上に貢献している強みを優先して書いた人が多かったようだ。

無礼損：たしかに、たとえば顧客データベースは現在、活用方法が見出せていないわね。強みのなかでも優先順位を付けて書かなければならないのね。

先生：そのとおり！　これで少ない文字数の問題でも高得点を取れるぞ！

普段どおり。特別なことはせずに早く寝る。

●解答ランキングとふぞろい流採点基準（b）

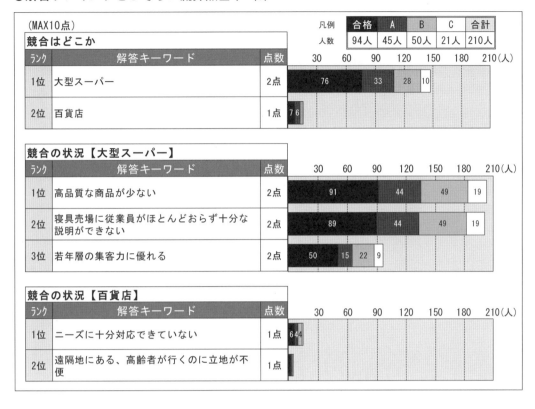

凡例	合格	A	B	C	合計
人数	94人	45人	50人	21人	210人

（MAX10点）

競合はどこか

ランク	解答キーワード	点数	グラフ
1位	大型スーパー	2点	76 / 33 / 28 / 10
2位	百貨店	1点	7 6

競合の状況【大型スーパー】

ランク	解答キーワード	点数	グラフ
1位	高品質な商品が少ない	2点	91 / 44 / 49 / 19
2位	寝具売場に従業員がほとんどおらず十分な説明ができない	2点	89 / 44 / 49 / 19
3位	若年層の集客力に優れる	2点	50 / 15 / 22 / 9

競合の状況【百貨店】

ランク	解答キーワード	点数	グラフ
1位	ニーズに十分対応できていない	1点	6 4 4
2位	遠隔地にある、高齢者が行くのに立地が不便	1点	

●再現答案（b）

区	再現答案	点	文字数
合	<u>大型スーパー</u>は、<u>若年層</u>が対象で品質は高くなく接客に人手をかけない。県庁所在地の百貨店は、シニア層を対象とし<u>X市から遠い</u>。	10	60
合	競合の状況は、①<u>スーパー</u>の寝具売り場は、<u>高品質な商品が少なく</u>、<u>十分な説明がない</u>、②県庁所在地の百貨店は訪問の負荷が高い。	8	60
A	<u>大型スーパー</u>の寝具売場は<u>高品質商品</u>や<u>従業員が少なく説明が十分でなく</u>、百貨店は顧客ニーズに合う商品を十分置いていない状況。	8	60
B	競合の<u>大型スーパー</u>は<u>若年層</u>の大半を集客する一方、<u>高品質な商品が少なく</u>、<u>従業員が殆どおらず</u>、<u>十分な商品説明をしていない</u>。	8	59
B	競合となる<u>大型スーパー</u>の寝具売場では、<u>高品質な商品が少なく</u>、<u>従業員がほとんどいないため</u>、<u>十分な説明ができていない</u>。	6	57
C	①<u>高品質な商品が少ない</u>こと、②<u>従業員が少なく商品説明ができない</u>こと、③<u>若年層の集客力</u>があること。	6	48
C	状況は①<u>大型スーパー</u>が<u>若年層</u>住民の大半の買い物需要を取り込み、②商店街の小売店の収益を悪化させていること、など。	4	56

～試験1週間前からの過ごし方～
　過去問の解答ポイントをノートにまとめていく。

●解答のポイント（b）

> B社の競合として、大型スーパーや百貨店を挙げることができたか。「競合の状況」という新しい問われ方に惑わされずに、与件から素直に抜き出して短い文字数で簡潔にまとめることができたかどうかがポイントであった。

【競合はどこか】

先生：競合の状況を問われているけど、2人とも、競合はどこかをちゃんと書いたかな？

無礼損：与件文からは競合として大型スーパーしか読み取れないことは明白です！　だからどこが競合なのか、あたしはわざわざ書いていません。

葛藤：あのですね、私、それは悪手だと思っております。大型スーパーだけじゃなくて県庁所在地の百貨店も競合なのではないかと…。なぜならばB社の売上の25％を占める婦人服は百貨店でも取り扱っていますので、ちゃんと競合先として百貨店を書かないと点数がもらえないと思います。無礼ちゃんはまだまだ青いですね。

先生：そうだね、競合がどこかを明示的に書いていない答案も一定数あったけど、B答案以下では明示した解答は半数程度だったのに対して、合格＋A答案では8割程度が書いていたんだ！　それを考えると、競合を明示的に書くことで点差がついた可能性は高いね。また、出題の趣旨を見ても、百貨店についても解答項目として期待されていたと考えられる。ただ、大型スーパーについては多くの受験生が書けていたけど、百貨店については合格＋A答案でもあまり書けていなかったね。

【競合の状況とは？】

先生：それでは競合の状況についてはどうだったかな？　2人ともうまく対応できたか？

無礼損：あたしは深く考えず、素直に大型スーパーに関する記述を抜き出しました。

葛藤：実は、過去に「競合の状況」という問われ方をした問題を解いた記憶が無かったので、何を書けばいいのか迷ってしまいうまくまとめられませんでした…。

先生：そうなんだよ。葛藤さんのように「競合の状況」というあまり見慣れない表現に戸惑って論点を外してしまっている解答も見られたんだ。結局本質的に問われていることはなんだったのだろうか？　第1問の（a）と比べて考えるとどうだろう？

葛藤：第1問の（a）ではB社の強みを問われていたので…今後B社に関わりそうな、競合の強み・弱みでしょうか…。

先生：すばらしい！　単に、「幹線道路沿いにある」というような状況だけの解答よりは、「接客の弱さ」や「若年層の集客力」など、B社と比較したうえでの競合の強み・弱みを、丁寧に拾って簡潔にまとめることが高得点への近道だったようだね。

無礼損：あたしは与件からただ抜き出しただけだけど、結果的には求められた解答に近いものになったわ！　やっぱり与件文が命ね！

~試験1週間前からの過ごし方~

ファイナルペーパーを何度も繰り返して読む。

第２問（配点25点）【難易度　★★☆　勝負の分かれ目】

　B社はボランタリー・チェーン本部から新たに婦人用ハンドバッグの予約会の開催を打診された。B社は現在のデータベースを活用しながら、この予約会を成功させようと考えている。そのためには、どのような施策を行うべきか。120字以内で助言せよ。

●出題の趣旨

　データベースに登録された購買履歴や住所などを活用しながら新たな予約会を成功させる施策について、助言する能力を問う問題である。

●解答ランキングとふぞろい流採点基準

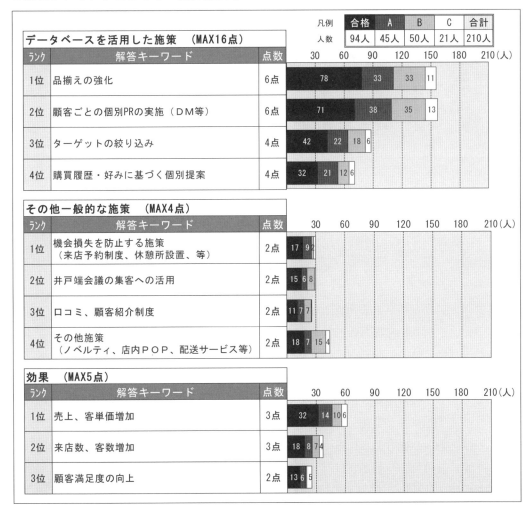

凡例	合格	A	B	C	合計
人数	94人	45人	50人	21人	210人

データベースを活用した施策　（MAX16点）

ランク	解答キーワード	点数
1位	品揃えの強化	6点
2位	顧客ごとの個別PRの実施（DM等）	6点
3位	ターゲットの絞り込み	4点
4位	購買履歴・好みに基づく個別提案	4点

その他一般的な施策　（MAX4点）

ランク	解答キーワード	点数
1位	機会損失を防止する施策（来店予約制度、休憩所設置、等）	2点
2位	井戸端会議の集客への活用	2点
3位	口コミ、顧客紹介制度	2点
4位	その他施策（ノベルティ、店内ＰＯＰ、配送サービス等）	2点

効果　（MAX5点）

ランク	解答キーワード	点数
1位	売上、客単価増加	3点
2位	来店数、客数増加	3点
3位	顧客満足度の向上	2点

●再現答案

区	再現答案	点	文字数
合	施策は、顧客データベースにある<u>婦人服を購入した顧客に対し</u>、<u>好みにあう婦人用ハンドバッグを取り揃え</u>、あわせて婦人服も品ぞろえし、<u>試着会を開催する</u>。<u>DMや電話、井戸端会議で口コミを拡散</u>、集客を実施し、丁寧な接客により<u>売上増加</u>を図る。	23	114
A	施策は、<u>顧客DBを活用し来店頻度や金額や購入履歴より重要顧客を抽出し個人の好みに合った商品の出品をDMで通知し来客増</u>に繋げる事、当日顧客の好みに合った商品を品揃えし<u>買上点数増</u>する事、<u>顧客来店時間を分析し多忙な時間帯の対応力を上げる事</u>。	23	117
B	①婦人服の販売歴と記憶した好みを活用し、<u>以前購入した婦人服に合った品揃えを厳選して行う事</u>。②配達時に記録した住所情報を活用し、手書きの <u>DM にてハンドバッグの予約会の開催を知らせる</u>こと。③婦人服も同時開催し、<u>コーディネートして提案</u>すること。	16	118
C	<u>婦人服の予約会で購買した客に対し</u>①<u>購買履歴や好みに合うハンドバッグを紹介するDMにクーポンを付けて発送</u>、②店頭でのハンドバッグの推奨と購買履歴の収集、を行うことで、顧客一人一人に合わせた提案を行い、<u>顧客満足度</u>の向上を図る。	12	111
C	施策は、データベースに記録した寝具や婦人服の購買履歴や記憶した好み等の非常に詳細な情報、配達時に記録した住所を活用し、井戸端会議メンバー向けに、<u>顧客の好みをよく把握している副社長が品揃えを厳選</u>することで、<u>顧客満足度</u>と収益を拡大する事。	8	117

●解答のポイント

> 　B社が「ハンドバッグ予約会」を行うにあたり、与件文に記載されているデータベースの情報を有効活用し、いかに見込み客を集客し、売上を最大化させる提案ができたかどうかがポイントであった。

【データベースから得られる情報とは】

葛藤：データベースを活用した施策だけでも、解答ランキングのように４つもあるのですね…。私にはDMの送付しか考えつきませんでした。

先生：施策の大枠について考える時には「誰に・何を・どのように」というフレームに沿って考えると抜け漏れが少なくなるよ。

無礼損：でも「誰に」に関係しそうな記載なんて、与件文にはありませんでしたよ？

先生：では「誰に」を考えるにあたっての２つのヒントをあげよう。

　　　まずは１つ目、葛藤さんはハンドバッグを買うかい？

葛藤：さすがに私はハンドバッグを買いませんよ！

先生：２つ目のヒント。無礼さん、B社の売上の過半数は何で構成されているかな？

無礼損：寝具です！　売上の70％を占めることは与件文にハッキリと書いてます。

葛藤：なるほど。顧客のなかでも、この予約会と関係がある人とない人がいるのですね。

先生：２人ともさすがだね！　いい着眼点だ。

無礼損：そうなると、データベースの情報はターゲットの絞り込みに活用できますね。

先生：完璧だよ、無礼さん！　実際にＡ答案の受験生は半分近くがこの論点に気づいているのに対し、Ｂ答案になると３割程度の人しか気づけていないんだ。

　　　実際の再現答案では、過去に婦人服を買った顧客やシルバー世代の女性と書かれた解答や、ＲＦＭ分析から優良顧客を割り出すと記載している解答もあったね。

葛藤：次に「何を」なのですが、今回はハンドバッグと決まっているのでは？

無礼損：たしか与件文には、購買履歴や好みの情報があると記載があったはず。見込み顧客を明確化するなら、その顧客に合わせた品揃えも重要だわ。キャリアウーマンとしては貴重な時間を削って行く以上、欲しいものがない店には行きたくないもの。

【予約会を成功させる具体的な施策とは】

先生：さて２人とも。次は「どのように」にあたる具体的な施策についてだ。

　　　君たちの熱いハートで、Ｂ社に響く具体的な施策を考えるんだ！

葛藤：繰り返しになりますが、ＤＭの送付は重要な一手なのでは？

無礼損：顧客との関係性が強みの会社ですから、口コミの活用もアリだと思います。

先生：今回は予約会の「成功」について聞かれているけど、そもそも成功ってなんだろう？

無礼損：それはもちろん売上の最大化です！　35億…あと5,000万円、を目指さなくてはですわ。

先生：いいよ、その熱さ！　ではそんな君にヒントをあげよう。

　　　売上は「客単価」×「来店数」！　できるなら両方とも高めたいよね！

無礼損：…もしかしたら、あたしたちの解答では来店数、すなわち集客施策についてしか考えられていない、ということでしょうか。

葛藤：なら妙手が浮かびました。売上向上のためには買上点数を増やしてもらわなくては。購買履歴を元とした次の一手として、コーディネート提案はいかがでしょう？

無礼損：来店予約ができるとか、アフタヌーンティーが頂けるスペースがあるとか、待ち時間が無くなる施策があるといいわ。ただでさえ従業員も少ない会社ですし、買い物に行ったのにすごく待たされたとかは嫌だわ。

先生：２人とも最高だよ！　従業員数の少なさに気づくとはいい着眼点だね。Ｂ社は与件文にあるとおり、従業員数が少ないことに加えて売場スペースも狭いという制限があるんだ。合格答案やＡ答案には、予約制度のようにデータベースは活用していないもののＢ社の特性をふまえた売上向上策を挙げた人も一定数いたね。

葛藤：次こそは、そのような一手が指せるように修練あるのみですね。

〜試験１週間前からの過ごし方〜

過去問のベスト答案を書き写しながら音読する。

> **第３問（配点30点）【難易度　★★★　難しすぎる】**
> 　地域内の中小建築業と連携しながら、シルバー世代の顧客生涯価値を高めるための施策について、120字以内で助言せよ。

●出題の趣旨

　地域内の需要の変化を踏まえて、中小建築業と連携しながらターゲット層の顧客生涯価値を高める施策について、助言する能力を問う問題である。

●解答ランキングとふぞろい流採点基準

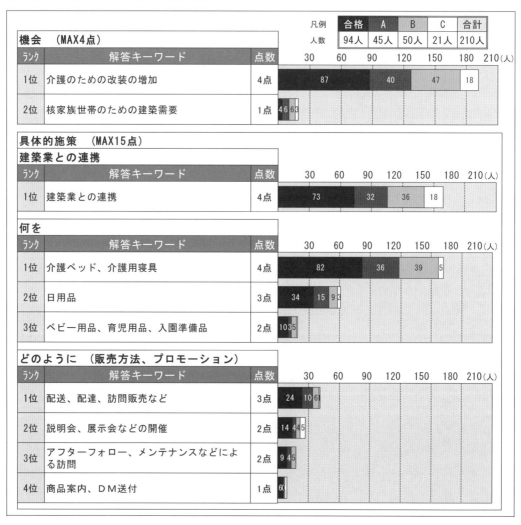

凡例	合格	A	B	C	合計
人数	94人	45人	50人	21人	210人

機会　（MAX4点）

ランク	解答キーワード	点数	合格・A・B・C
1位	介護のための改装の増加	4点	87 / 40 / 47 / 18
2位	核家族世帯のための建築需要	1点	4 6 6 3

具体的施策　（MAX15点）

建築業との連携

ランク	解答キーワード	点数	合格・A・B・C
1位	建築業との連携	4点	73 / 32 / 36 / 18

何を

ランク	解答キーワード	点数	合格・A・B・C
1位	介護ベッド、介護用寝具	4点	82 / 36 / 39 / 5
2位	日用品	3点	34 / 15 / 9 / 3
3位	ベビー用品、育児用品、入園準備品	2点	10 / 3 / 5

どのように　（販売方法、プロモーション）

ランク	解答キーワード	点数	合格・A・B・C
1位	配送、配達、訪問販売など	3点	24 / 10 / 6
2位	説明会、展示会などの開催	2点	14 / 4 / 4 / 5
3位	アフターフォロー、メンテナンスなどによる訪問	2点	9 / 4 / 5
4位	商品案内、ＤＭ送付	1点	6 / 6

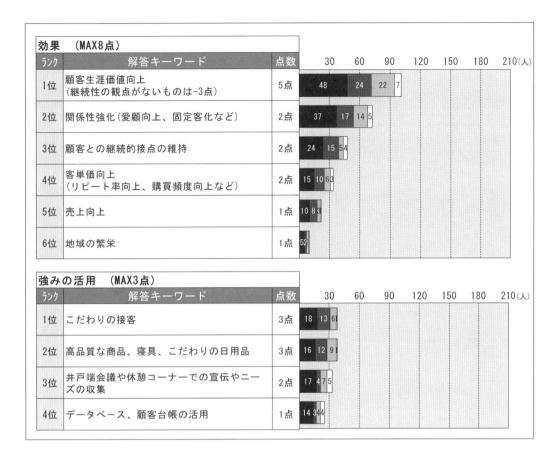

事例Ⅱ

●再現答案

区	再現答案	点	文字数
合	<u>地域内の中小建築業</u>と<u>連携</u>し、<u>介護ベッド</u>を品揃え、<u>介護の為の改装</u>の際に並行して購入を促す。また、<u>定期的な点検の為の訪問サービス</u>を提供し、併せて<u>日用品の配達サービス</u>を実施、<u>顧客との関係性強化</u>を図り、<u>買替喚起対応</u>や<u>継続的な日用品販売</u>で<u>生涯価値向上</u>。	27	120
合	<u>中小建築業者</u>が請け負う<u>介護の為の改装</u>案件の顧客に、<u>介護ベッド</u>を販売する。また<u>日用品の個別宅配</u>も行う旨案内する。これにより、<u>関連購買</u>による顧客内シェアを高めると共に、<u>日用品のリピート</u>による<u>継続的な接触</u>で、顧客の離脱を防ぎ、<u>顧客生涯価値</u>を高める。	26	120
A	行う施策は、<u>介護のための改装</u>に合わせ、<u>強みの商品提案力</u>を活かし、介護レベルに応じた<u>介護用ベッド</u>や高品質な寝具のセット販売を行う。また<u>こだわりの日用品の配送サービス</u>を行い、<u>リピート購入</u>を促す。さらに<u>孫の入園準備用の商品の販売</u>により<u>生涯価値向上</u>。	27	120
B	今後の施策として、①<u>介護のための改装</u>を手掛ける<u>建築会社と提携</u>し、建築会社を通じて<u>介護用のベッド</u>や布団などを販売すること、②核家族向けの建築を手掛ける建築会社を通じて、<u>独立した子ども夫婦への贈答用として高価格の布団を販売</u>することを助言する。	15	119

B	建築家と協力して介護のための改装の際の介護ベッドを取り扱う。介護される立場となり定期的な来店が難しい顧客に対してサポート出来るように介護者に対して布団カバーやパジャマなどの案内を定期的に送付することで顧客との接点を維持するようにすること。	15	119
C	施策は、①快眠環境作りのアドバイスを行い、睡眠を通じて健康促進し健康寿命の延長を実現する、②井戸端会議メンバーの経験談を元に介護のための改装をアドバイスし、シルバー世代の自立支援を行う。	6	93

●解答のポイント

> 　地域内の需要の変化を捉えたうえで、B社の強みを活かしながら、顧客生涯価値の構成要素である購入金額、購買頻度、利用年数を高めるための具体的施策を解答できたかどうかがポイントであった。

【顧客生涯価値とは】

先生：さぁ、第3問だ！　まずは2人に聞こう。顧客生涯価値の意味はわかったかな？

葛藤：はい。顧客生涯価値とは『1人の顧客が生涯にわたって企業にもたらした価値の合計』をいいます。算式だと、『1回当たり購入金額×購入頻度×利用年数』となりますね。

無礼損：さすがは葛藤さんね。あたしは、1次試験の勉強不足がたたってわからなかったわ。とりあえず、顧客生涯価値向上というキーワードは盛り込みましたけど。

先生：葛藤さん、すばらしいね！　この問題は、単に顧客生涯価値向上と書くだけでは足りなくて、購入頻度や利用年数を意識した解答が書けたかどうかで差がついたと考えられるね。

無礼損：事例Ⅱはセンスが命と思っていましたが…やっぱり、1次試験の知識もバランスよく勉強しなくちゃいけないんですね。

【具体的施策について】

先生：では、2人はどんな施策を書いたのかな？

葛藤：私は、「建築業と共同で介護のための改装の相談会を開催して、そこで介護ベッドを提案する」と書きました。

無礼損：あたしは、介護のための改装が増えているから、「介護ベッドを販売する」と書いて、「その接点を足掛かりに、日用品の配達を行う」と書きました。

葛藤：それは悪手でしょう。建築業との連携を書かずに、介護ベッドの販売を助言したのですか？　しかも、日用品の配達は建築業と関係ないですし。

無礼損：なんで？　介護のための改装を機会としている時点で、建築業と連携しているに

　　　　決まっているじゃない。1回連携すれば、顧客との接点はできているんだから、
　　　　その後は連携しなくてもいいでしょう？

先生：2人とも、熱くなってるな！　実際には、どのように建築業と連携するか具体的に
　　　　示されていた解答のほうが点数が伸びたと思われる。提案・助言は、やはり具体性
　　　　がなければならないということだろう。しかし、日用品の販売に関しては全体の3
　　　　割程度が解答していて、そのうちの実に8割が合格＋A答案だ。一度建築業と連携
　　　　すれば、制約は満たしていると判断してよさそうだな。

無礼損：やっぱり！　購買間隔の短い日用品とか、外出が辛いと感じるシルバー世代とか、
　　　　与件にヒントがありましたからね！　やはり、与件文が命ですね！　ところで葛
　　　　藤さん、その相談会って1回きり？

葛藤：ん？　いや、回数のことまでは頭が回っておりませんでしたね。

無礼損：それじゃあ、顧客生涯価値の購入頻度とか利用年数に結びつかないんじゃない？

葛藤：えっとですねぇ…それはですねぇ…うーむ…。

先生：無礼さん、いい観点だ！　顧客生涯価値を高めるための施策を答えるのだから、日
　　　　用品の配達や寝具の定期的メンテナンスなどで、顧客との継続的な接点を築いて、
　　　　購入頻度や利用年数を伸ばすことが高得点のポイントだったと思われる。葛藤さん
　　　　も、定期的な相談会を開催すると解答すれば、点数が伸びた可能性があるね。

葛藤：参りました…。知識はあったのですが、その手は見えませんでした…。

【機会について】

先生：2人とも介護のための改装の増加を機会とした解答だったけど、ほかには何か考え
　　　　られないかな？

無礼損：与件文には、核家族世帯のための建築需要が増えていると書いてありますね。正
　　　　直、どう活かせばいいかわかりませんでした。

葛藤：………（長考）。む！　閃きましたよ。仮にこれが、子育て世代の核家族世帯の建
　　　　築需要であれば、シルバー世代からの新築祝いの需要があるのではないですかね？
　　　　たとえば、孫へのプレゼントとして、ベビーベッドとか。

先生：葛藤さん、すばらしい！　結果として、核家族世帯のための建築需要を機会とした
　　　　解答は少数だったけれど、与件文に意味のないところはないはずだ。ぜひ、どんな
　　　　機会もB社の利益に結び付けられるような、多面的で熱い視点を身につけて、次こ
　　　　そ合格を勝ち取ってほしい！

2人：はい！

〜私の周りのツワモノぶりエピソード〜
時計を忘れる。

> **第4問（配点25点）【難易度　★★☆　勝負の分かれ目】**
> 　B社は今後、シルバー世代以外のどのセグメントをメイン・ターゲットにし、どのような施策を行うべきか。図を参考に、120字以内で助言せよ。

●出題の趣旨

　地域内の人口構成を踏まえて、新たなターゲット層を設定し、ターゲット層のニーズに応じた施策について、助言する能力を問う問題である。

●解答ランキングとふぞろい流採点基準

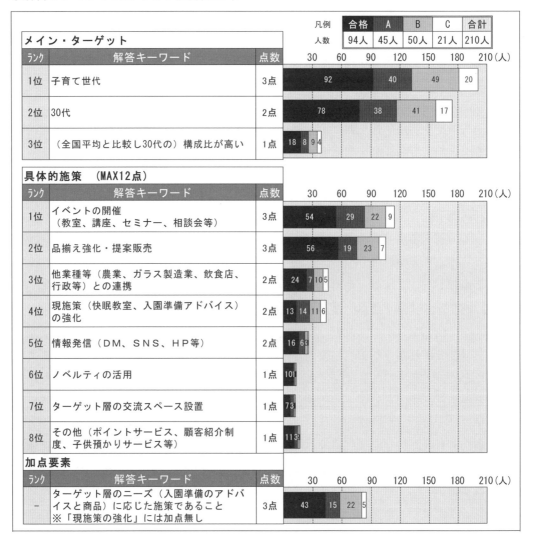

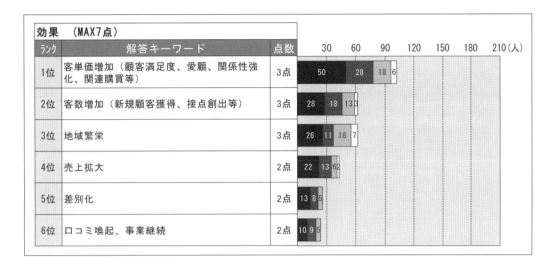

ランク	解答キーワード	点数	(効果のグラフ)
1位	客単価増加（顧客満足度、愛顧、関係性強化、関連購買等）	3点	50 28 18 6
2位	客数増加（新規顧客獲得、接点創出等）	3点	28 18 13 3
3位	地域繁栄	3点	26 11 18 7
4位	売上拡大	2点	22 13 6 2
5位	差別化	2点	13 8 5
6位	口コミ喚起、事業継続	2点	10 9 5

効果　（MAX7点）

●再現答案

区	再現答案	点	文字数
合	30代の子育て世代をターゲットとし昼寝用布団等の子供用寝具や保育園用品やその素材を販売する。副社長の裁縫・刺繍の技術を活かした保育園用品の手作り教室や親と子の快眠教室の開催により口コミを喚起し新規顧客獲得と既存顧客との関係強化で固定客化を図る。	21	120
合	ターゲットは全国平均と比べて人口構成比が高い30代から40代の子育て世代である。施策は、次期社長の保育士の勤務経験を活かし①市役所と連携して子育てに係るイベントを開催し認知度向上②丁寧な接客で保育園用の布団とカバンを販売し競合と差別化、売上拡大。	21	120
A	30代～40代の子育て世代を標的顧客とする。施策は①次期社長の保育士経験を活かし入園準備の相談会を開催。②保育園ごとの商品品揃えを行う。③快眠教室を定期的に開催し新規顧客開拓する。以上により交流促進することで地域活性化し、顧客満足度も向上する。	23	120
B	B社は、X市内の30代前後の子育て世代の核家族世帯をターゲットとすべき。次期社長の保育園の勤務経験を活かし、各保育園のルールに対応した寝具やノベルティを販売することで顧客層の拡大を図り、X市で増加する若年層住民の商店街への来訪を促進する。	14	118
C	メインターゲットは、保育園入園から小学校入学までの子供を持つ30～40歳までの子育て世代とする。施策は同業他社が真似できない親子で一緒に楽しめるイベントを開催し、商店街の飲食店と連携し、休憩スペースでの飲料の提供、飲食店向けのクーポン発行である。	11	120
C	X市の30～40代が親で0～10代の子供を持つ層をメインターゲットにする。理由は、市役所の施策で人口増加が見込めるから。施策は、①裁縫等による高付加価値の商品を品揃える、②入園アドバイスで関連購買を促す。	11	99

●**解答のポイント**

> 　与件文および図からメイン・ターゲットを適切に設定したうえ、ニーズを与件文から読み取り、それに応える具体的施策を解答することができたかどうかがポイントであった。

【メイン・ターゲットは誰？】

先生：メイン・ターゲットの設定と、具体的な施策を求められる問題だったな！　２人はメイン・ターゲットをどう設定したんだい？

無礼損：あたしは与件文から素直に「子育て世代」にしました。図を見てもＸ市は30代とその子ども世代と思われる０～10代までの世代の比率が全国よりも高かったですから。

葛藤：あのですね、繰り返しになりますが、私それは悪手だと思っております。30代のなかにも子育てをしていない人たちはおりますし、「子育て世代」も与件文では明確に30代を指すとはされておりません。そのため、ターゲットを明確にする意味では、「30代」と「子育て世代」を両方記載するべきだと思います。

先生：葛藤さん、そのとおりだ！　「子育て世代」というキーワードは、答案の評価にかかわらず約９割５分もの人たちが書けていたが、「30代」というキーワードも合わせて書けていた人は約８割にとどまる。本試験ではわずかの点差が明暗を分けるから、簡単に見える論点こそ慎重に解くことが求められるぞ！

無礼損：素直に考えたつもりだけど、慎重さを欠いてはダメね…。ところで先生、図から読み取れる「構成比が高い」という分析結果について解答のなかで触れる必要はないのかしら。

先生：いい着眼点だ、無礼さん！　実は、図の分析結果については合格＋Ａ答案の約２割が書けているんだ。設問文に「図を参考に」と明確に記載されていることや、出題の趣旨に「地域内の人口構成を踏まえて」との記載があることからしても、加点対象となっている可能性は高い。文字数制限の関係からあまり分量を割きすぎることはお薦めできないが、簡単にでも触れられていれば、より評価の高い答案になったといえそうだぞ！

【施策の内容】

先生：施策については、２人はどう考えたかな？

無礼損：設問文には「どのような施策を行うべきか」としか書かれていなかったので、考える手掛かりが少なくて困りました。

葛藤：私はですね、先ほどのターゲットの絞り込みに時間をかけてしまいまして…。施策を考えようとしたときには残り時間も少なく、「投了」の文字が脳裏に浮かびまし

～私の時短勉強法～ ─────────
　過去問は解答作成（〇〇字の文章作る）までやらず、解答エッセンスを整理して、模範解答と見比べる。

た、はい。

無礼損：葛藤さんはいつも時間不足に悩んでいるわね。いくら知識があっても、実際に答
　　　　案を書けなきゃ点数は付かないのよ、知ってる？

葛藤：いえ、時間が少ないなかで、過去の試験を必死に思い出しまして、事例Ⅱで施策の
　　　助言を求められる問題では、他業種との連携を行うパターンが多かったことに思い
　　　至ったんです。そこで、ガラス製造業者や農業従事者と連携してイベントを開催す
　　　る、とは書いたのですが…、はい。

先生：葛藤さん、時間が足りなくなっても最後まで諦めなかったんだな！　その熱いハー
　　　トは大事だぞ‼

無礼損：先生、高得点者はどのような施策を書いていたのですか？

先生：無礼さんの言うように、設問文には施策の種類等に限定がなかったこともあってか、
　　　具体的な施策の内容自体は答案の評価にかかわらず千差万別だった。差がついたの
　　　は、出題趣旨にもあるように「ターゲット層のニーズに応じた」施策となっていた
　　　か否か、だ！　与件文から、子育て世代がどのようなことを求めてB社に訪れるよ
　　　うになったか、読み取れないかい？

無礼損：…あ、子育て世代は「入園準備のアドバイスと商品を求め、来店するようになっ
　　　　た。」（第8段落）とあるわ！

先生：そのとおり！　合格＋A答案では、保育園のルールや保育園で用いる商品に関する
　　　施策を具体的に書けている人が多かった！　一方、B答案以下になると必ずしも
　　　ニーズに直接応えていない施策を書いてしまっている答案が目立ったんだ‼

無礼損：やっぱり、与件文が命なのね。

先生：加えて、高得点答案は、ニーズに応じた施策を複数書けていることも特徴なんだ！
　　　葛藤さんのように、必ずしもニーズに直接応えていない施策を書いていても、もち
　　　ろん点数は入っただろう。しかし、字数制限のあるなかで、ニーズに応じた施策を
　　　複数書けている答案と、ニーズに直接応えていない施策で文字数を使ってしまって
　　　いる答案…。どちらが出題者のハートに響いたといえるかは、自ずから明らかだろ
　　　う‼

葛藤：将棋と同じように、効果的な手を二の手、三の手と打っていくことが大事なんです
　　　ねえ。

無礼損：本番の限られた時間のなかでできるかしら。

先生：諦めちゃダメだ‼　無礼さん、葛藤さんならきっとできる‼　合格＋A答案の分析
　　　結果と自分を信じて、練習あるのみだ‼

～私の肩凝り解消法～
妻から教わったヨガの技法を実施する。

▶事例Ⅱ特別企画

事例Ⅱは選択／穴埋め問題だった!?
～キーワード暗記だけでは解けない!?／道筋から考える与件文の捉え方～

【キーワード暗記だけでは解けない!?】

先生：近年、事例Ⅱでは施策や戦略を助言、提案させる問題が増えているよな！　今回も問題ベースで3問、配点ベースで8割が施策を助言する問題だったが、2人は助言・提案型の問題にうまく対応できているかい!?

無礼損：あたしは問題ありません！　事例ⅡはセンスでA評価を取れますから。葛藤さん、知ってる？　助言・提案型などの問題では、定番パターンの「差別化・関係性強化・地域繁栄・ニーズ対応」を書いておけばいいのよ。

葛藤：私はダメですね。キーワードは暗記しているのですが、解答のなかでの効果的なつなげ方がよくわからないのですよ。「口コミ活用」等の定番のキーワードもうまく使えません。

無礼損：どうして？　簡単じゃない。ターゲットが喜びそうなことを考えて、それに合わせたキーワード・施策を選択して、それを書けばいいだけじゃないの？

先生：まあまあ、2人とも落ち着くんだ！　じゃあまず、事例Ⅱでよく出てくる定番のキーワードを挙げてみようか！　葛藤さん、どうだい？

葛藤：私がよく使っているキーワードは以下のようなものですね。過去問でよく使われていたものを集めただけで、整理はできていないんですけど…。

葛藤さんのよく使うキーワードリスト

※過去問10年分から抽出

差別化　顧客満足度向上　こだわりの〇〇　固定客化　ブランド価値向上　DM送付　店内POP　地域繁栄　関係性強化　イベント開催　口コミ活用　ニーズ対応　インターナルマーケティング　売上向上（客数・客単価）　HPやSNSの活用　御用聞き・宅配サービス

無礼損：定番のものがかなり多いわね。あたしもよく使っているものばかりだわ。

先生：そうだな！　そもそも事例Ⅱに出てくるような中小企業のとり得る施策の基本パターンは決まっているから、受験生が解答に用いるべきキーワードも、みんながよ

~私の肩凝り解消法~
ランニング、筋トレ後にストレッチを入念にする。

く使う定番のものになるといえるな‼

無礼損：でも、葛藤さんはここまでしっかり覚えているのに、なぜ本番では書けないのか
　　　　しら？　このリストのキーワードを選択して、組み合わせるだけじゃない。

葛藤：うーん…それがわかれば苦労はしないのですが…。

先生：じゃあ、今度は事例Ⅱが得意な無礼さんの考え方を深掘りしてみよう！　先ほどの
　　　　キーワード以外に、何か注意していることや心掛けていることはないかい⁉

無礼損：はい、キャリアウーマンとしての答えは決まっています！　顧客満足度（ＣＳ）
　　　　を向上させて、売上を上げること…35億まで。これしかありません！

先生：無礼さん、すばらしい！　やはり企業としては、継続的な売上向上と企業の発展が
　　　　目標となる！　そのためには顧客満足度を向上させることが一番大切だ！　先ほど
　　　　出てきた「差別化・関係性強化・地域繁栄・ニーズ対応」も、あくまでもリソース
　　　　の限られた中小企業が、そのなかで顧客満足度を向上させるための道筋の１つなん
　　　　だ‼

【道筋から考える与件文の捉え方（実践編）】

先生：今の考え方をわかりやすく図にしてみたぞ！

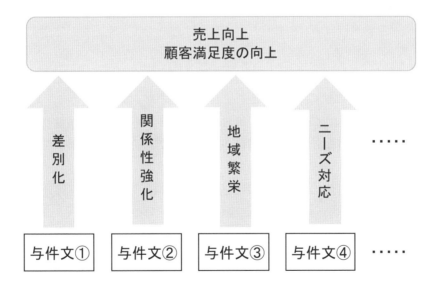

先生：とにかく最終目標は、顧客満足度を向上させて、売上を上げること！　そのための
　　　　道筋として、差別化、関係性強化、地域繁栄、ニーズ対応…などといった概念があ
　　　　るんだ。そして、**設問を解く際には、この最終目標とそこに至るための道筋を念頭**
　　　　に置いて与件文を分析し、キーワードを捉えてつなげていくことが重要なんだ‼

葛藤：うーん…。なんとなくわかったんですけれども、実際に解答をどうやってまとめる
　　　　のか、私にはいまいちしっくりきませんね…。

無礼損：ダメ受験生！　そんなこと言ってると、いつまでも合格できないわよ。

～私の肩凝り解消法～
　　あったかいお風呂に浸かる。

先生：まあまあ、無礼さん落ち着いて！　葛藤さんの疑問ももっともだ。では、平成29年度の問題を振り返りながら、この考え方を具体的に当てはめてみよう‼

平成29年度

第2問	B社はボランタリー・チェーン本部から新たに婦人用ハンドバッグの予約会の開催を打診された。B社は現在のデータベースを活用しながら、この予約会を成功させようと考えている。そのためには、どのような施策を行うべきか。120字以内で助言せよ。
最終目標	顧客満足度向上／売上向上
道筋	ニーズ対応

与件文	・ただし、スペースはそれほど広くないため、日頃の交流を通じて、顧客の好みをよく把握している副社長が品揃えを厳選した。（第6段落） ・データベースはリピーターである重要顧客からなる100件強の小規模なものであるが、1件の情報は非常に詳細なものとなった。（第10段落）
施策	・顧客の好みに合わせた品揃え、提案販売／関連購買の促進（客単価の向上） ・DMの送付（客数の増加）

先生：予約会の最終目標は顧客に満足してもらい、成約を得て売上を上げること、だな！

無礼損：そうですね、売上は高いほうが良いですものね。目指すは35億…とあと5,000万円ですね。

先生：そのとおりだ！　まずは、満足度を上げる対象となる顧客は誰か？　を考え、婦人服の予約会で買ってくれた顧客を対象とする。それらの顧客の満足度を上げるために、先ほどの道筋の概念を念頭に置いて、与件文を読む。ここではたとえば、顧客ニーズへの対応といった道筋に関係しそうな記述はないかな⁉

無礼損：その目線で考えれば、自ずと与件文が光ってきますね。葛藤さん、ここまで見えてくれば、定番キーワードのなかから採用するべき施策も絞れてくるんじゃない？

葛藤：うーん、少しずつ掴めてきたような気もします。ただ、私のなかではまだ悪手を選択しそうな不安が拭えないですね。

先生：よし。では、ほかの設問も見ていこう！

第3問	地域内の中小建築業と連携しながら、シルバー世代の顧客生涯価値を高めるための施策について、120字以内で助言せよ。
最終目標	顧客生涯価値向上
道筋	継続性／関係性強化

与件文	・日用品は購買間隔が短いので、B社が顧客との継続的な接点を作りやすくなった。（第5段落） ・シルバー世代の顧客の多くはやがて介護をされる側の立場となり、確実に減少する。（第9段落）
施策	継続的な日用品の配達サービス（購買頻度・利用年数向上）

先生：この設問は、最終目標を「顧客生涯価値向上」とするという制約条件があるから注意が必要だ！　では葛藤さん、さっき説明したように解いてみるんだ！

葛藤：顧客生涯価値を高めるには購買頻度や利用年数の向上が肝心。そうすると、道筋は継続性／関係性強化でしょうか。そして、それにつながるキーワードを与件文から探せばいいと。

先生：葛藤さん、やればできるじゃないか‼　その目線で落ち着いて与件文を読めば、日用品が継続的接点を作りやすい、というキーワードを発見できるだろう！

無礼損：さらにいえば、シルバー世代が外出に苦労しているという与件文の記載が、配達需要があることを示唆しているわね。

葛藤：ということは、日用品の配達サービスが施策となる、ということでしょうか。

先生：葛藤さん、パーフェクト！　無礼さんもナイスアシスト！　継続性／関係性強化の目線で読めば、日用品を置くだけでなく、顧客へ配達し継続的に接点を保つべきじゃないか⁉　そうすれば関係性が強化され、購買頻度や利用年数が上がるのではないか⁉　と、どんどんキーワードがつながっていくことが実感できないかい⁉

葛藤：私のキーワードリストにも「御用聞き・宅配サービス」が入っているのですが、このように考えて施策を選択していくのですね。だんだんとわかってきました。

先生：いいぞ！　では、最後の第4問を見てみよう！

第4問	B社は今後、シルバー世代以外のどのセグメントをメイン・ターゲットにし、どのような施策を行うべきか。図を参考に、120字以内で助言せよ。
最終目標	売上向上
道筋	差別化／ニーズ対応

与件文	次期社長は保育士の勤務経験があり、保育園ごとの昼寝用布団、手作りで用意する手さげカバンのサイズなどに関するルールを詳しく知っていた。（第8段落）
施策	・入園準備講座の開催（客数の増加） ・保育園ごとのルールに合わせた保育園用品の品揃え強化（客単価の向上）

先生：第4問も、第2問と同様、まずメイン・ターゲットを設定しなければならない！

無礼損：メイン・ターゲットは、30代～40代の子育て世代でしたね。

先生：そうだな！　子育て世代をターゲットに、売上向上につながる記載がないかを、道筋となる概念を念頭に置きながら与件文を読んでいくと…⁉

〜私のトイレ対策（男性編のみ）〜
　予め教室から離れた場所のトイレを見つけておく。

葛藤：なるほど、子育て世代に関係ありそうな「次期社長の保育士経験」という記載がありますね。ほかの会社にはない、B社特有の要素なので「差別化」の概念を使うことができそうです。

先生：葛藤さん、だいぶこの考え方を使いこなせるようになってきたな！ いいぞ!! 施策はどのように考えられるかい？

葛藤：次期社長の保育園に関する知識を伝えるイベントを子育て世代向けに開催すれば、お客さんを呼ぶことができそうです。

無礼損：実際に保育園のルールに沿った商品の品揃えをしておくことで、来てもらったお客さんの購買点数をアップさせることもできそうですね。

先生：2人とも、エクセレントだ!! いま2人に答えてもらった施策は、「入園準備のアドバイスと商品」という子育て世代のニーズにも合致しているぞ!!

【事例Ⅱのシンプルな解き方（まとめ）…事例Ⅱは選択／穴埋め問題だった!?】

先生：2人とも、ここまでの検討でだいぶこの考え方を掴めてきたんじゃないか!?

葛藤：私は今まで、定番といわれるキーワードは知識として持っていたんですが、事例Ⅱの企業の最終目標は何か、目標達成のためにどのような道筋を取るべきか、という視点は持っていませんでした。そのせいで、何を基準にして施策を考えればいいのかがわからず、キーワードがバラバラのままつながらなかったんですね。

無礼損：あたしも、なんとなくセンスで解けていたんですけど、最終目標と道筋をある程度固定化して考えていけば、与件文のポイントがすごくわかりやすくなるということを実感できました。事例Ⅱがさらに得意になってしまいそうです！

先生：すばらしい！ 実は僕は、施策や戦略の助言・提案問題は、選択／穴埋め問題といってしまってもいいと思っているんだ！ 今まで見てきたように、与件文・設問文から導き出される道筋さえ決まってしまえば、あとは定番といわれる施策を自分のキーワードリストから選択するだけで解答が出来上がるからな!!

葛藤：先生、さすがにそれは言い過ぎでは…例外的な設問もあるでしょうし…ぶつぶつ…。

無礼損：葛藤さん、またぐだぐだ長考して！ この考え方でうまく解ける設問があるって、さっき一緒にやったばかりじゃない！ これで合格に一歩近づくのは確かなんだから、割り切って自分のモノにしなきゃ！

先生：いやいや、葛藤さんのその慎重さも大切だ！
　　　たしかに、制約条件等によりこの考え方ではうまく解けない場合もある。だからこそ、過去問演習が重要なんだ！ この考え方を1つの基準として演習を積み、来年こそは絶対に合格を勝ち取ってくれ!!

2人：はい!!

~私のトイレ対策（男性編のみ）~ ─────────────
　試験会場の大学は別の棟に行ったらトイレががらがらでした。

【参考：過去問における助言・提案問題の道筋】

年度設問	最終目標	道筋	与件文	施策
平成28年第4問(b)	・顧客満足度向上 ・売上向上（リピート化）	・継続性／関係性強化 ・高付加価値化	・高付加価値型のこだわりの自然食品・健康食品全般 ・多くのしょうゆメーカーは自社ホームページを立ち上げ	・ホームページやメルマガなどでのこだわり情報の発信 ・ＢＢＳ／ＳＮＳ等での双方向接触による顧客関係性の強化
平成27年第2問	売上向上	・差別化 ・高付加価値化	「物産市」では差別化されたこだわりの県内産食品を取り扱っている	（食器店選択の場合）物産市に並ぶ県内産のこだわりの商品に合う、高品質の食器を品揃えて販売
平成26年第4問	客単価向上	・差別化 ・市場浸透	・前社長は歴史に関する豊富な知識と話術で高く評価されていた ・社員（現社長）に前社長の知識や話術を吸収させた	現社長の歴史に関する知識や話術を活用した、歴史ガイド付き名所巡りツアーに改良
平成25年第3問	売上向上	・地域繁栄 ・関係性強化	・Ｘ市は観光客誘致や地域ブランド確立に力を入れている ・販売サイトの受注をどう増やすかが課題	観光客に対し、農家との協業で苺狩りを誘致し、通信販売を案内
平成24年第3問	売上向上	・地域繁栄 ・関係性強化	・Ｘ市の経済低迷は双方にとっての問題 ・商店街の復興が自社課題の1つ	・Ｘ市の陶器製造業と連携して地域を繁栄させ、地域ブランドを強化 ・Ｘ市の商店街と連携してイベントを開催し、地域との関係性強化

事例Ⅱ

〜私のトイレ対策（男性編のみ）〜
10分前の試験用紙配布後に行く。

ふぞろい流ベスト答案　　　　　事例Ⅱ

第1問（a）（配点10点）　59字　　　　　【得点】10点

①丁寧な接客[2]が顧客の信頼を得ている[2]こと、②手作りのノベルティ[2]の集客力がある[2]こと、③井戸端会議[2]でニーズを収集できる[2]こと。

第1問（b）（配点10点）　60字　　　　　【得点】10点

大型スーパー[2]は、若年層が対象[2]で高品質な商品が少なく[2]、接客に力を入れていない[2]。百貨店[1]は、高齢者ニーズに対し品揃えが不十分[1]。

第2問（配点25点）　　120字　　　　　【得点】25点

婦人服の購買履歴のあるシルバー世代の女性をターゲット[4]とし、購買履歴や好みを元に品揃えを行い[6]、DM[6]や井戸端会議等[2]で予約会の開催を伝え、来店数の増加[3]を図る。待ち時間による機会損失防止のため、予約制度や休憩スペースを導入[2]し売上の最大化[3]を図る。

第3問（配点30点）　　118字　　　　　【得点】30点

施策は、①中小建築業と連携[4]し、介護のための改装[4]に関する説明会[2]を開催し、介護ベッドを提案[4]すること、②こだわりの[3]日用品[3]の配達サービス[3]を行い、顧客との継続的接点を保つ[2]ことである。それにより固定客化[2]して再購買を促し[2]、顧客生涯価値を向上[5]させる。

第4問（配点25点）　　120字　　　　　【得点】25点

人口構成比の高い[1]30代[2]の子育て世代[3]に対し、①快眠教室の頻度向上[2]、入園準備教室を新規開催[6]し、SNS[2]で告知して新規顧客を獲得[3]②保育園のルールに沿った品揃えを行い[3]関連購買を促す[3]。その結果、売上を向上[2]させ、子育て世代に住み良い街とし地域繁栄[3]を目指す。

〜私のトイレ対策（男性編のみ）〜
解答用紙配布直前にダッシュしてトイレを済ませる。試験終了後ダッシュでトイレに向かう。

ふぞろい流採点基準による採点

100点

第1問（a）：与件文よりシンプルに抜き出して、多面的に強みを盛り込むことを意識しました。

第1問（b）：競合として大型スーパーと百貨店の両方を挙げ、B社と比較した競合の強み、弱みを短い文字数で簡潔にまとめました。

第2問：データベース内の情報（住所や購買履歴）をもとに、B社の強みを活かし、弱みを補強する施策を複数記載しました。また、施策の効果も簡潔にまとめました。

第3問：中小建築業と連携するという制約を考慮したうえで、顧客生涯価値における購買頻度、利用年数を増やすことを意識して解答をまとめました。

第4問：メイン・ターゲットとするべき対象を正確に記載したうえで、ターゲットのニーズに沿った具体的施策を複数記載しました。また、次期社長の思いである地域繁栄にも触れました。

~私のストレス解消法~

筋トレ。

▶事例Ⅲ（生産・技術）◀

平成29年度　中小企業の診断及び助言に関する実務の事例Ⅲ
（生産・技術）

【C社の概要】

　C社は、1947年の創業で、産業機械やプラント機器のメーカーを顧客とし、金属部品の加工を行ってきた社長以下24名の中小企業である。受注のほとんどが顧客企業から材料や部品の支給を受けて加工を担う賃加工型の下請製造業で、年間売上高は約2億円である。

　現在の社長は、創業者である先代社長から経営を引き継いだ。10年前、CAD等のITの技能を備えた社長の長男（現在常務）が入社し、設計のCAD化や老朽化した設備の更新など、生産性向上に向けた活動を推進してきた。この常務は、高齢の現社長の後継者として社内で期待されている。

　C社の組織は、社長、常務の他、経理担当1名、設計担当1名、製造部20名で構成されている。顧客への営業は社長と常務が担当している。

　近年、売り上げの中心となっている産業機械・プラント機器の部品加工では、受注量が減少し、加えて受注単価の値引き要請も厳しい状況が続いている。その対応として、現在C社では新規製品の事業化を進めている。

【生産概要】

　製造部は機械加工班と製缶板金班で構成され、それぞれ10名の作業者が加工に従事している。機械加工班はNC旋盤、汎用旋盤、フライス盤などの加工機械を保有し、製缶板金班はレーザー加工機、シャーリング機、プレス機、ベンダー機、溶接機などの鋼板加工機械を保有している。

　C社では創業以来、顧客の要求する加工精度を保つため機械の専任担当制をとっており、そのため担当している機械の他は操作ができない作業者が多い。また、各機械の操作方法や加工方法に関する技術情報は各専任作業者それぞれが保有し、標準化やマニュアル化は進められていない。

　加工内容については、機械加工班はコンベアなどの搬送設備、食品加工機械、農業機械などに組み込まれる部品加工、鋳物部品の仕上げ加工など比較的小物でロットサイズが大きい機械加工であり、製缶板金班は農業機械のフレーム、建設用機械のバケット、各種産業機械の本体カバーなど大型で多品種少量の鋼材や鋼板の加工が中心である。

　顧客から注文が入ると、受注窓口である社長と常務から、担当する製造部の作業者に直接生産指示が行われる。顧客は古くから取引関係がある企業が多く、受注品の多くは各顧客から繰り返し発注される部品である。そのため受注後の加工内容などの具体的な打ち合わせは、各機械を担当する作業者が顧客と直接行っている。

【新規事業の概要】

　新規事業は、3次元CADで作成した3次元データを用いて、3次元形状の加工ができる小型・精密木工加工機「CNC木工加工機」の事業化である。この新規事業は、異業種交流の場で常務が耳にした木材加工企業の話がヒントになり進められた。「木工加工機は大型化、NC化が進み、加工機導入の際には多額の投資を必要とするようになった。以前使っていたならい旋盤のような汎用性があり操作性が良い加工機が欲しいが、見つからない」との情報であった。ならい旋盤とは、模型をなぞって刃物が移動し、模型と同じ形状の加工品を容易に再現できる旋盤である。

　常務と設計担当者が中心となり加工機の設計、開発を進め、外部のCNC制御装置製作企業も加えて、試作機そして1号機の実現にこぎつけた。

　しかし、それまで木工加工関連企業とのつながりも情報もないC社にとって、この新規事業の販路開拓をどのように進めるのか、製品開発当初から社内で大きな問題となっている。C社は、特に新規顧客獲得のための営業活動を積極的に行った経験がない。また、販売やマーケティングに関するノウハウもなく、機械商社などの販売チャネルもない。

　そこで常務が中心となって、木工機械の展示会に出展することから始めた。展示会では、特徴である精密加工の内容を来展者に理解してもらうため、複雑な形状の加工を容易に行うCNC木工加工機の実演を行ったが、それによって多くの来展者の注目を集めることができた。特に、NC機械を使用した経験のない家具や工芸品などの木工加工関係者から、プログラムの作成方法、プログラムの提供の可能性、駆動部や刃物のメンテナンス方法、加工可能な材質などに関する質問が多くあり、それに答えることで、CNC木工加工機の加工精度や操作性、メンテナンスの容易性が来展者から評価され、C社内では大きな手応えを感じた。そして展示会後、来展者2社から注文が入り、本格的に生産がスタートしている。このCNC木工加工機については、各方面から注目されており、今後改良や新機種の開発を進めていく予定である。

　この展示会での成功を参考に、現在は会社案内程度の掲載内容となっているホームページを活用して、インターネットで広くPRすることを検討している。

　CNC木工加工機の生産は、内部部品加工を機械加工班で、制御装置収納ケースなどの鋼板加工と本体塗装を製缶板金班でそれぞれ行い、それに外部調達したCNC制御装置を含めて組み立てる。これまで製造部では専任担当制で作業者間の連携が少なかったが、この新規事業では、機械加工班と製缶板金班が同じCNC木工加工機の部品加工、組み立てに関わることとなる。なお、最終検査は設計担当者が行う。

　これまで加工賃収入が中心であったC社にとって、付加価値の高い最終製品に育つものとしてCNC木工加工機は今後が期待されている。

~私のストレス解消法~

　走る。落ち着きたい時は長めの距離を、ストレス大の時は全力で。

第1問 （配点30点）

　ＣＮＣ木工加工機の生産販売を進めるために検討すべき生産管理上の課題とその対応策を140字以内で述べよ。

第2問 （配点20点）

　Ｃ社社長は、現在の生産業務を整備して生産能力を向上させ、それによって生じる余力をＣＮＣ木工加工機の生産に充てたいと考えている。それを実現するための課題とその対応策について120字以内で述べよ。

第3問 （配点20点）

　Ｃ社では、ホームページを活用したＣＮＣ木工加工機の受注拡大を考えている。展示会での成功を参考に、潜在顧客を獲得するためのホームページの活用方法、潜在顧客を受注に結び付けるための社内対応策を160字以内で述べよ。

第4問 （配点30点）

　Ｃ社社長は、今後大きな設備投資や人員増をせずに、高付加価値なＣＮＣ木工加工機事業を進めたいと思っている。これを実現するためには、製品やサービスについてどのような方策が考えられるか、140字以内で述べよ。

第1問（配点30点）【難易度　★★☆　勝負の分かれ目】

　ＣＮＣ木工加工機の生産販売を進めるために検討すべき生産管理上の課題とその対応策を140字以内で述べよ。

●出題の趣旨

　新規事業であるＣＮＣ木工加工機の生産販売を進めるために必要な生産管理上の課題を把握し、解決する能力を問う問題である。

●解答ランキングとふぞろい流採点基準

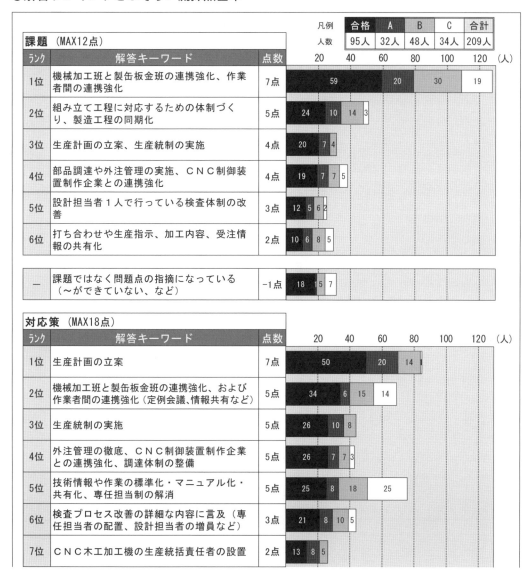

凡例	合格	A	B	C	合計
人数	95人	32人	48人	34人	209人

課題（MAX12点）

ランク	解答キーワード	点数	データ
1位	機械加工班と製缶板金班の連携強化、作業者間の連携強化	7点	59 / 20 / 30 / 19
2位	組み立て工程に対応するための体制づくり、製造工程の同期化	5点	24 / 10 / 14 / 3
3位	生産計画の立案、生産統制の実施	4点	20 / 7 / 4
4位	部品調達や外注管理の実施、ＣＮＣ制御装置制作企業との連携強化	4点	19 / 7 / 7 / 5
5位	設計担当者1人で行っている検査体制の改善	3点	12 / 5 / 6 / 2
6位	打ち合わせや生産指示、加工内容、受注情報の共有化	2点	10 / 6 / 8 / 5
―	課題ではなく問題点の指摘になっている（〜ができていない、など）	-1点	18 / 15 / 7

対応策（MAX18点）

ランク	解答キーワード	点数	データ
1位	生産計画の立案	7点	50 / 20 / 14
2位	機械加工班と製缶板金班の連携強化、および作業者間の連携強化（定例会議、情報共有など）	5点	34 / 6 / 15 / 14
3位	生産統制の実施	5点	26 / 10 / 8
4位	外注管理の徹底、ＣＮＣ制御装置制作企業との連携強化、調達体制の整備	5点	26 / 7 / 7 / 3
5位	技術情報や作業の標準化・マニュアル化・共有化、専任担当制の解消	5点	25 / 8 / 18 / 25
6位	検査プロセス改善の詳細な内容に言及（専任担当者の配置、設計担当者の増員など）	3点	21 / 8 / 10 / 5
7位	ＣＮＣ木工加工機の生産統括責任者の設置	2点	13 / 8 / 5

8位	打ち合わせや生産指示、加工内容、受注情報の共有化	1点	13　6 5 5
—	上記対応策の狙いや効果としてQCDいずれかの改善に言及	4点	27　9 6 2

●再現答案

区	再現答案	点	文字数
合	課題は、<u>機械加工班と製缶板金班が同じCNC木工加工機の部品加工、組み立てに関わる事になる為、連携強化を図る</u>事である。対応策は①各機械の操作方法や加工方法に関する<u>技術情報の標準化やマニュアル化を図り</u>、多能工化を進めて流動性を確保する②両班と<u>外部調達</u>に係る<u>生産計画を一元化</u>する、である。	29	140
合	課題は、<u>作業者間の連携を強化</u>し、<u>CNC加工機の加工組み立てを行うこと</u>である。対応策は、①<u>作業員個々が保有する技術情報を標準化し、共有すること</u>で機械専任制から多能工化する。②<u>製造部全体の生産統制を行うため、生産計画を立てること</u>、である。	29	117
A	課題は、<u>各班や作業者間での作業の連携や作業の同期が必要</u>になる事である。対応策は、①<u>生産管理担当者を置いて</u>全体の進捗を見ながら生産指示を出す事、②全社的な視点での<u>生産計画を立てて</u>作業を進めていく事、③専任担当制を改める事に加えて、<u>技術情報の標準化やマニュアル化を進める</u>事である。	26	138
A	課題は、①<u>作業者が作業指示や顧客打合せを直接していることの回避</u>、②機械加工班と製缶板金班のあとの<u>外部調達資材を含めた組立工程の体制確立</u>である。体制は、①全工程を通した<u>生産計画を作成</u>し、②<u>資材管理</u>をルール化して徹底し、③<u>適正な進捗管理</u>を実施し、④<u>生産管理責任者を配置すること</u>である。	25	140
B	課題は、機械加工班と製缶板金班が同じ組み立てに関しているが、これまで<u>専任担当制で連携が少なく</u>、担当作業以外出来ないということ。対応策は、<u>操作方法や加工方法を標準・マニュアル化</u>し作業員の多能工化を促進しつつ<u>社長提案の交流会や人員配置転換により班間の関係性を強化すること</u>。	16	134
B	課題は<u>製造部内の作業者間の連携を推進すること</u>である。これまで専任担当制で製造ロットサイズが異なったが、新規事業では<u>同じ製品の部品加工、組み立てに関わる</u>ためである。対応策は<u>生産指示、加工内容などの顧客との具体的な打合せ内容</u>、最終検査結果などの情報の共有化を図る。	13	130
C	課題は、①担当している機械以外の操作ができない単能工が多く、方法や技術情報が各担当により暗黙知となっている。②<u>社長と常務から直接担当者へ指示され、以降は打合せ内容が担当しかわからない</u>。施策は、①各担当が仕事内容を棚卸してマニュアル作り、形式知化する。②<u>打合せ内容を共有して管理する</u>。	7	140

●解答のポイント

> 現在の生産業務の課題とは区別したうえで、これから始まるＣＮＣ木工加工機の生産に向けた課題と対応策を整理し、的確に記述できたかがポイントであった。

【出題傾向は変わったのか？】

先生：さあ、事例Ⅲだ！　賃加工型の下請製造業という、例年とは少し異なった業態の製造業が出題されたね。まずは第1問の設問を2人はどう読んだ？

葛藤：戸惑いましたね。例年第1問ではＳＷＯＴ分析が問われてきました。私のように十分に過去問対策をしてきた受験生ほど、出題形式の違いに戸惑ったと思います。

無礼損：例年と違うといえば、過去問では現状の問題を解決する問題が多かったのに、今回は脱・下請けのための新規事業が既にあって、しかもそれを進めるための未来志向・提案型の設問が多くてびっくりしました。でも、葛藤さんよりも与件文に素直なあたしのほうが向いている出題形式で、逆にチャンスだと思いました。

先生：うん、出題される形式に違いがあったのは間違いない。ただ、問われ方は違ってもやはりＳＷＯＴ分析がベースになると考えていい！　特に第1問と第2問ではＷ（弱み）をもとに、その克服のための課題と対応策を提案していく必要があったんだ！　じゃあ、第1問の設問文の「生産管理上」という文言から何が浮かんだかな？

無礼損：あたしは知識が不足していて…でも課題が与件文に明らかにたくさん書かれていたので、なんとかつなぎあわせて答案を埋めるようにしました。

葛藤：あのですね、私それはどうかと思います。生産管理といえば生産統制と生産計画が定跡です。もっとよく考えて、前後関係にも注意してですね…（ぐだぐだ）。

先生：おっと、葛藤さんの長考が始まってしまった。葛藤さん、実は無礼さんの対応も間違いとはいえないんだ。設問文をよく見てみよう。求められているのは「『検討すべき』生産管理上の課題とその対応策」となっているだろう？　つまり、幅広いキーワードが加点対象になった可能性が高いといえる！　実際、合格＋Ａ答案でも、キーワード数は課題と対応策を合わせて平均5.4個と、幅広く言及されていたよ。

無礼損：やっぱり、設問文にはすべての言葉に必ず意味があるんだわ。

【課題と対応策の切り分け】

無礼損：課題と対応策に重複しているキーワードがあるわ。どういうことかしら？

葛藤：ええ、そうですね。課題と対応策が同じだと違和感がありますね。課題と対応策の関係性を考えると、課題は、現実と理想のギャップである問題を解決するための方向性ですね。対応策は、課題に対する具体的なアクションでしょう。

無礼損：生産統制や連携強化が具体的なアクションといえるの？　あたしには、課題のよ

うに思えるわ。

葛藤：課題を「ＣＮＣ木工加工機の組み立てに向けての製造工程の同期」とするなら、対応策は生産計画を立てて、機械加工班と製缶板金班の連携強化に向けた取り組みや生産統制を行うこととなるでしょう。何を課題に設定するかによって変わるのではありませんか？

先生：いい議論だ！　葛藤さんの言うように、課題についてはさまざまな解釈が成り立つために、受験生によって課題と対応策の設定は違ったんだ。実際、課題と対応策の両方に同じキーワードを入れた解答も散見されたよ。なかには「課題と対応策は…」とまとめて記述している合格答案も少数だが存在したんだ！

葛藤：あれれ？　それは悪手じゃないですか？

無礼損：でも、課題と対応策の切り分けはしなくても合格点は確保できた可能性がある、ということですね。

先生：ただ、課題と問題の切り分けはできていたほうがいいね。「〜ができていない」と現状を表すのが問題だ。そして、問題のように課題を記述している解答の割合はＣ＋Ｄ答案に多かったんだ！　現実、理想、課題、問題、対応策の切り分けは知っておこう！

無礼損：そう…やっぱり、ベースになる知識がないとうまく対応できないんですね。

【第1問と第2問の切り分け】

葛藤：切り分けといえば、私は第1問と第2問の切り分けに葛藤しました。どちらも課題と対応策を問われ、与件文のなかにたくさんある課題をどちらの問題で解答するか…。

無礼損：ちょっと、ちゃんと設問文を読んでる？　第1問はＣＮＣ木工加工機を生産販売するうえでの課題と対応策、第2問は現在の生産業務を整備して、余力を作るための課題と対応策よ。ちゃんと書いてあるじゃない。

葛藤：わ、わかってはいたんです。葛藤してしまって書けなかっただけで…。

先生：実際、賃加工業の非効率な生産業務は第2問で解決すべきだと考えられるが、現行業務の課題や対応策を第1問で挙げているＣ＋Ｄ答案が多く存在したよ！　たとえば、Ｃ＋Ｄ答案では課題や対応策として「多能工化・技術情報の共有化」という解答が多かった。特にＤ答案の半数以上が対応策で挙げていたんだ。

無礼損：ＣＮＣ木工加工機を生産するにあたって新しく浮上してきた課題と、現在の生産業務の課題。この2つをきちんと整理できたかがポイントだったんですね。

~私が陥ったスランプ~

下手に理論の知識がついたせいで素直な解答が書けなくなる。

第2問（配点20点）【難易度　★★☆　勝負の分かれ目】

C社社長は、現在の生産業務を整備して生産能力を向上させ、それによって生じる余力をCNC木工加工機の生産に充てたいと考えている。それを実現するための課題とその対応策について120字以内で述べよ。

事
例
Ⅲ

●出題の趣旨

新規事業であるCNC木工加工機の生産について、現在の生産能力の向上によって対応するために必要な生産業務上の課題を把握し、解決する能力を問う問題である。

●解答ランキングとふぞろい流採点基準

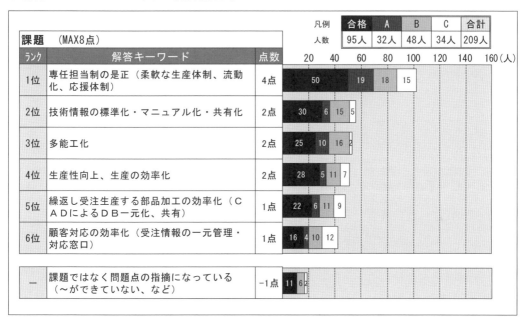

凡例	合格	A	B	C	合計
人数	95人	32人	48人	34人	209人

課題　（MAX8点）

ランク	解答キーワード	点数	分布
1位	専任担当制の是正（柔軟な生産体制、流動化、応援体制）	4点	50　19　18　15
2位	技術情報の標準化・マニュアル化・共有化	2点	30　6　15　5
3位	多能工化	2点	25　10　16　2
4位	生産性向上、生産の効率化	2点	28　5　11　7
5位	繰返し受注生産する部品加工の効率化（CADによるDB一元化、共有）	1点	22　6　11　9
6位	顧客対応の効率化（受注情報の一元管理・対応窓口）	1点	16　4　10　12
—	課題ではなく問題点の指摘になっている（〜ができていない、など）	-1点	11　6　2

目盛り：20　40　60　80　100　120　140　160（人）

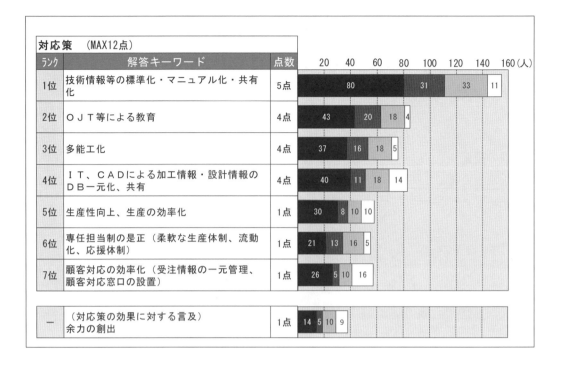

対応策　（MAX12点）			
ランク	解答キーワード	点数	
1位	技術情報等の標準化・マニュアル化・共有化	5点	80　31　33　11
2位	ＯＪＴ等による教育	4点	43　20　18　4
3位	多能工化	4点	37　16　18　5
4位	ＩＴ、ＣＡＤによる加工情報・設計情報のＤＢ一元化、共有	4点	40　11　18　14
5位	生産性向上、生産の効率化	1点	30　8　10　10
6位	専任担当制の是正（柔軟な生産体制、流動化、応援体制）	1点	21　13　16　5
7位	顧客対応の効率化（受注情報の一元管理、顧客対応窓口の設置）	1点	26　5　10　16
－	（対応策の効果に対する言及）余力の創出	1点	14　5　10　9

●再現答案

区	再現答案	点	文字数
合	生産能力向上の課題は、①専門以外の機械操作が可能な体制、②機械操作等の技術情報の共有、③顧客と作業者の情報共有化で、対策は、①マイスター制度やＯＪＴの導入で多能工化の推進、②標準化・マニュアル化の導入、③受注仕様書等で文書化、等で余力を作る。	20	120
A	課題は①作業者が担当以外の機械も操作可能にする。②各専任作業者が持つ各機械の操作方法や加工方法等の技術情報の共有化。対応策は①ＯＪＴ等で能力開発を行い多能工化を図る。②技術情報のＤＢ化や標準化・マニュアル化、により効率化を図り余力を確保する。	18	120
A	課題は、作業員の多能工化である。対応策は、①現在の機械の専任担当制を廃止し、他の複数の機械の操作が出来るよう訓練を行う、②そのために機械の操作・加工方法に関する技術情報を見える化し、標準化、マニュアル化を進め早期の技術習得を図ることである。	14	119
B	課題は、①専門化された作業者の多能化と、②作業者の顧客打合せの業務負担軽減である。対応策は、①操作方法や加工方法に関する技術情報を標準化し、マニュアル化を行う、②繰り返し発注内容のデータ化による作業効率化である。	11	106
C	繰り返し発注される部品が多いので、ＣＡＤデータ、個人保有となっている技術情報を共通化し、機械作業者が行っている顧客との打ち合わせを、専任者以外もできるようにする。	6	80

●解答のポイント

> 　「その」対応策など、指示語の内容を的確に読み取ったうえで与件文から「現在の生産業務」における課題を抽出し、生産能力が向上する具体的な対応策を多面的に解答できたかがポイントであった。

【課題の切り口はどう捉えたか】

先生：2人は、第2問の解答を考える際に何に着目したかな？

無礼損：あたしは、設問に「現在の生産業務」とあったので、与件から現在の生産業務の具体的な内容を探しました。第1問の新規事業と対比されていますしね。

葛藤：私は、「現在の生産業務」に加え、「生産能力の向上」とあったので、現在の生産業務が非効率な部分はないか与件文から探しました。

先生：たしかにそれも大事だ。しかし、まずは設問文の内容を正確に把握するために、設問文にある「それ」が何を指しているか考えてみよう。

無礼損：1つ目の「それ」は「現在の生産業務を整備して生産能力を向上」を指しますね。

葛藤：2つ目の「それ」は余力をCNC木工加工機の生産に充てることですね。

先生：そうだね！　では、具体的に与件文のどこに着目したかな？

無礼損：1つ目は「機械の専任担当制」と「担当している機械の他は操作ができない作業者が多い」、2つ目は「標準化やマニュアル化は進められていない」に着目しました。作業員が担当以外の機械を操作できないのは、非効率なので改善が必要ですね。また、標準化やマニュアル化が未整備なところも同じく改善が必要だと思います。

葛藤：「各機械の操作方法や加工方法に関する技術情報を、各専任作業者それぞれが保有」している点も、改善の余地があるんじゃないですか？

先生：すばらしいよ2人とも！　ほかに着目したところはないかな？

無礼損：そういえば、繰返し発注される部品について「受注後の加工内容などの具体的な打ち合わせは、各機械を担当する作業者が顧客と直接行っている」とあるけど、ここも改善の余地があるのではないですか？

葛藤：加工内容などの打合せ情報を作業者個人で持っているため、C社では受注情報が一元的に管理されていないといえますね。

無礼損：やっぱりそうよね。でも、よく考えると顧客との打ち合わせは、生産業務という意味に含まれるのかしら？

先生：顧客との打ち合わせは生産業務には含まれない。ただ、機械を動かす作業者が生産業務以外のことで手を取られているということは非効率だから、改善の余地があるといえるね！

～私が使っていたおすすめアプリ～ ————————————————————————

　「Studyplus」で勉強時間管理、「みんなでガント」で勉強計画の管理。

【課題と対応策をどう書き分けた？】

先生：この設問では、与件文から現在の生産業務で非効率な部分・改善の必要がある部分を見つけられれば、解答の方向性は定まったといえる。とはいえ、課題と対応策の書き分け方に迷った受験生も多かっただろう。2人はどう書き分けたかな？

無礼損：先ほどの第1問で議論したように、何を課題に設定するかで対応策の書き方が変わります。あたしは、課題を「専任担当制を改め、柔軟な生産体制を構築すること」として、対応策は、「①技術情報の標準化、マニュアル化、②OJTなどで多能工化、③受注情報のデータベース化により一元管理」としました。

葛藤：私は、「①多能工化や、②技術情報や受注情報の共有化」が課題で、対応策は「①OJTなどによる教育、②標準化、マニュアル化後にデータベースを作り、誰でも参照できるようにする」としました。

先生：2人とも、その調子だ！　設問文を読むと「その」対応策という指示語があり、ここでいう「その」とは直前の「課題」のことを指す。そのため、対応策は課題に応じたものを書かなければならないが、2人は自らの書いた課題に応じた対応策を書けているな！　ただ、今回は再現答案で多く書かれていた課題は「専任担当制の是正」や「柔軟な生産体制」だったので、この点に気づけなかった人は課題におけるキーワードとしてぜひ入れてほしい！

【対応策の後に効果は書くべき？】

先生：対応策の後に生産性を向上する、余力を創出するなど効果を書くべきだろうか？

葛藤：私はこれまで、対応策を書いた後には必ず効果も書いてきました。なので、今回は余力を創出すると書きました。

無礼損：ちょっと待って！　本当にそれでいいのかしら？　設問文には、既に「生じた余力をCNC木工加工機の生産に充てる」とあるから、あえて書く必要はないんじゃないかしら？　そんな決めつけをしているから、素直な解答が書けないんじゃない？

先生：そうだね。まずは効果を書く必要があるかどうかを検討する必要がある。本問では、書いても間違いではないが、設問文では効果が直接問われていないことや、書いたとしても設問文の言い回しの重複になってしまうことから、配点が高かったとは考えにくいぞ！　実際、「余力を創出する」や「生産統制」のような効果を書いた割合は合格＋A答案よりもC＋D答案のほうが多いんだ。その分の文字数をほかのキーワードに使うほうがベターだったと推測できるね。

葛藤：なるほど、臨機応変に対応するのが秘訣ですね。まずは、設問文で問われたことに答えたうえで、字数が余ったら書こうと思います。

第3問（配点20点）【難易度　★☆☆　みんなができた】

C社では、ホームページを活用したCNC木工加工機の受注拡大を考えている。展示会での成功を参考に、潜在顧客を獲得するためのホームページの活用方法、潜在顧客を受注に結び付けるための社内対応策を160字以内で述べよ。

●出題の趣旨

新規事業であるCNC木工加工機の受注拡大に向けて、展示会での成功を参考とした潜在顧客を獲得するホームページの活用方法と、その潜在顧客を受注に結び付ける社内対応策について、提案する能力を問う問題である。

事例Ⅲ

●解答ランキングとふぞろい流採点基準

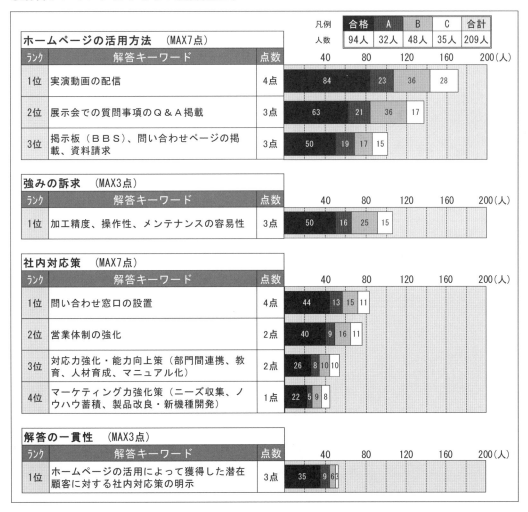

●再現答案

区	再現答案	点	文字数
合	ホームページ活用方法は、<u>実演の動画</u>と<u>プログラムの作成方法、駆動部等のメンテナンス方法、加工可能な材質</u>など展示会での質問内容を掲載し、<u>加工精度や操作性、メンテナンス容易性を訴求する</u>事である。社内対応策は、<u>ホームページでの顧客からの問い合わせや要望に迅速に対応できるよう、担当者と対応方法を定めて営業体制を強化する</u>事である。	20	160
合	ＨＰの活用方法は、①ＣＮＣ木工加工機の<u>加工精度や操作性、メンテナンスの容易性をＰＲする動画をＨＰに掲載</u>する、②<u>業者からの質問をＨＰに掲載</u>し、丁寧な説明を行う、③家具や工芸品の業者が多い自治体や業界団体のＨＰにバナーをはる、④<u>営業体制を設置し顧客からの問い合わせに迅速に対応</u>することである。	19	144
A	活用方法は①木工加工機の<u>実演動画を掲載</u>する、②<u>よくある質疑を文字情報として掲載</u>し、<u>問い合わせ</u>を気軽に行える構成とする。対応策は①<u>問い合わせに対して早期に営業が対応する体制を構築</u>する、②価格や納期の問い合わせに対し、<u>営業と設計製造が連携</u>を強化し迅速に回答する、事で受注に結び付ける。	16	140
A	Ｃ社のホームページ活用方法は、①ＣＮＣ木工加工機の<u>実演の動画配信</u>による情報発信や、②<u>製品の問い合わせ対応</u>、③<u>ＦＡＱの掲載</u>等を行う。社内対応策は、①営業面では<u>問い合わせ対応</u>により加工精度等を紹介し、②設計面では<u>顧客ニーズに基づいた改良や新機種開発を推進する</u>、等により潜在顧客を獲得し、受注に結び付ける。	15	150
B	ホームページの活用方法は、①複雑な形状の加工を容易に行う<u>実演の動画</u>、②<u>プログラムの作成方法、提供の可能性、メンテナンス方法、加工可能な材質などの情報を掲載</u>し広くＰＲを行うこと。潜在顧客を受注に結びつける対応策は、社長や専務と<u>製造部員を同行</u>させ、展示会に来店した木工関係者に<u>技術営業を行い</u>受注獲得を目指す事である。	11	156
C	ホームページの活用方法は、<u>展示会で質問のあった内容をホームページに公開</u>して技術力の高さをＰＲすること。社内対応策は、①新規顧客獲得のための<u>営業部門を作る</u>こと、②木工加工関連企業と連携し、<u>販売やマーケティングに関するノウハウを高める</u>こと、③販売チャネルを作るため、機械商社と情報共有すること、である。	6	149

●解答のポイント

> 　展示会での成功をホームページの活用方法の参考として、獲得した潜在顧客を受注に結び付けるための社内対応策を具体的に提案できたかがポイントであった。

【論点と出題テーマ】

先生：第3問はC社がCNC木工加工機の受注を拡大するための提案が求められているね。2人はどう捉えた？

無礼損：問われていたのは「ホームページの活用方法」と「社内対応策」で、これらをそれぞれ別に答える必要があると思います。

先生：いいぞ！　そのとおりだ！　その2つを分けて書いた受験生は多かった。与件文の書かれ方を見ても妥当だと考えられるね。

葛藤：私は事例Ⅱのような設問に見えて、戸惑いましたよ。事例Ⅲは生産・技術面がテーマなのに、このような設問もあるんですね。

先生：事例Ⅲらしくない設問だと戸惑うかもしれないが、そもそも、事例Ⅲが「生産、技術面だけ」を問う事例であるという認識は正しいかな？　過去にも今後の営業方法、販路開拓、製品戦略などのマーケティング的要素を問う設問はあった。展示会は事例Ⅲのテーマになりやすいものづくり企業が大切な商機を得る場だ。その展示会を活かして、後日の受注にどうつなげるかという設問は、むしろ事例Ⅲ「だからこそ」の出題ともいえるぞ。

【ホームページの活用方法】

先生：2人は「ホームページの活用方法」について、どう考えたかな？

無礼損：設問文に「展示会での成功を参考に」とあるので、与件文の該当する部分を確認すると、実演が来展者の注目を集めたとの記載がありました。そこからホームページ上での実演をイメージして、実演動画をホームページに掲載すると答えました。

葛藤：私はプログラムの作成方法などについて、木工加工関係者からの質問が多かったと与件文に記載がありましたので、ホームページにQ＆Aを掲載すると書きました。そうすれば、異なった顧客が同じような疑問をホームページ上で問い合わせることを省けますからね。あと、それに関連して問い合わせページを設けることも書きました。

先生：2人とも強烈なサーブを決めることができたようだな！　「実演動画」、「Q＆A」、「問い合わせページ」の3つを解答に含めた受験生は多かった。では、なぜそれが潜在顧客の獲得につながるんだ？　もっと、自分の可能性を信じて考えるんだ！

無礼損：ええと、CNC木工加工機の加工精度や操作性、メンテナンスの容易性を潜在顧客に訴求できるからです。展示会の来展者に評価されたのもこの点でした。

先生：すばらしい！　ただ単に、ホームページ上に情報を掲載するだけでなく、それが潜在顧客の獲得にどうつながるか、その訴求ポイントまで書けるようになればストレート勝ちも夢じゃない！

~私が使っていたおすすめアプリ~

暗記カード＋。

【社内対応策】

先生：社内対応策はどうだった？　第１問、第２問と違って、「社内」という修飾語が付いているね。「解答を一定の方向性に絞りたい」という出題者の意図があると考えられるが、２人はどう解答したかな？

葛藤：潜在顧客を受注に結び付けるための社内対応策は与件文に直接のヒントが見つからなかったので、Ｃ社に足りていないと思われることを書きました。販売やマーケティングに関するノウハウがないので、強化する必要があると考えましてね。

無礼損：あたしはホームページの問い合わせ窓口を設置することを書きました。せっかくホームページを作って潜在顧客からの問い合わせがあっても、対応できる人がいなければ意味がないですから。あと、潜在顧客からの問い合わせによって、従来よりも営業の業務量が増えると思ったので、営業体制の強化にも言及しました。

先生：２人ともいいところに着目できているぞ！　さすが私の生徒だ！　ちなみにこの設問の出題の趣旨は確認したかい？　この設問の出題の趣旨を読んで何か気づくことはないかな？

葛藤：あっ、設問文の「潜在顧客を受注に結び付けるための社内対応策」に対して、出題の趣旨では「『その』潜在顧客」と追加されていますね。これはホームページの活用方法と社内対応策の関連性を意識した解答が求められていたってことでしょうか？

先生：その可能性が高いね！　設問文の「『潜在顧客』を受注に結び付ける社内対応策」に関して、その『潜在顧客』はホームページの活用によって獲得した潜在顧客であることが前提だったと読み取れるよ。実際、ホームページを通じて獲得した潜在顧客を意識して、活用方法と社内対応策を関連させている答案は合格答案の割合が高かったんだ。１つの設問文のなかで２つのことを問われたとき、その設問のなかで一貫した解答を意識する必要があることがわかるね。

第4問（配点30点）【難易度　★★★　難しすぎる】

　C社社長は、今後大きな設備投資や人員増をせずに、高付加価値なCNC木工加工機事業を進めたいと思っている。これを実現するためには、製品やサービスについてどのような方策が考えられるか、140字以内で述べよ。

●出題の趣旨

　経営資源の脆弱なC社が、高付加価値なCNC木工加工機事業を推進するための製品やサービスに関する方策について、提案する能力を問う問題である。

事例Ⅲ

●解答ランキングとふぞろい流採点基準

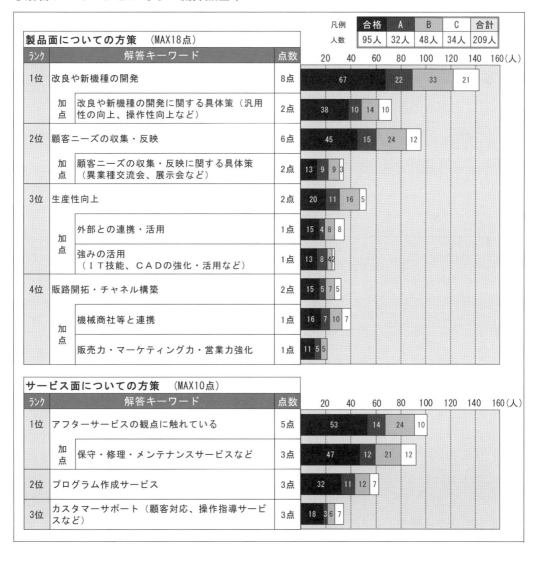

凡例	合格	A	B	C	合計
人数	95人	32人	48人	34人	209人

製品面についての方策　（MAX18点）

ランク	解答キーワード	点数	合格	A	B	C
1位	改良や新機種の開発	8点	67	22	33	21
	加点 改良や新機種の開発に関する具体策（汎用性の向上、操作性向上など）	2点	38	10	14	10
2位	顧客ニーズの収集・反映	6点	45	15	24	12
	加点 顧客ニーズの収集・反映に関する具体策（異業種交流会、展示会など）	2点	13	9	9	3
3位	生産性向上	2点	20	11	16	5
	加点 外部との連携・活用	1点	15	4	8	8
	加点 強みの活用（IT技能、CADの強化・活用など）	1点	13	8	4	2
4位	販路開拓・チャネル構築	2点	15	5	7	5
	加点 機械商社等と連携	1点	16	7	10	7
	加点 販売力・マーケティング力・営業力強化	1点	11	5	5	

サービス面についての方策　（MAX10点）

ランク	解答キーワード	点数	合格	A	B	C
1位	アフターサービスの観点に触れている	5点	53	14	24	10
	加点 保守・修理・メンテナンスサービスなど	3点	47	12	21	12
2位	プログラム作成サービス	3点	32	11	12	7
3位	カスタマーサポート（顧客対応、操作指導サービスなど）	3点	18	3	6	7

~合格してから知って驚いたこと~

　職種や経歴は合格者でさまざま。みんなツーブロックでストライプスーツのサラリーマンだと思ってた。

効果 （MAX2点）

ランク	解答キーワード	点数	グラフ
1位	高付加価値化	2点	46　16　17　18
2位	長期的な関係性の構築、固定客化、ＣＳ向上	1点	18　26　4
3位	売上・利益・収益増	1点	14　34　5
4位	差別化	1点	13　4

（目盛：20 40 60 80 100 120 140 160（人））

●再現答案

区	再現答案	点	文字数
合	製品の方策はＣＮＣ木工加工機にならい旋盤のような操作の容易性・汎用性や加工対象の多様性をもたせ、顧客要望をトータルで解決する新機種を開発する。サービスの方策は①プログラム作成を代行し提供するサービス②メンテナンスを代行するアフターサービスを行う。これらの方策で事業を高付加価値化する。	28	140
合	方策は、①顧客ニーズを収集できるシステムを作り、改良や新商品開発に活かす、②アフターサービスを充実させ、顧客満足度の向上を図る、③外部業者との情報共有を密に行い、連携を強化し、品質向上を図る、④受注販売体制の強化で販路拡大を図り、高付加価値化による差別化を行う。	25	131
A	方策は、①製品面で、製品開発部署を設置して製品の改良や新機種の開発による高付加価値化と作業員の多能工化による低コスト生産体制を構築し、②サービス面で、迅速な保守・修理や操作指導体制、顧客ニーズの吸い上げ体制を構築して信頼関係を築き、顧客ニーズを新製品開発に生かすこと。	28	134
A	汎用品ではなく、顧客ニーズに基づいたセミオーダーメイドの加工機の製造ときめ細かなアフターサービスにより高付加価値化を図っていく。製品については、木工加工者の使用用途や使用方法についてヒアリングし製品改良を行い、サービス面ではメンテナンス等のアフターフォローを強みとし販路開拓を行う。	28	140
B	製品の方策については、これまでの賃加工型の下請製造から、独自で新機種や改良した製品の開発をする。そのために、新規製品を開発する部署を設置する。サービスの方策については、木材加工企業とノウハウを学ぶ、顧客ニーズに応じる提案販売能力を向上させる。	18	121
B	製品面では安定して高品質を保つため作業者育成、標準化を継続して実施する。また各工程での検査を徹底する。サービス面では初めて使う人でも分かりやすい操作マニュアルを整備し、定期メンテナンスなどのアフターサポートを充実させることでユーザー起因の故障を減らすとともに顧客愛顧を高める。	11	138
C	製品はＮＣ機械未使用の木工関係者を想定した操作性、メンテナンス性を備えるものとする。サービスは①プログラムの作成教育、②プログラム提供、③メンテナンス代行を行うため、技術者の養成を行う。加工賃収入型から高付加価値型に移行する。	8	113

●解答のポイント

> 「今後大きな設備投資や人員増をせずに」という制約条件をふまえ、与件文から解答の方向性を読み取ったうえで、製品面とサービス面で高付加価値なＣＮＣ木工加工機事業を推進する方策を提案できたかがポイントであった。

【製品面とサービス面の方策】

先生：さあ、いよいよ事例Ⅲの最終問題だ！　問われているのは、高付加価値なＣＮＣ木工加工機事業を進めるための製品やサービスについての方策だね。2人はどう考えたかな？

無礼損：あたしは悩まずに製品とサービスの両面から方策を考えました。まず、製品面については、与件文に「以前使っていたならい旋盤のような汎用性があり操作性が良い加工機が欲しいが、見つからない」とあったので、「汎用性と操作性を高める」と解答しました。

先生：葛藤さんはどう考えたかな？

葛藤：高付加価値化といえば、やはり最善手は顧客ニーズを読み取ることですよね。私は与件文のなかから顧客ニーズがありそうなところを探して、製品開発に生かす方向で考えましたよ。

先生：なるほど。与件文には「今後改良や新機種の開発を進めていく予定である」ともあるから、顧客ニーズを織り込んだうえで改良や新機種の開発を進めていくのが、おおまかな方向性といえるだろう。サービス面ではどうだった？

無礼損：あたしは、与件文に「プログラムの作成方法、プログラムの提供の可能性、駆動部や刃物のメンテナンス方法、加工可能な材質などに関する質問が多くあり、（中略）来展者から評価された」とあったので、プログラム作成サービスやメンテナンスサービスを行う、とあたしの私生活のように充実した解答をしました！

先生：なるほど。葛藤さんはどうかな？

葛藤：私も、与件文に「ＮＣ機械を使用した経験のない家具や工芸品などの木工加工関係者」とあったので、初心者のために操作指導サービスを行うと解答しました。与件文がそう言っていましたので…。

無礼損：ちょっと、それは完全にあたしのセリフじゃない！

先生：…ま、まあそれは置いておくとして、葛藤さんが言った、「ＮＣ機械を使用した経験のない家具や工芸品などの木工加工関係者」が、Ｃ社の顧客と考えられる。不慣れな顧客の困り事をいかに解決するかというカスタマーサポートや、保守・メンテナンスなどのアフターサービスの観点を挙げた人が合格＋Ａ答案には多かったんだ！

―――〜合格してから知って驚いたこと〜―――――――――――――――――――

人脈の爆発的な広がり。診断士の元気の良さ・エネルギーに満ちあふれている感。

【制約条件をどう捉えるか】

先生：「今後大きな設備投資や人員増をせずに」とあるが、2人はどう考えたかな？

無礼損：制約条件に関連して解答の方向性の根拠となりそうな箇所を与件文から見つけられなかったので、うまく書けませんでした…。

葛藤：私は「設備投資や人員増を一切しない」と思い込んでしまって、アウトソーシングくらいしか思い浮かびませんでしたよ。

先生：2人が言うように、制約条件をどう捉えていいか戸惑ってしまった受験生も少なくなかったみたいだ。ただ、「大きな」という文言が付いているから、設備投資や人員増をまったくしてはいけないというわけではない。これは出題者からのヒントとも考えられる。葛藤さんのように捉えてしまうと、解答の幅が狭まり、どうやって高付加価値化して事業を進めていくか思いつかなかっただろうな。

葛藤：あらら、悪手でしたね…。

先生：無礼さんは、根拠が与件文に明示されていないと言ったが、与件文の「設計のＣＡＤ化や老朽化した設備の更新など、生産性向上に向けた活動を推進してきた」という箇所はヒントにならないか？

無礼損：今後大きな設備投資や人員増をせずに付加価値を高める…そうか、生産性向上ですね。

先生：そうだ！　C社の強みであるＩＴ技能やＣＡＤを活用できれば、大きな設備投資や人員増をせずに生産性を向上できる。

葛藤：例年、事例Ⅲの最終問題では、第1問のＳＷＯＴ分析から抽出した強みを機会に適用するのが定跡でしたが、今回もそうだったわけですね。

先生：葛藤さん、そのとおりだ！　今年度の事例Ⅲは、第1問がＳＷＯＴ分析を問うものではなく、問題形式としてはややイレギュラーだったといえる。しかし、第4問で問われている内容自体は例年どおりだったといえるだろう！

葛藤：やはり、神武以来の深い知識をもってすれば、合格への王手は近づきますね！

無礼損：ちゃんと解答してから、言ってくれる？

葛藤：本番では葛藤してしまって…。

先生：まあまあ。ただ、冷静に設問文を読み解いて、出題者からのヒントを読み取ることが必要なのは間違いない！

無礼損：設問文にはすべて意味があるんですね。注意して読むよう、気をつけます！

【新規事業推進の効果】

先生：そもそも、なぜC社社長は高付加価値なＣＮＣ木工加工機事業を進めたいと思っているんだろう？

無礼損：与件文には「近年、売り上げの中心となっている産業機械・プラント機器の部品加工では、受注量が減少し、加えて受注単価の値引き要請も厳しい状況が続いて

　　　いる。その対応として、現在Ｃ社では新規製品の事業化を進めている」と書いて
　　　ありますね。

葛藤：ということは、ＣＮＣ木工加工機の新規事業を進めることで、売上・利益向上を図っ
　　　たということでしょうね。

無礼損：そうね。ほかには、ＣＮＣ木工加工機事業で値引き対応をしなくてもいいように、
　　　　改良や新機種の開発を進めることで、既存の木工加工機とさらなる差別化を図っ
　　　　たとも考えられるわね。

葛藤：ま、まあ、そういう指し手も悪くありませんよね…。さすが無礼さん、キレキレで
　　　すね。

無礼損：そ、そうかしら（なんで急に褒めるのよ。照れるじゃない…）。

先生：2人とも、その調子だ！　葛藤さんが言った、「売上・利益向上」なども含め、施
　　　策の効果についても多面的に考えられればベストだ！

2人：はい！

Column

諦めないことがコツ！　継続は力なり

　私は6回も2次試験を受験しました。初めて自分の意思で勉強し、不合格の悔しさを何
度も味わった試験でした。最初の3回は、過去問を疎かにするなど筆記試験の勉強の仕方
もわかっておらず迷走し、「この状況なら仕方ない。次に頑張ればいいか」と自分に負け
て勉強に身が入らないこともありました。4回目からやっと「このままではいけない」と、
初めて通信予備校をフルコースで受講し、2次試験の特性や傾向の把握、過去問の取り組
み強化、論理的な文章力の向上などの対策を行いました。結果は事例Ⅰ～Ⅳで順にＢＢＡ
Ａの評定で不合格となり悔しかったですが、その時の実力を出し切ることはできました。
その経験から、3年間の勉強中断の後、再開した時には着実に勉強を進め6回目にして合
格しました。6回目は『ふぞろい』を活用して過去問対策に力を注ぎ、最後にしてやっ
と「当たり前のことを当たり前にわかりやすく書くことの大切さ」に気づいたのです。

　いろいろと気づくのが遅いですよね（笑）。安心してください。こんな失敗だらけの私
でも諦めず試験を受け続けたことで合格できたのです。合格した年は「継続は力なり」を
心の底から実感しました。多年度生はいろいろ悩むことも多くプレッシャーもあると思い
ます。ですが諦めたらそこで終了です。迷ったことでも積み上げてきたことは必ず活きま
す。「継続は力なり」を信じましょう！　　　　　　　　　　　　　　　　　　（まりぃ）

▶事例Ⅲ特別企画 ◀

平成29年度事例Ⅲ　3つの罠

先生：さて、2人とも。今回の事例Ⅲにはうまく対応できたかい⁉

葛藤：今回の事例Ⅲは出題傾向が変わって、しっかり過去問を解いてきた私みたいな受験生こそ、定跡どおりに対応ができずに大崩れした人が多いと考えております。

無礼損：あたしも、第1問で、いきなり課題と対応策が問われたりして、どうしたらいいのかわからなくなりましたね。

先生：たしかに戸惑った人が多かったことが考えられる。ただ、本当に出題傾向や問われることが大きく変わったといえるだろうか？　問題作成者が施した、今回の事例Ⅲの設問文の「罠」に「ただ惑わされてしまった」、ともいえるのではないだろうか？　まず、例年の傾向をおさらいしてみよう。

【これまでの事例Ⅲの傾向】

先生：じゃあ、直近の過去問（平成24〜28年度）から、事例Ⅲの出題傾向を整理してみよう。これまで頻繁に問われていた内容といえば、何が思い浮かぶだろうか？

葛藤：事例Ⅲは出題傾向が固まっており定跡が通用しやすい傾向にあると思います。まずは、なんといっても第1問で問われることが多いSWOT分析でしょう。

無礼損：たしかに、受験歴が浅いあたしでも、事例Ⅲの第1問といえばSWOT分析という印象だわ。

先生：そうだ！　事例Ⅲの第1問といえば2人の言うとおりSWOT分析の問題だ！　C社の「成長要因は何か」、「競争優位は何か」など、言葉は違えど、C社の強みを中心に毎年問われていたようだ。ほかにはどうだ⁉

葛藤：SWOT分析の後は、生産現場における問題解決に関して問われることが定跡となっているという印象があります。

無礼損：生産現場における問題解決？　もう少し具体的に言ってもらえるかしら？

葛藤：生産計画や生産統制の改善や、製造のムダやバラツキを無くすための作業の改善など、C社をQCDの面から改善する方策を提案する問題のことです。

無礼損：そうね、「QCDの改善策」と捉えると、まさに毎年問われているわね。あたしは「今後、C社はどうすればいいのか？」という問題も多いような気がするわ。

葛藤：あのですね、それ、私が言いたかったことなのですが…。主に最後の問題で、C社の成長戦略が問われることが多いことも事例Ⅲの定跡ですね。

先生：2人とも、なかなかやるじゃないか！　直近5年間の傾向はおおむねそんな感じだ。ほかの頻出問題としては情報問題がある。例として平成28年度の設問と例年の傾向との対応関係をまとめてみたぞ。これを念頭に、平成29年度の設問を検討して

みよう！

平成28年度の出題のされ方

	設問文	
第1問	カット野菜業界におけるC社の（a）強みと（b）弱みを、それぞれ40字以内で述べよ。	ＳＷＯＴ分析（強み・弱み）
第2問	現在C社が抱えている最大の経営課題は、収益改善を早急に図ることである。生産管理面での対応策を160字以内で述べよ。	生産計画・生産統制の改善
第3問	C社では、クレームを削減する改善活動を計画している。このクレーム改善活動を最も効果的に実施するために、着目するクレーム内容、それを解決するための具体的対応策を120字以内で述べよ。	作業の改善
第4問	C社社長は、経営体質の強化を目指し、今後カット野菜の新事業による収益拡大を狙っている。またその内容は、顧客からの新たな取引の要望、およびC社の生産管理レベルや経営資源などを勘案して計画しようとしている。この計画について、中小企業診断士としてどのような新事業を提案するか、その理由、その事業を成功に導くために必要な社内対応策とともに160字以内で述べよ。	成長戦略

事例Ⅲ

【罠①　ＳＷＯＴ分析がない】

先生：平成29年度の事例Ⅲでは第1問でＳＷＯＴ分析が問われなかった。つまり、C社の強みや弱みを直接問う設問は今回なかったんだ。たとえるなら、いつもどおり中央にサーブをしてくれると思ったら、いきなりライン際を狙われた感じだな！

葛藤：序盤から定跡を外された展開となり、戸惑ってしまいました。

無礼損：あたしも、過去問とは「ちょっと違うな」とは思ってたわ。問われなかったということは、今回は「ＳＷＯＴ分析は重要ではなかった」ということなのかしら？

先生：果たしてそうだろうか？　過去問において、ＳＷＯＴ分析は第1問で解答して終わりという扱いだったかい？　よく考えるんだ!!

葛藤：私の長年の過去問の研究成果によると、第1問のＳＷＯＴ分析の結果は成長戦略の設問で生かすことが定跡です…なるほど！　成長戦略の助言問題に答えるためには、直接問われてなくともＳＷＯＴ分析を行うことが重要なのですね！

先生：葛藤さん、よく気づいたね！　中小企業診断士の実務でも、ＳＷＯＴ分析に基づいた助言が基本だ！　ＩＴ技能はC社の強み（S）と捉えることができるし、操作性・汎用性の高い木工加工機が求められているということは、C社が対応できれば機会（O）ということができる。実際、第4問ではこのSとOを内容として盛り込まれている答案が合格＋A答案には多かったんだ。

～苦手な事例克服方法「事例Ⅱ編」～

　自分の行きつけのお店って何をやっているかな（顧客関係性強化的な）と考えてみて実感する。

無礼損：直接問われていなくても、基本に立ち返って事例企業の外部環境や内部環境を分析することは重要なのね！

葛藤：基本とは、わかっているようで身についていないものですね…（しみじみ）。

【罠②　問われ方が抽象的】

先生：今回の事例Ⅲの第1問と第2問では、「課題」と「対応策」が問われたね。

無礼損：あたしは「課題」という言葉が何を指しているのか、よくわからず困りました。

先生：それでは無礼さん、「問題点」を問われたらどう対処したかな？

無礼損：その場合、現状の生産業務のなかで問題が起きていないか、QCDの観点から探していったと思います。でも、問題点の探し方はわかりますけど、課題って問題点と違って直接与件文には書かれてないですよね。

先生：そう、与件文には課題についての直接的な記述はないんだ。これは、「課題」という言葉の意味を考えてみればよくわかる。第1問の解説でも触れたが、課題は「理想」と「現実（問題点）」を埋める解決の方向性なんだ。「問題点」に着目したうえで、どのような方向性で「理想」が達成できるか与件文に沿って考える必要があるんだ！　基本的に「課題」は、与件文に「落ちているもの」ではなく、与件文から「抽出するもの」なんだよ。

無礼損：なるほど。まず言葉の意味をしっかりと把握していることが、解答の糸口だったんですね！

葛藤：あの、私、それ以外にも「課題」と「対応策」の区別がつかずに非常に書きづらかった記憶があります。

先生：たしかに、第1問、第2問ともに、再現答案では、同一のキーワードが課題と対応策の両方に登場していたようだ。多くの受験生が頭を悩ませたようだが、ここも、言葉の意味から解答の糸口を見つけられるぞ。「課題」とは、「解決の方向性」だ。ということは、課題そのものは抽象度が高いと考えられる。課題のほかに対応策、つまり具体的な対応を問われているわけだしね。

無礼損：そうか、じゃあ、抽象的な方向性である「課題」に対し、具体的な「対応策」へとつながるようにキーワードを選べばよかったんですね。

葛藤：第2問ならば、課題が「技術情報共有による専任担当制の是正」で、対応策は「技術情報の標準化・マニュアル化、OJTによる多能工化」という感じでしょうか？

先生：そうだ！　80分でそこまで考えて対応できていれば、十分に合格圏内に入れるぞ！

【罠③　事例Ⅲに見えない出題】

先生：今回の事例Ⅲの第3問や第4問でホームページや製品、サービスに関することなど、まるで事例Ⅱのマーケティング戦略のような内容が問われたね。

無礼損：これまでもそういう設問があったということは第3問の分析で話題に上りました

～苦手な事例克服方法「事例Ⅲ編」～
　どのような施策がQCDのどれに結び付くか、きちんと整理し、理解すること。

が、具体的にはどんな問われ方をしたんでしょうか？

葛藤：無礼ちゃん、こういう時こそ『ふぞろい』を活用するのが好手です。第3問の分析の後に行った、私なりの研究成果を披露いたします！

無礼損：いつもは優柔不断な葛藤さんが急に頼もしく見えるわ…。

葛藤：過去問を見ると、たとえば平成25年度の第3問では、「過去の他社との共同開発事業（新製品開発）の失敗要因と新事業開発の留意点」が問われました。過去の『ふぞろい』を参照すると、「Y社依存の販路開拓」、「直接販売」、「ニーズ把握」、「高付加価値製品の開発」などの、事例Ⅱでよく使われるキーワードが候補として挙がっています。そのほかの年度でも、組織・人事や経営戦略などの、事例Ⅰでよく使われるキーワードが登場することもあるのです。事例Ⅲでは生産・技術のことだけが問われると決めつけることは、悪手といえるでしょう。

先生：葛藤さん、さすがだ！　たしかに、過去問を分析すると、事例Ⅲであっても、必ずしも生産や技術に関する内容だけで解答するとは限らないことがわかる。特に成長戦略を問う設問でそれが顕著だね！

葛藤：思い込みを捨てて、設問の要求に素直に答えることが最善手です。

無礼損：今回は立場逆転ね。過去問の正しい分析と理解が、先入観に惑わされない手助けになることもあるのね。ちょっと悔しい気もするけど、葛藤さん、ありがとう。

【まとめ　罠をかわすカギは過去問にあり】

先生：2人とも、ここまで分析を重ねてきて、改めて問おう！　平成29年度は、今までと出題傾向や問われることが変わっていたか⁉

葛藤：初見ではそう感じたのですが、問われている内容を過去問に照らし合わせていくと、同じような内容であるとわかりました。

無礼損：結局はSWOT分析や生産現場における問題解決、成長戦略が問われていることは例年どおりでしたね。ただ、設問で問われなかったり、いつもより抽象的な問われ方をしたり、さらにマーケティング寄りにしたりで、わかりづらいだけだったんですね。

先生：そうなんだ。問われる内容が似ていても、形式の違いによって型どおりの対応が難しくなる。これこそがまさに平成29年度の罠だったんだ。だが、そのなかで過去問をしっかり分析し、問われている内容を本質的に理解していた受験生は的確に対処できたはずだ。

葛藤：出題者は難化を狙ったのかもしれませんね。そんななか、冷静に対処できれば合格＋A答案待ったなしだったといえます。私もその境地に至りたいものです。

無礼損：次こそは過去問をしっかり研究して、ブレない軸を身につけたいわね。

先生：その意気だ！　過去問研究で事例Ⅲの問われ方を把握して、今度こそ合格だ！

2人：はい‼

~苦手な事例克服方法「事例Ⅲ編」~ ───────
　生産に関する、最低限の施策は丸暗記する。

ふぞろい流ベスト答案 ━━━━━━━━ 事例Ⅲ

第1問（配点30点） 140字 **【得点】30点**

課	題	は	、	①	機	械	加	工	班	と	製	缶	板	金	班	の	連	携	強
化⁷	、	②	組	立	て	工	程	に	対	応	し	た	生	産	体	制	の	構	築⁵
で	あ	る	。	対	応	策	は	、	①	定	例	会	議	等	の	実	施	で	作
業	者	間	の	連	携	を	促	進⁵	す	る	事	、	②	全	社	的	な	生	産
計	画	を	立	案⁷	し	、	生	産	統	制	を	実	施⁵	す	る	事	、	③	Ｃ
Ｎ	Ｃ	制	御	装	置	の	外	注	管	理⁵	を	徹	底	す	る	事	、	④	検
査	工	程	の	専	任	担	当³	を	配	置	す	る	事	、	で	あ	る	。	

第2問（配点20点） 120字 **【得点】20点**

課	題	は	、	①	技	術	情	報	の	共	有²	に	よ	る	専	任	担	当	制
の	是	正⁴	、	②	繰	り	返	し	受	注	生	産¹	や	顧	客	対	応	の	効
率	化¹	等	で	あ	る	。	対	応	策	は	、	①	技	術	情	報	の	標	準
化	、	マ	ニ	ュ	ア	ル	化⁵	や	、	Ｏ	Ｊ	Ｔ⁴	に	よ	る	多	能	工	化⁴、
②	Ｃ	Ａ	Ｄ	に	よ	る	加	工	情	報	の	Ｄ	Ｂ	化⁴	や	、	顧	客	対
応	窓	口	設	置	に	よ	る	顧	客	対	応	一	元	化¹	等	で	あ	る	。

第3問（配点20点） 160字 **【得点】20点**

ホ	ー	ム	ペ	ー	ジ	の	活	用	方	法	は	、	①	Ｃ	Ｎ	Ｃ	木	工	加
工	機	の	実	演	動	画	の	掲	載⁴	、	②	展	示	会	で	受	け	た	質
問	事	項	の	Ｑ	Ａ	集	の	掲	載³	、	③	問	い	合	わ	せ	ペ	ー	ジ
の	開	設³	、	に	よ	り	加	工	精	度	・	操	作	性	・	メ	ン	テ	ナ
ン	ス	の	容	易	性	を	訴	求	す	る³	。	社	内	対	応	策	は	、	①
ホ	ー	ム	ペ	ー	ジ	か	ら	の	問	い	合	わ	せ³	に	対	応	す	る	窓
口	を	設	置⁴	、	②	社	内	教	育	に	よ	る	顧	客	対	応	力	の	強
化²	、	に	よ	り	営	業	体	制	を	強	化²	し	て	受	注	に	繋	げ	る。

第4問（配点30点）　140字　　　　　　　　　　　　　　　　　　　　　　【得点】30点

方	策	は	、	製	品	面	で	①	顧	客	の	改	良	ニ	ー	ズ	を	収	集⁶

方策は、製品面で①顧客の改良ニーズを収集⁶し、汎用性と操作性²の高い新製品開発や製品改良⁸を行う事、②ＩＴ技能を活用¹し生産性向上²を図る事、である。サービス面で①メンテナンス³等のアフターサービス⁵を設ける事、②プログラム作成サービス³を実施する事である。以上により事業の高付加価値化²を図る。

ふぞろい流採点基準による採点

100点

第1問：課題については、ＣＮＣ木工加工機を生産するうえで必要となることを記載しました。対応策については、記載した課題を解決するために実施すべき内容を具体的に記述するよう意識し、解答を作成しました。

第2問：課題と対応策の各番号（①、②）が対応関係になるように記述し、課題を解決する対応策に関しては、より具体的な内容になるように意識した解答を作成しました。

第3問：ホームページの活用方法では、展示会での成功を参考にして、①Ｃ社のＣＮＣ木工加工機の強みを訴求すること、②潜在顧客との接点を作ることについて記載しました。社内対応策では、ホームページから問い合わせてきた潜在顧客を、いかに受注につなげるかについて意識した解答を作成しました。

第4問：製品面とサービス面の切り口で、それぞれ方策を挙げました。製品面では、顧客ニーズを捉えて製品の強みを強化することを記載しました。サービス面では、展示会で受けた質問をもとにサービスにつなげることを意識しました。最後に、それらの方策を実施した際の効果を盛り込みました。

事例Ⅲ

▶事例Ⅳ（財務・会計）

平成29年度　中小企業の診断及び助言に関する実務の事例Ⅳ
（財務・会計）

　D社は、所在地域における10社の染色業者の合併によって70年前に設立され、それ以来、染色関連事業を主力事業としている。現在、同社は、80％の株式を保有する子会社であるD-a社とともに、同事業を展開している。D社の資本金は2億円で、従業員はD社単体（親会社）が150名、子会社であるD-a社が30名である。

　親会社であるD社は織物の染色加工を主たる業務とし、子会社であるD-a社がその仕立て、包装荷造業務、保管業務を行っている。先端技術を有するD社の主力工場においてはポリエステル複合織物を中心に加工作業を行っているが、他方で、人工皮革分野やマイクロファイバーにおいても国内のみならず海外でも一定の評価を得ている。またコーティング加工、起毛加工などの多様な染色加工に対応した仕上げ、後処理技術を保有し、高品質の製品を提供している。

　現状におけるD社の課題をあげると、営業面において、得意先、素材の変化に対応した製品のタイムリーな開発と提案を行い、量・質・効率を加味した安定受注を確保すること、得意先との交渉による適正料金の設定によって採算を改善すること、生産面においては、生産プロセスの見直し、省エネルギー診断にもとづく設備更新、原材料のＶＡおよび物流の合理化による加工コスト削減があげられている。

　D社は新規事業として発電事業に着手している。D社の所在地域は森林が多く、間伐等で伐採されながら利用されずに森林内に放置されてきた小径木や根元材などの未利用木材が存在しており、D社はこれを燃料にして発電を行う木質バイオマス発電事業を来年度より開始する予定である。同社所在の地方自治体は国の基金を活用するなどして木質バイオマス発電プラントの整備等を支援しており、同社もこれを利用することにしている（会計上、補助金はプラントを対象に直接減額方式の圧縮記帳を行う予定である）。この事業については、来年度にD社の関連会社としてD-b社を設立し、D社からの出資2千万円および他主体からの出資4千万円、銀行からの融資12億円を事業資金として、木質バイオマス燃料の製造とこれを利用した発電事業、さらに電力販売業務を行う。なお、来年度上半期にはプラント建設、試運転が終了し、下半期において商業運転を開始する予定である。

　以下は、当年度のD社と同業他社の実績財務諸表である。D社は連結財務諸表である一方、同業他社は子会社を有していないため個別財務諸表であるが、同社の事業内容はD社と類似している。

貸借対照表

（単位：百万円）

<資産の部>	D社	同業他社	<負債の部>	D社	同業他社
流動資産	954	798	流動負債	636	505
現金及び預金	395	250	仕入債務	226	180
売上債権	383	350	短期借入金	199	200
棚卸資産	166	190	その他	211	125
その他	10	8	固定負債	1,807	602
固定資産	2,095	1,510	長期借入金	1,231	420
有形固定資産	1,969	1,470	社債	374	–
建物	282	150	リース債務	38	42
機械設備	271	260	退職給付引当金	164	140
リース資産	46	55	負債合計	2,443	1,107
土地	1,350	1,000	<純資産の部>		
その他	20	5	資本金	200	250
投資その他の資産	126	40	資本剰余金	100	250
投資有価証券	111	28	利益剰余金	126	701
その他	15	12	非支配株主持分	180	–
			純資産合計	606	1,201
資産合計	3,049	2,308	負債・純資産合計	3,049	2,308

損益計算書

（単位：百万円）

	D社	同業他社
売上高	3,810	2,670
売上原価	3,326	2,130
売上総利益	484	540
販売費及び一般管理費	270	340
営業利益	214	200
営業外収益	32	33
営業外費用	70	27
経常利益	176	206
特別損失	120	–
税金等調整前当期純利益	56	206
法人税等	13	75
非支配株主損益	16	–
当期純利益	27	131

注　営業外収益は受取利息・配当金、営業外費用は支払利息、特別損失は減損損失およ
　　び工場閉鎖関連損失である。また、法人税等には法人税等調整額が含まれている。

（以下、設問省略）

第1問（配点25点）
（設問1）【難易度　★☆☆　みんなができた】

　D社と同業他社のそれぞれの当年度の財務諸表を用いて経営分析を行い比較した場合、D社の課題を示すと考えられる財務指標を2つ、D社が優れていると思われる財務指標を1つ取り上げ、それぞれについて、名称を（a）欄に、財務指標の値を（b）欄に記入せよ。なお、解答にあたっては、①、②の欄にD社の課題を示す指標を記入し、③の欄にD社が優れていると思われる指標を記入すること。また、（b）欄の値については、小数点第3位を四捨五入し、カッコ内に単位を明記すること。

●出題の趣旨

　財務諸表の数値に基づいて、企業間比較においてD社の財務状態を適切に評価するために必要な財務指標の値を求める能力を問う問題である。

●解答ランキングとふぞろい流採点基準

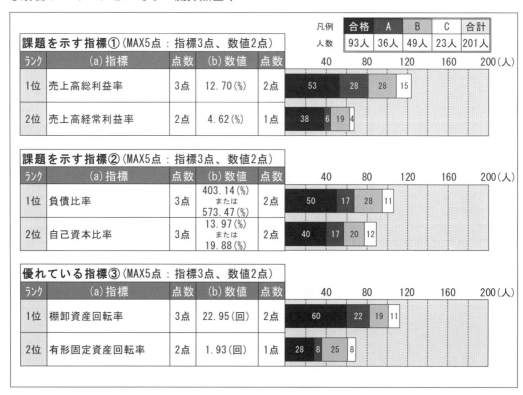

（設問２）【難易度　★★☆　勝負の分かれ目】
　D社の財政状態および経営成績について、同業他社と比較した場合の特徴を40字以内で述べよ。

●出題の趣旨

　適切な財務比率に基づいて、同業他社と比較した場合のD社の財務的な課題及び強みに関して評価する能力を問う問題である。

●解答ランキングとふぞろい流採点基準

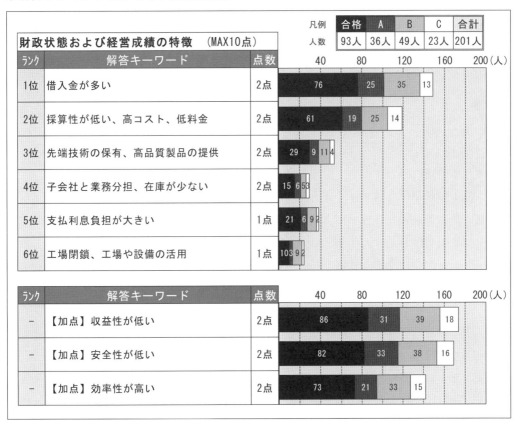

凡例	合格	A	B	C	合計
人数	93人	36人	49人	23人	201人

財政状態および経営成績の特徴　（MAX10点）

ランク	解答キーワード	点数	グラフ
1位	借入金が多い	2点	76 / 25 / 35 / 13
2位	採算性が低い、高コスト、低料金	2点	61 / 19 / 25 / 14
3位	先端技術の保有、高品質製品の提供	2点	29 / 9 / 11 / 4
4位	子会社と業務分担、在庫が少ない	2点	15 / 6 / 5 / 3
5位	支払利息負担が大きい	1点	21 / 6 / 9 / 2
6位	工場閉鎖、工場や設備の活用	1点	10 / 3 / 9 / 2

ランク	解答キーワード	点数	グラフ
－	【加点】収益性が低い	2点	86 / 31 / 39 / 18
－	【加点】安全性が低い	2点	82 / 33 / 38 / 16
－	【加点】効率性が高い	2点	73 / 21 / 33 / 15

●再現答案

区	再現答案	点	文字数
合	高品質の製品提供で資産活用の効率性高いが、高原価率で収益性低く借入依存で安全性低い。	10	40

合	棚卸資産の**効率性は高い**が、**負債**と**支払利息が大きい**ため、**収益性・安全性が低い**。	9	38
A	**高品質の商品**で**効率性は高い**が、**借入依存体質**と**加工コスト上昇**で**安全性、収益性が低い**。	10	40
A	**有形固定資産に対し売上が多く効率性が高く**、**借入と負債が大きく収益性、安定性が低い**。	9	40
B	長所は**有形固定資産が売上の貢献**出来ている事。短所は**コストが高く、借入金が過大**な事。	5	40
C	**多大な長期的資金借入**により長期安全性は良いが、**自己資本比率は低く、収益性も悪い**。	4	40

●**解答のポイント**

> 40字と字数が少ないなかで、与件文や財務諸表から得られる情報をもとに（設問1）で挙げた指標から導かれる課題および強みを多面的に指摘できたかどうかがポイントであった。

【見慣れぬ言葉に惑わされず、指標を探そう】

先生：第1問は予想どおり経営分析だったな！　解いてみてどうだった？

無礼損：最初に読んだ与件文では、「圧縮記帳」や「連結財務諸表」などの言葉に、財務諸表ではB／Sの「非支配株主持分」やP／Lの注書きなどに惑わされました。

葛藤：あのですね。今まで経験のない連結財務諸表の登場に頭が混乱しました。はい。

先生：たしかに見慣れない言葉が登場したね！　でも多くの受験生が同じ状況で、君たちだけが不利な状況だったわけじゃないよ！　指標の選択に迷いはあったかい？

葛藤：定跡どおり収益性・効率性・安全性の指標を選択することを心掛けました。課題を示す指標は、収益性と安全性。優れている指標は、効率性で解答しました。

無礼損：そうね。あたしも同じ。ただ、収益性の売上高総利益率と売上高経常利益率、効率性の棚卸資産回転率と有形固定資産回転率は、どちらを選ぶか迷ったわ。

先生：2人ともすばらしいスタートダッシュだ！　今回は数値に明確な差が出たね。つまり落としてはいけない問題ということだ！　合格＋A答案には、売上高総利益率と棚卸資産回転率を選択している人が多い。なぜだと思う⁉

無礼損：やっぱり与件文に課題として書かれている「適正料金」や「加工コスト削減」、「設備更新」などに着目する必要があったということでしょうか。

葛藤：すごく葛藤がありました。有形固定資産回転率は良いのに、「設備更新」が課題として挙げられている点。営業外費用が悪いのに、販管費が優れている点。今考えると、与件文や他の設問にもヒントがありましたね。

〜モチベーションアップの方法〜
　勉強会仲間と合格に向けて話をすること。

先生：2人とも完璧だよ！　迷ったら与件文や他の設問との整合性を考えてみることが大事だね。ほかに何か疑問は感じたかい？

葛藤：あのですね。私、予備校の模範解答を見たんですが、安全性指標についてはB／Sの「非支配株主持分」を除外して計算していました。これが正しい手法なのはわかったんですが、実際に本試験の採点基準はどうだったんでしょうか。

無礼損：そんな解答書けるわけないわ。知らないもの。予備校も自分たちが教えていない内容で模範解答を作るなんて随分無責任ね。

先生：無礼さんが言うとおり、「非支配株主持分」を除外して計算できている受験生はごく少数だったし、どちらで計算しても大勢に影響はないといえるんじゃないかな！

【特徴は与件文からヒントを探せ！】

先生：同業他社と比較した場合の財政状態や経営成績の特徴はどう考えたかな？

葛藤：財政状態の特徴として「借入金の多さ」を指摘しました。与件文に明示はされていませんが、ここは定跡どおりでしょう。

無礼損：わかるわ。あたしもよ！　与件文にはないけど今回は仕方ないじゃない！

先生：そうだな。財政状態については財務比率から類推する解答が求められていたんだろうな！　では、経営成績の特徴はどうかな？

葛藤：私は「借入金と利息が過大」と指摘することで、収益性の低さを安全性の低さとまとめて指摘し、字数を節約しました。私、これが最善手だと思っております。はい。

無礼損：あーら、与件文に「利息」なんて書いてないじゃない。あたしは「加工コストが高いため収益性が低い」と解答したわ。やっぱり与件文が命なのよ！

先生：たしかに。「利息が過大」でも加点はされるだろうが、与件文に明示されている課題に触れるほうが高得点を狙えるかもしれないな！　効率性の特徴はどうかな？

無礼損：あたしは与件文の「先端技術を有する」から、「工場や設備の活用」に触れました…。

先生：そうだな。「工場や設備の活用」については、葛藤さんが指標選択で迷ったとおり与件文で設備更新が課題となっていることから、少し優先度が低いかもしれないな！

葛藤：あのですね。私は与件文の「高品質製品の提供」に着目し、財務諸表の売上高が多く「在庫が少ない」点を解答しました。

先生：合格＋A答案ではこちらの解答のほうが多かったぞ。葛藤さんナイスだ！

無礼損：くやしいけど…それも与件文どおりですね。もっとセンスを磨くわ！

先生：今回は文字数が少なく収益性、安全性、効率性のすべてに触れるのは難しかったかもしれないな。出題の趣旨のとおり「財務的な課題及び強み」として安全性と効率性の2つでも、内容を充実させれば6割以上は得点できたかもしれないぞ。

葛藤：でも合格＋A答案では半数以上がすべてに触れて解答をしていましたね。

先生：少ない字数でも多面的に、わかりやすく解答することが高得点につながるんだ！

〜モチベーションアップの方法〜

合格者ブログや「中小企業診断士の広場」で合格後の活躍を読む。

第2問（配点18点）

（設問1）【難易度　★☆☆　みんなができた】

　以下の来年度の予測資料にもとづいて、染色関連事業の予測損益計算書を完成させよ。なお、端数が生じる場合には、最終的な解答の単位未満を四捨五入すること。

〈予測資料〉

　当年度の損益計算書における売上原価のうち1,650百万円、販売費及び一般管理費のうち120百万円が固定費である。当年度に一部のT場を閉鎖したため、来期には売上原価に含まれる固定費が100百万円削減されると予測される。また、当年度の売上高の60％を占める大口取引先との取引については、交渉によって納入価格が3％引き上げられること、さらに、材料価格の高騰によって変動製造費用が5％上昇することが見込まれる。なお、その他の事項に関しては、当年度と同様であるとする。

予測損益計算書

（単位：百万円）

売上高	（　　　　　　　）
売上原価	（　　　　　　　）
売上総利益	（　　　　　　　）
販売費及び一般管理費	（　　　　　　　）
営業利益	（　　　　　　　）

●出題の趣旨

　一定の条件の下で予測損益計算書を作成することによって、利益計画に関する診断及び助言の基礎となる数値を計算する能力を問う問題である。

●解答ランキングとふぞろい流採点基準

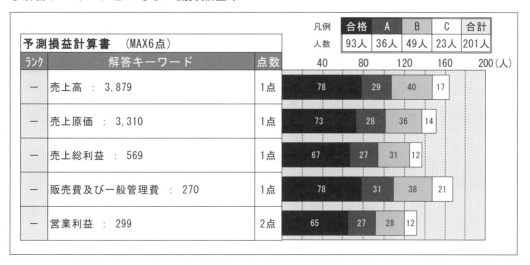

凡例	合格	A	B	C	合計
人数	93人	36人	49人	23人	201人

予測損益計算書　（MAX6点）

ランク	解答キーワード	点数	人数
―	売上高　：　3,879	1点	78／29／40／17
―	売上原価　：　3,310	1点	73／28／36／14
―	売上総利益　：　569	1点	67／27／31／12
―	販売費及び一般管理費　：　270	1点	78／31／38／21
―	営業利益　：　299	2点	65／27／28／12

●解答のポイント

　当年度のP／Lに基づいて、売上高と変動費、固定費の増減分を設問文から正確に読み取り、正しく予測損益計算書を作成できたかがポイントであった。

【みんなができる問題を確実にとる！】

先生：第2問は前年に引き続きCVP分析の問題だったな。（設問1）は予測損益計算書を作成させる問題だったが、2人ともできたかな？

無礼損：この設問は他の問題と比べて易しそうでしたので、あまり時間をかけずに解くことを意識しました。難易度を見極めるセンスが大事ね。

葛藤：あのですね。私それは間違いだと思っております。定跡どおり簡単な問題こそミスをしないよう慎重に解くべきだと思います。

先生：葛藤さんの言うとおりだ！　今回の事例のように全体的に難易度が高い場合、みんなができる問題をいかにミスなく解答できるかが重要なんだ。実際に、営業利益まで正解した人数のなかで合格＋A答案は70％を超えており、B＋C答案では50％台という結果だった。この問題を落とすと合格することは難しくなっただろう。

無礼損：たしかにそうですね。あたしは「納入価格が3％引き上げられる」を間違えてマイナスしてしまった。丁寧に解いていれば防げたかもしれません。

葛藤：私は設問文の計算に必要な箇所にペンで印を付けながら計算しましたので、すべて正解することができました。私、これが最善手だと思っております。

先生：エクセレント‼　この設問のような易しい問題を確実に得点するためには、普段から過去問や模試等を解く時にミスを減らすことを心掛けるようにしよう！

～モチベーションアップの方法～
診断士試験に受かった後のことをひたすら妄想する。カフェの店員さんとトーク。

事例Ⅳ

（設問2）【難易度　★★☆　勝負の分かれ目】

　発電事業における来年度の損益は以下のように予測される。発電事業における予想営業利益（損失の場合には△を付すこと）を計算せよ。

〈来年度の発電事業に関する予測事業〉

　試運転から商業運転に切り替えた後の売電単価は1kWhあたり33円、売電量は12百万kWhである。試運転および商業運転に関する費用は以下のとおりである。

（単位：百万円）

	試運転	商業運転
年間変動費	60	210
年間固定費	370	

●出題の趣旨

　新規事業の立ち上げに関する財務的な影響について予測資料を解釈し、それに基づいて新規事業に関する予測損益を計算する能力を問う問題である。

●解答ランキングとふぞろい流採点

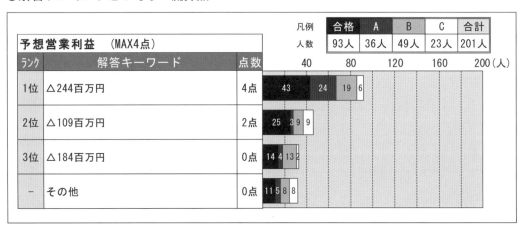

●解答のポイント

　設問文と表から、素直に年間変動費を読み取り、予想営業利益を算出できたかどうかがポイントであった。

（設問3）【難易度　★★★　難しすぎる】

　再来年度以降、発電事業の年間売電量が40百万kWhであった場合の発電事業における年間予想営業利益を計算せよ。また、売電単価が1kWhあたり何円を下回ると損失に陥るか。設問2の予測資料にもとづいて計算せよ。なお、売電単価は1円単位で設定されるものとする。

●出題の趣旨

　新規事業の稼働水準の変化や売電単価の変化による損益への影響を分析することによって、新規事業のリスクを検討するための感度分析を行う能力を問う問題である。

●解答ランキングとふぞろい流採点

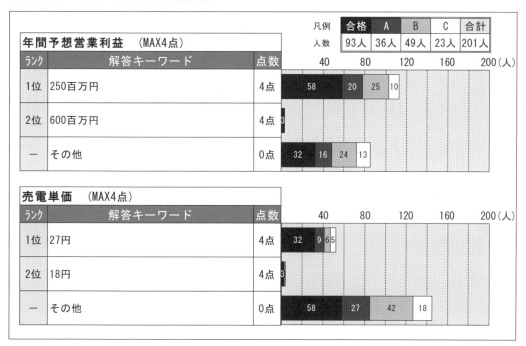

●解答のポイント

　（設問2）と予測資料に基づき、正確に変動費が計算できたかどうか。また、ＣＶＰを本質的に理解していたかどうかがポイントであった。

【素直に解答すべし！】

先生：（設問1）でミスをしないよう細心の注意を払った後の問題だが、複雑に考えすぎることなく素直に対応できたかい？　第4セット（事例Ⅳ）も中盤戦だ！　途切れ

そうになる集中力を維持しつつ、解答欄に正確無比なスマッシュショットを打ち込むことができれば、合格がグッと近づくぞ‼

無礼損：はい。あたしは素直に与えられた予測資料をもとに、売電単価に売電量を掛けた売上高から試運転と商業運転の年間変動費、年間固定費を差し引いて解答を導き出しました。

葛藤：あのですね。私それは間違いだと思っております。そもそも与件文の４段落目の下から２行目にわざわざ、「なお、来年度上半期にはプラント建設、試運転が終了し、下半期において商業運転を開始する予定」とあります。つまり、年間変動費のうち、試運転の変動費は来年度の損益には含むべきではない、と言い切れます。

先生：葛藤さんのように考えた受験生は約17％と一定数いたことはたしかだが、設問文をよく見てごらん！　「試運転から商業運転に切り替えた後の」と書いてある。たしかに与件文には試運転は上半期で終了予定とあるけど、来年度の予測資料には上半期がそのまま記述されていると素直に読み取ることが肝要だったのではないかな？ただし、年間変動費を試運転と商業運転で合算し、それを２で割った額を年間変動費として計算した解答については、合格＋Ａ答案でも20％強に見られたことから、この解答でも加点されていたと考えられる。いずれにしてもこの問題はしっかりと得点しておく問題だ！

無礼損：あら、やっぱり。深読み・長考は百害あって一利なしよね。今回は部分点で救われたけど、素直な指し手は、２次試験の基本じゃないかしら？

葛藤：その手は見えませんでした…（落ち込む）。

【新規事業が成り立つかどうかを俯瞰する】

先生：（設問２）の予想営業利益＝売上高－変動費－固定費の式の応用版という題意はすぐに頭に浮かんだんだい？

葛藤：そこはわかってはいたんですが…。

無礼損：葛藤さん、かなり引きずっているわね。その気持ちわかるわ。あたしは、再来年度以降、売電量が拡大することで黒字化する方向ということまではなんとなく見えましたが、変動費の算出に悩んで、結局予測資料にある商業運転の210百万円を変動費として予想営業利益を出しました。

先生：受験生の約20％が無礼さんと同じ考え方をしたみたいだ！　しかし、よく考えてごらん。売電量が増えるということは営業量が増えるわけだから、それに伴って変動費も増えるのではないかな？

葛藤：つまり、感度分析の論点では販売単価の変動は売上高に対してのみ影響があるが、販売数量の変動は売上高と変動費に対して影響があるのです。これ定跡です。

先生：すばらしいよ、葛藤さん！

無礼損：たしかに、そうね。知識が豊富な人には憧れるわ。やっぱり葛藤さん、素敵ね。

先生：では、実際に年間予想営業利益を算出してみよう。33円/kWh×40百万kWh−（210百万円÷12百万kWh×40百万kWh）−370百万円＝250百万円（※別解：600百万円）と、売電単価が33円/kWhだと再来年度には大きく黒字化することがわかるぞ。

無礼損：たしかに、そうですね。このことは、第4問のD-b社を子会社化することによるメリット面での影響の考察につながるのかしら？

先生：さすがだ、無礼さん！

葛藤：その次の最低売電単価についてですが、損益分岐点売上高ではなく、単価を問われたため面喰らいました。また、第2問は配点が18点と他の設問と比べて低かったので、じっくりと考える時間を取ることができませんでした。

先生：ここは、第2問のなかでも正答率が約28％と最も低かったみたいだ。合格＋A答案でも30％強しか正解していない。出題の趣旨にあるように感度分析についてしっかりと理解していたかどうかがポイントだったようだね。ＣＶＰの計算式に数字を当てはめて計算すると、売電単価は26.75円/kWhと出たが、設問に1円単位とあるため、念のため検算しておこう！

売電単価	年間予想営業利益	計算
26円/kWh	△30百万円	26×40−700−370
27円/kWh	10百万円	27×40−700−370

無礼損：設問では、「売電単価が何円を下回ると損失に陥るか」とあるので、27円/kWhになるのですね。

先生：そのとおりだ！　「売電」だけにスパークして他の受験生に差をつけよう！

無礼損：さむっ…（ボソッ）。

Column

人生は日常生活のすべてが修行

　診断士の勉強を始めたのは1月だったのですが、3月ごろ、日常生活のすべてが嫌になり、生きていく気力も起こらない状態になってしまった時がありました。そこで自分を見つめ直すため、京都のお寺で3泊4日の坐禅を体験する修行に参加させてもらいました。そこで、和尚さんから、「坐禅だけが修行なのではない。日常生活のすべてに修行をする材料が隠されている。修行の材料を見つけられるかはその人の心構え次第」という話を聞きました。私は診断士の資格を取って何をしたいかという明確なビジョンはなかったのですが、物事に取り組む姿勢そのものが試されていると感じました。難しいことが出てきた時に、難しいから、時間がないから、役立つ資格かどうかわからない、などと言い訳を考えて逃げていては、結局勉強以外のことでも何をやっても中途半端になりそうだと思いました。先のことは考えすぎず、その日その時を勉強に集中する修行と捉えて勉強していました。便利なものがあふれ、自分の頭を使わなくても機械がいろいろしてくれる世の中で、あえて自分の頭をひねって知恵を絞り、考え詰めるこの資格。最高の修行ですよね！　ぜひ、知識だけでなく精神力も鍛えてください。　　　　　　　　　　　（りえぽん）

~模試の活用法~

　タイムスケジュールと試験感覚だけ身につける。結果は本当に本当に本当にどうでもいい。

第3問 (配点29点)

(設問1)【難易度　★★★　難しすぎる】

　染色関連事業の収益性を改善するために、設備更新案を検討中である。以下に示す設備更新案にもとづいて、第X1年度末の差額キャッシュフロー(キャッシュフローの改善額)を解答欄に従って計算したうえで、各年度の差額キャッシュフローを示せ。なお、利益に対する税率は30%、更新設備の利用期間においては十分な利益が得られるものとする。また、マイナスの場合には△を付し、最終的な解答において百万円未満を四捨五入すること。

〈設備更新案〉

　第X1年度初めに旧機械設備に代えて汎用機械設備を導入する。これによって、従来の染色加工を高速に行えることに加えて、余裕時間を利用して新技術による染色加工を行うことができる。

　旧機械設備を新機械設備(初期投資額200百万円、耐用年数5年、定額法償却、残存価額0円)に取り換える場合、旧機械設備(帳簿価額50百万円、残存耐用年数5年、定額法償却、残存価額0円)の処分のために10百万円の支出が必要となる(初期投資と処分のための支出は第X1年度初めに、旧機械設備の除却損の税金への影響は第X1年度末に生じるものとする)。設備の更新による現金収支を伴う、年間の収益と費用の変化は以下のように予想されている(現金収支は各年度末に生じるものとする)。

(単位:百万円)

	旧機械設備	汎用機械設備	
		従来の染色加工分	新技術加工分
収益	520	520	60
費用	380	330	40

　なお、耐用年数経過後(5年後)の設備処分支出は、旧機械設備と新機械設備ともに5百万円であり、この支出および税金への影響は第X5年度末に生じるものとする。

●出題の趣旨

　機械設備の更新によって生じる将来の差額キャッシュフローを予測することによって、設備投資決定に必要な財務数値を計算する能力を問う問題である。

●解答ランキングとふぞろい流採点基準

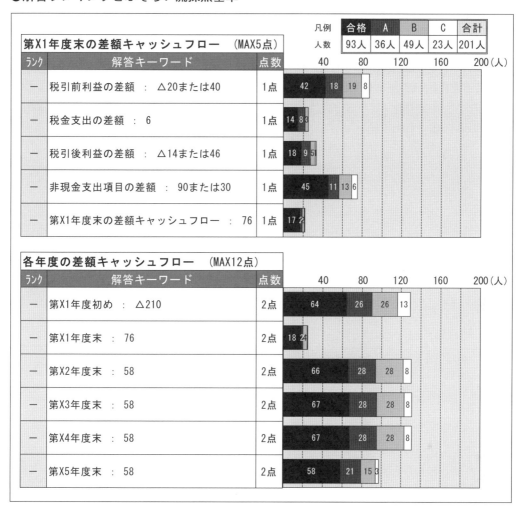

凡例	合格	A	B	C	合計
人数	93人	36人	49人	23人	201人

第X1年度末の差額キャッシュフロー　（MAX5点）

ランク	解答キーワード	点数
—	税引前利益の差額 ： △20または40	1点
—	税金支出の差額 ： 6	1点
—	税引後利益の差額 ： △14または46	1点
—	非現金支出項目の差額 ： 90または30	1点
—	第X1年度末の差額キャッシュフロー ： 76	1点

各年度の差額キャッシュフロー　（MAX12点）

ランク	解答キーワード	点数
—	第X1年度初め ： △210	2点
—	第X1年度末 ： 76	2点
—	第X2年度末 ： 58	2点
—	第X3年度末 ： 58	2点
—	第X4年度末 ： 58	2点
—	第X5年度末 ： 58	2点

●解答のポイント

　取替投資の差額キャッシュフローを理解し、認識のタイミングに注意をしながら、第X1年度末の差額キャッシュフローの過程と各年度の差額キャッシュフローを正しく算出することができたかどうかがポイントであった。

先生：第3問は取替投資の意思決定に関する問題だったぞ！　配点が29点と高く、かつ設問文が長く、解答形式も特殊で対応には骨が折れたと思う。2人はどのように対応したのかな？

葛藤：最初に問題を見たとき、これは詰んでしまったか…と思いましたが、設問文の内容、「差額キャッシュフローを示せ」という問い方から取替投資の意思決定と考えまし

た。過去の出題にもありましたからね。

無礼損：そうね、あたしも取替投資の意思決定だとわかったわよ。設問文から「新機械設備を更新する場合」と「旧機械設備をそのまま使用する場合」のP／LとCFを計算し、差額を出したわ。

先生：いいよ！　2人ともすばらしいぞ！　まず取替投資の意思決定では、それぞれのケースで計算することをお薦めするぞ！　直接純額で差額の計算をすることも可能だが、複雑になり計算ミスが増えてしまうからね。時間をかけてもそれぞれを総額で計算し差額を算出するやり方でやってみよう！　そのうえで注意したいのは、設問文の「初期投資と処分のための支出は第X1年度初めに、旧機械設備の除却損の税金への影響は第X1年度末に生じるものとする」という文言だ。このことから第X1年度末の差額キャッシュフローの計算には処分費10百万円の支出は加味されないが、その税金の影響額は加味されるんだ。つまり、第X1年度末では、処分費10百万円を非現金支出項目（現金の支出を伴わない費用項目）とみなして除却損50百万円と同様に取り扱うんだ。

葛藤：…わかってはいたんです。葛藤してしまって書けなかっただけで…。

無礼損：（ほら）やっぱり与件文…じゃなくて設問文が命ね。ただ、あたしはどのように第X1年度末の差額キャッシュフローの計算に解答するのかで悩みましたけど。

先生：無礼さんの言うとおり、ここは答案が2つに分かれたところだ。税引前利益を営業利益ベースで考えるか、純利益ベースで考えるか、どちらも結果として導き出される差額キャッシュフローは同じだが、その過程を構成する数値は異なってくるんだ。

葛藤：つまりどちらも正しいということですか？

先生：表現上どちらとも取れる点からどちらでも間違いではない、ということだ！　答案では税引前利益を営業利益ベースで考え40百万円と答えたものが25％程度と最も多かったんだ。ただし、そこから差額キャッシュフローの算出まで正しく計算ができている受験者は10％程度と非常に少なかったようだ。

無礼損：厳しい結果だわ。こういった問題はいかに部分点を狙うかが焦点になりそうね。

先生：そのとおりだ！　事例Ⅳの計算問題では、限られた時間で解法を見つけ出し解答をひねり出さねばならない。特に今回は計算過程を問う問題もないため、ある程度は割り切った対応が必要だったのかもしれないね。特に計算量が多い問題はなおさらだ！

【取れるところでしっかり点を取ることが大事】

先生：点を取りづらい構成の第3問のうち、絶対にミスをしてはならないのが各年度末の差額キャッシュフローだ。第X1年度末の差額キャッシュフローを除き、合格＋A答案では60％以上が正解していたんだ。

葛藤：みんなが取れる問題を取りこぼさないことが大事だということですね。ここは定跡

どおりでしょう。しかし、1つ疑問なのですが、設問文の最後にある耐用年数経過

後の設備処分支出は、第 X5年度末の差額キャッシュフローに影響はないのでしょ

うか？　ちなみに、平成13年度の新制度からの試験問題を解いてきた私の知識・経

験からの見解を申しますと…（ぐだぐだ）。

無礼損：もぉ〜、せっかくいいこと言うと思ったら、結局ぐだぐだ言い始めるわけ？　ス

　　　　トップぐだぐだ！　影響なんてないに決まってるじゃない。どうしてそう思う

　　　　かって？　設問文がそう言ってるわ。ほらよく見てごらん、旧機械設備と新機械

　　　　設備ともに5百万円の支出って書いてあるじゃない。

先生：すばらしいよ、無礼さん！　葛藤さんもドンマイだ！　ここで解答するのは差額

　　　　キャッシュフローだ！　第 X5年度末に発生する設備処分支出は、「新機械設備を更

　　　　新する場合」と「旧機械設備をそのまま使用する場合」でどちらも同額の5百万円

　　　　の支出が認識されることになる。すなわち、それらの場合の差額キャッシュフロー

　　　　では相殺され認識されないということだ！

葛藤：なるほど。設問文に葛藤しすぎず、素直に答えることが最善手ですね。ちなみに無

　　　　礼ちゃん、私のくどさは強みでもありまして、それはどうしてかと申しますと…（ぐ

　　　　だぐだ）。

無礼損：……（諦めた）。

Column

非常識と差別化の境界線

　自分の差別化要素は何だろう？　皆さんは考えたことがあるでしょうか？　与件の企業
に対しては必死に考えて解答を書きますが、実際に自分の差別化要素に思いを巡らせるこ
とは少ないかもしれません。私の差別化要素は「非常識なこと」です。一見すると弱みな
のですが、私が合格できたのはこれによるところが大きいです。私は8月から2次試験の
勉強を始めて、本番までに少なくとも500時間は勉強しました。決して時間をかければい
いというものではないのですが、時間をかけてこそ手に入るものもあります。というわけ
で、恥を忍んで、その非常識な時間の捻出方法をお伝えしようと思います。

　まず第一に、食事はすべてコンビニのおにぎりにしました。おにぎりを大量に備蓄して
おき、それを食べながら勉強しました（大きめの口内炎が5つ同時にできて酷い目にあっ
たので、その後はおにぎり＋ビタミン剤の組み合わせに変更）。次に、職場で寝泊まりし
ました。着替えを持ち込み、近くの銭湯に通い、ほとんど家に帰らず、職場で椅子を並べ
て寝る生活…このような形で、就業時間以外は会社の空きスペースでひたすら勉強、勉強、
勉強…。いかがでしょう、参考に…なりませんよね。模倣困難性が高い…というか、模倣
したくないというか。真似して体を壊しても自己責任でお願いします（私は特殊な訓練を
受けていま…せんけどね）。　　　　　　　　　　　　　　　　　　　　　　（ちーたー）

〜本番力の磨き方〜

本番と同じ時間割で事例問題を解く回数を増やす。

（設問2）【難易度　★★☆　勝負の分かれ目】

　この案の採否を検討する際に考慮するべき代表的な指標を安全性と収益性の観点から1つずつ計算し、収益性の観点から採否を決定せよ。資本コストは7％である。なお、解答にあたっては、以下の複利現価係数を利用し、最終的な解答の単位における小数点第3位を四捨五入すること。

（複利現価係数表は省略）

●出題の趣旨

　投資案の評価目的に適合した評価指標を選択し、これを計算したうえで、投資案の採否に関して適切な判断をする能力を問う問題である。

●解答ランキングとふぞろい流採点基準

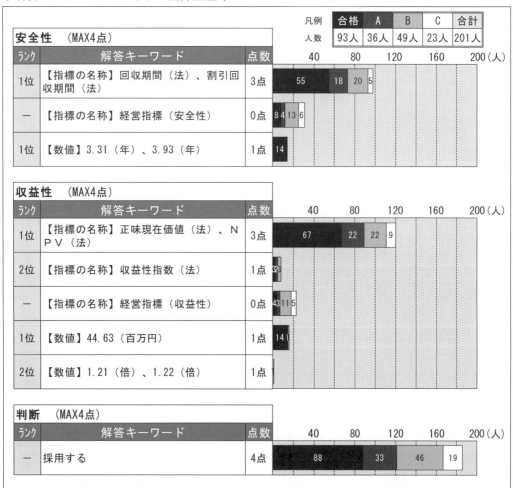

●解答のポイント

> 　安全性、収益性の観点から適切な指標を選択することができたかどうか。また、（設問1）で求めた各年度の差額キャッシュフローを用いて算出した結果から、投資案の採否を判断することができたかどうかがポイントであった。

無礼損：いきなり安全性と収益性の観点から代表的な指標を選択して計算しろだなんて、まるで経営分析の問題のように感じたわ。でも投資案の採否を判断する指標としてはおかしいわよね。

先生：そのとおり！　たしかに経営指標を選んだ解答も比較的多かった。しかしB答案に多く、加点はなかったと考えられそうだ。

葛藤：私は安全性の指標の選択で葛藤しましたが、過去の出題で投資案の流動性を評価する指標で回収期間法を用いたことを思い出しました。過去問は正確に覚えていますからね、これが最善手です。

先生：すばらしいよ、葛藤さん！　初期投資額を何年で回収することができるのか、ズバリこれは安全性の指標だ。しっかり過去に問われた論点を復習していれば対応できた問題だったね。それに1次知識で十分に対応できる論点でもあった。

無礼損：いつもキツく言ってごめんなさい。知識が豊富なところには憧れるわ。素敵ね。あたしは収益性の指標名は「正味現在価値」と書いたけど、計算を間違えてしまったわ。これは（設問1）で各年度の差額キャッシュフローをすべて正解しないと解けないわよね。本当に難問だわ。

葛藤：私も指標名はどちらも答えられたのですが、数値を出すことができず何も書けませんでした。数値まで合わせるのは現実的には難しいため、ここは投了もやむなしでしょうか。

先生：2人の言うとおり、たしかに難問だ！　安全性、収益性いずれも数値を正解できた答案は全体の10％にも満たなかった。さらに空欄の答案が約25％と他の問題に対し、圧倒的に多かったんだ。

無礼損：だと思います。でも計算は間違えてしまったけど、数値がマイナスになることはなかったわ。だから投資案の採否は「採用する」を選んだわ。

先生：すばらしいよ、無礼さん！　「採用する」を選んだ解答はなんと90％を超えているんだ。仮に数値を一致させることができなくても、計算方法を大きく外していなければ導き出せる判断だったね。

葛藤：なるほど。詰んでいると思っても、貪欲に泥臭い手を打とうとする姿勢が大切なんですね。

先生：そのとおり！　この設問に限らず、受験生が持つべき心構えだ！

~本番中に起きた面白エピソード~ ────────

試験開始が1分遅れた。

> **第4問（配点28点）**
>
> **（設問1）【難易度 ★★★ 難しすぎる】**
>
> 　親会社D社単体の事業活動における当年度の損益状況を、30字以内で説明せよ。なお、子会社からの配当は考慮しないこと。

●**出題の趣旨**

　連結財務諸表から親会社と子会社のそれぞれの単体における損益状況を理解する能力を問う問題である。

●**解答ランキングとふぞろい流採点基準**

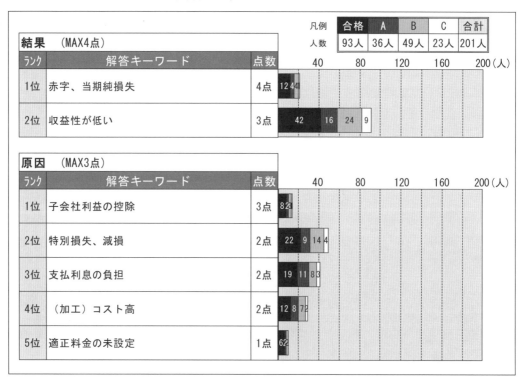

~本番中に起きた面白エピソード~

　台風で避難勧告が出る。試験は続行するが、電車の運行継続は保証されない（止まったらどうする…）。

●再現答案

区	再現答案	点	文字数
合	<u>D-a 社は 80 百万円の黒字</u>の為、D 社単体では 37 百万円の最終<u>赤字</u>。	7	30
合	本業の収益性低く、<u>金利負担</u>大きく、<u>特損</u>等があり<u>収益性は悪い</u>。	6	30
A	<u>子会社で収益</u>を上げており、D 社単体の事業では<u>赤字</u>である。	7	28
A	<u>支払利息や減損</u>、工場閉鎖関連の損失により最終<u>利益が極めて低い</u>。	6	30
A	<u>価格や原価</u>が適正でなく採算が悪いため<u>収益性が低い</u>状況である。	6	30
B	最終損益は黒字だが、<u>加工コスト</u>等の負担が大きく<u>収益性は低い</u>。	5	30
B	D 社単体の事業活動による<u>損益状況では、マイナス</u>である。	4	27
C	売上高は同業他社と比較して高いが、<u>当期純利益は低い</u>。	3	26
C	営業外支出と<u>特別損失</u>を除けば良好な損益状態である。	2	25

●解答のポイント

> 　連結会計の知識のみならず、与件文から収益性についての傾向を捉えたうえで、与件文やP／Lから原因を抽出することがポイントであった。

【連結会計を正確に覚えていなくても、与件文と財務諸表で粘る】

先生：（設問1）は連結財務諸表の見方を問う問題だったけど、2人はどうだった⁉

葛藤：P／Lの非支配株主損益の理解が不十分で、D社単体では赤字か黒字か葛藤した挙句、黒字と書いてしまいました。

無礼損：あたしも非支配株主損益は何のことかわかりませんでした。でも、与件文の第3段落にあるD社の収益性に関連する課題に注目して、収益性が低いと書きました。

先生：すばらしいよ、無礼さん！　事例Ⅳでも与件文を重視した臨機応変な対応は大事なんだ。実は、D社は単体で赤字であることを指摘できたのは、合格＋A答案でもわずか12%しかいないんだよ。だから、連結財務諸表をよくわかっていなくても、諦めずに与件文から解答の方向性を捉える柔軟な対応が重要なんだ！

葛藤：その手は見えませんでした。私はP／Lで同業他社に比べて数字が大きい特別損失と営業外費用に着目して、原因だけでも解答に含めようと考えました。

先生：いいぞ、葛藤さん。30字という短い文字数でも、因果で文章を構成しておけば、リスクが分散できるぞ。諦めたらそこでゲームセットだ！　ところで、連結会計は平成29年度から簿記2級の出題範囲に追加された内容なんだ。こうした資格の出題範囲の変化を押さえていた受験生は有利だったかもしれないぞ！

～本番中に起きた面白エピソード～

解答用紙、問題用紙が2枚ずつ配布された。

（設問2）【難易度 ★★★ 難しすぎる】
　再来年度に関連会社D-b社を子会社化するか否かを検討している。D-b社を子会社にすることによる、連結財務諸表の財務指標に対する主要な影響を30字以内で説明せよ。

●出題の趣旨

　関連会社（持分法適用）が子会社（全部連結適用）となることによる連結財務諸表への影響を推定する能力を問う問題である。

●解答ランキングとふぞろい流採点基準

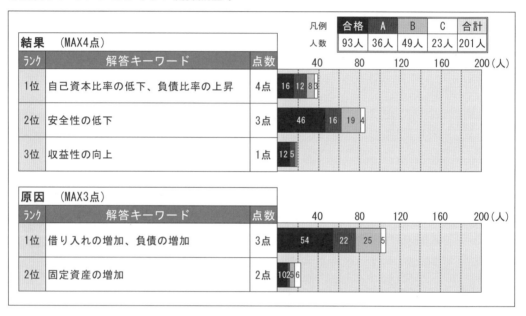

凡例	合格	A	B	C	合計
人数	93人	36人	49人	23人	201人

結果 （MAX4点）

ランク	解答キーワード	点数	
1位	自己資本比率の低下、負債比率の上昇	4点	16 12 8 3
2位	安全性の低下	3点	46 16 19 4
3位	収益性の向上	1点	12 5

原因 （MAX3点）

ランク	解答キーワード	点数	
1位	借り入れの増加、負債の増加	3点	54 22 25 5
2位	固定資産の増加	2点	10 25 6

●再現答案

区	再現答案	点	文字数
合	<u>収益性</u>は<u>良化</u>するも、12億の<u>負債</u>を抱える為、<u>安全性</u>が<u>悪化</u>する。	7	30
合	長期<u>借入金</u>の増加で、<u>負債比率</u>が<u>悪化</u>し、安全性が低下する。	7	28
A	銀行からの<u>借り入れ</u>が大きく<u>自己資本比率</u>が<u>低下</u>する。	7	25
A	主要な影響は、子会社の<u>負債分</u>が増加し、<u>長期安全性</u>が<u>悪化</u>する。	6	30
B	影響は、D社の<u>自己資本比率の悪化</u>である。	4	20
B	<u>固定資産</u>と借入金が増加する。また借入金返済利息が増加する。	3	29
C	子会社化により<u>固定資産</u>が増加し、<u>収益性</u>が増加する。	3	25
C	影響は、出資により流動資産が減少し、<u>固定資産</u>が増加すること。	2	30

～本番中に起きた面白エピソード～
　台風の警報のアラームが鳴り響く（何回も）。

●解答のポイント

> 連結会計の知識のみならず、D-b 社の資本と負債に関する与件文の記述から、連結による安全性の低下を推定できることがポイントであった。

【与件文からストーリーを読み取る】

葛藤：（設問2）は（設問1）に比べて簡単でした。与件文の第4段落に、関連会社 D-b 社は他主体からの出資4千万円と銀行からの融資12億円を事業資金とするという表現があります。12億円の負債を連結すれば、第1問で課題として指摘した負債比率が一層上昇します。このことを、明確な因果関係で記載することが最善手だと思っております。

無礼損：そうかしら。良い影響と悪い影響を多面的に書くことが大事じゃない？　あたしは安全性の低下だけでなく、収益性の向上にも触れたわ。

先生：2人ともなかなかいいラリー（議論）をしているね！　（設問2）も文字数が30字と少ないから、収益性の向上まで触れたのは合格＋A答案でも13％と少なかったんだ。影響を多面的に書かなくても、因果が両方書かれていれば十分得点がもらえたようだぞ！

葛藤：事例Ⅳでも、記述問題は因果を明確にした文章の型を守ることが定跡です。これで合格待ったなしだと思います。

先生：そのとおりだ、葛藤さん！　たとえ30字でも、因果関係を明確にした答案を書くことを諦めちゃダメだ！

Column

合格するために必要なこと

　合格するために必要なことは何だと思いますか？　私は勉強時間だと思います。どんなにやる気がある人でも、どんなに頭がいい人でも、勉強時間を確保しなければ合格することは難しいです。逆に、勉強時間を確保することができれば、合格する可能性は一気に高まります。勉強時間を確保できていない人の数倍は高まるでしょう。残念ながら不合格になった人の多くは勉強時間が足らず「家族サービスをしないといけない」「仕事が残業ばかりで」と言い訳を並べます。それが間違っていると言いたいわけではなく、「絶対合格したい！」と考えているのなら勉強時間の確保は必要不可欠です。勉強時間を確保する施策はたくさんあります。たとえば、家族サービスができない分を家事で補う、仕事の効率を上げて残業しないようにする、満員電車の時間をずらして空いている時間で通勤するなど。試験に合格するためには勉強以外に普段の生活にも意識が必要です。まずは周りの環境を整備していくことから始めてはいかがでしょうか。逆に、はじめから勉強環境が整っている方は非常に恵まれています。その環境を決して無駄にせずに必ず合格してください。そして、合格した暁には周りに感謝しましょう！　　　　　　　　　　　（よっしー）

〜本番中に起きた面白エピソード〜

消しゴムが自分の机のはるか先まですっ飛んでいった（3個持っていたから問題なし）。

（設問3）【難易度　★★☆　勝負の分かれ目】
　関連会社を子会社化することによって、経営上、どのような影響があるか。財務指標への影響以外で、あなたが重要であると考えることについて、60字以内で説明せよ。

●出題の趣旨
　関連会社を子会社化することについて助言を求められた場合に指摘すべき事項についての理解を問う問題である。

●解答ランキングとふぞろい流採点基準

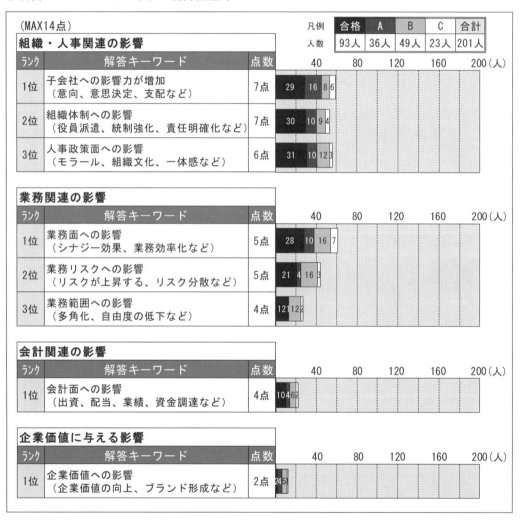

（MAX14点）

凡例	合格	A	B	C	合計
人数	93人	36人	49人	23人	201人

組織・人事関連の影響

ランク	解答キーワード	点数	40	80	120	160	200（人）
1位	子会社への影響力が増加 （意向、意思決定、支配など）	7点	29　16 8 6				
2位	組織体制への影響 （役員派遣、統制強化、責任明確化など）	7点	30　10 9 4				
3位	人事政策面への影響 （モラール、組織文化、一体感など）	6点	31　10 12 3				

業務関連の影響

ランク	解答キーワード	点数	40	80	120	160	200（人）
1位	業務面への影響 （シナジー効果、業務効率化など）	5点	28　10 16 7				
2位	業務リスクへの影響 （リスクが上昇する、リスク分散など）	5点	21 4 16 3				
3位	業務範囲への影響 （多角化、自由度の低下など）	4点	12 11 2 2				

会計関連の影響

ランク	解答キーワード	点数	40	80	120	160	200（人）
1位	会計面への影響 （出資、配当、業績、資金調達など）	4点	10 4 6 2				

企業価値に与える影響

ランク	解答キーワード	点数	40	80	120	160	200（人）
1位	企業価値への影響 （企業価値の向上、ブランド形成など）	2点	2 4 5				

●再現答案

区	再現答案	点	文字数
合	株式の過半数を保有し、<u>取締役を送り込む</u>ことで、経営上の<u>意思決定にかかわる</u>ことができ、親会社との<u>シナジー効果</u>を狙える。	14	58
合	外部株主を排除することにより<u>意思決定が迅速</u>になるが<u>監視機能</u>がなく独善的な経営になる。<u>資金調達が困難</u>になるという影響がある。	14	60
A	関連会社を子会社化することにより<u>経営への関与が深まり</u>、事業の<u>多角化</u>による<u>シナジー効果</u>や<u>経営リスクの分散</u>が期待できる。	14	58
A	関連会社を子会社化することで<u>関連会社の経営がスリム化</u>され、経営に関する<u>意思決定を迅速</u>にすることができる。	12	52
B	資本を統合することで迅速で<u>多角的</u>な経営戦略が可能となる一方、企業規模の拡大は<u>市場リスク対応への柔軟性が低下</u>する恐れがある。	9	60
B	連結対象となり、株価に影響を及ぼしやすくなる。<u>企業価値が上がり</u>、買収されにくくなる。<u>組織の一体感</u>が高まる。	8	53
C	影響は、①業務内容が異なる二社のため、従業員が戸惑いややる気が低下すること、②<u>企業文化の融合</u>に時間を要すること、である。	6	60

●解答のポイント

> 関連会社を子会社化した場合にどのような影響があるか、組織・人事や業務面など、多様な視点から想定し、指摘できたかがポイントであった。

【さまざまな切り口から影響を考える】

先生：さぁ、平成29年度の２次試験もいよいよ最後の問題だ！　２人はどんなことを意識して解答したかな？

葛藤：私は（設問２）との関連を意識しました。負債が増加することで安全性が低下するということは、経営リスクが高まることになります。また、（設問１）に子会社からの配当は考慮しないという制約があったので、ピンときました。持株比率が高まるということは子会社からの配当が増加するということです。この２つの要素で解答を構成する。これが、設問間の関係も意識した最善手だと思います。

無礼損：あたしは（設問２）で安全性と収益性の影響までは書けたのに、そこから先の影響までは思いつかなかったわ。知識があれば、あたしの私生活みたいに解答も充実させられたのに。

先生：葛藤さんは財務会計の視点から影響を考えたんだな、悪くないぞ！　でも、実際に中小企業の社長の立場で中小企業診断士に「経営上の」助言を求めたときに、財務会計の視点からだけの助言が社長のハートに響くかな？　見逃している視点がある

んじゃないか？

葛藤：そうか、たとえば事例Ⅰで問われる組織・人事の視点からは親会社の影響力が強くなることによる組織文化の対立や、従業員の意欲の低下といった影響が考えられますね。ほかにも事例Ⅱや事例Ⅲで問われる視点からは会社間の関係が強化されることによるシナジー効果の発生や業務の効率化といった手も考えられます。

先生：すばらしいよ、葛藤さん！　2次試験の問題は事例ⅠからⅣまでさまざまな切り口で出題されているが、それはどれも実際の中小企業の診断と助言の際に基本となる切り口なんだ。この設問のように財務会計の視点に解答が限定されていない場合は、事例Ⅳ以外の切り口で何か思いつくことはないかじっくりと考えてみることが重要だ！　組織・人事の観点からの記述は合格＋A答案では約70％、全体でも約60％の人が解答していたぞ！

無礼損：組織文化やシナジー効果ぐらいなら1次試験でも使った知識だし、これが事例Ⅰの問題だったら思いついたわ。設問間の関係だけじゃなくて、事例問題間の関係まで意識できれば、短い試験時間の間でも充実した解答が書けそうね。

葛藤：私も実際の試験では時間に追われてどうしても視野が狭くなっていたようです。落ち着いて問題を俯瞰したうえで最善手を打つ。これで次回の合格は待ったなしだと思います。

先生：2人とも熱くなってきたな！　この調子で勉強すれば必ず受かる！　君たちならできる！　明るい未来が見えてきたな！　さぁ、合格に向かって僕と一緒にあの輝く夕日を目指して、3人でどこまでもダッシュしようじゃないか！

2人：は、はいっ…。

Column

2次試験の心構えと合格者に求められる意気込み

　2次試験を目前に控え、私が考えていたことを書いてみます。2次試験で求められている診断助言は、合格後の実務補習で嫌というほど考えさせられると聞きますが、今までコンサル業務に就いたことがない受験生は"どう提案すればいいんだろう？"と普通なら悩むはずです。そういうとき身近な社長の顔をふと思い出すのもありだと思います。私は、映画『男はつらいよ』で印刷会社を経営するタコ社長が資金繰りに東奔西走している姿を思い出します。そうすると、"大きな設備投資や人の採用が簡単にできるわけではないという状況をふまえ、社長の考えにいかに寄り添い、肩の荷を軽くしてあげられるのか"を真剣に考えられるようになりました。2次試験に置き換えると、与件文を正確に読むことで企業の実態を把握すれば、その企業が抱える課題に真摯に向き合うことができます。今年こそは合格すると意気込む皆さんもぜひ、自分のためだけでなく日本の経済を支える中小企業を一緒に盛り上げる！　そういう気概で試験に一緒に臨みましょう!!　　　　（おぎ）

〜勉強を諦めそうになった自分を奮い立たせた一言〜
こっちの世界においで〜★　By某大手予備校E先生。

▶事例Ⅳ特別企画①

あなたのミスはどこから？
〜計算ミスのポイントと対策〜

先生：今回は計算過程を問われる問題がなかったね！

葛藤：計算結果のみだと部分点が狙えそうにないので、とても緊張しました。

無礼損：解き方がわかるのにケアレスミスで０点、これほど悔しいことはないわ。

先生：そうだ！　部分点が狙えない一発勝負の計算問題で得点を安定させるには、些細な
　　　ミスへの対策も怠らないことが大切なんだ！　対策するには、まず原因の特定から
　　　だ。ただのケアレスミスだと流さずに、１つ１つ追求する姿勢が大事だぞ！

【あなたのミスはどこから？】

　解答プロセスからミスの発生ポイントを突き止めて、対策しよう。

事例
Ⅳ

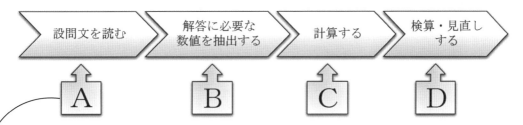

【ミスが発生するポイントごとの対策事例集】

ポイント	ミスの内容	対策例
A	設問の制約条件を見落とす。（端数処理、四捨五入、減価償却方法など）	①問題を解く前に、解答ルール（小数点の指定、単位、税率、四捨五入等）の指示にマーカーをつける。その際、同じ色でマークし、種類ごとに色を変える。 ②端数処理の指示に下線を引き、小数点の指定を具体化して空欄にメモする。例：小数点３位を四捨五入→「××．××％」 ③単位が異なるなど、間違えそうな箇所は四角く囲む。
A	【ＮＰＶ】さまざまな計算ミスをするため、正解率が低い。	取替投資など正解率の低い高難度問題は、部分点狙いでよしと割り切って後回しにし、先に他の問題の見直しに時間を充てる。
B	計算に必要な数値の抽出を間違える。	計算に必要な数値はマーカー等で印を付け、使い終わった数値にもチェックマークを入れて確認する。
C	【ＣＶＰ】損益分岐点比率の計算で分子と分母の設定を迷う。	損益分岐点比率（損益分岐点売上高／売上高）＋安全余裕率（売上高－損益分岐点売上高／売上高）＝１と覚えれば、分母が売上ということが明白になり混乱しなくなる。
C	【ＣＶＰ】変動費が変化するなど計算手順が増える際に、数値の抜け落ち等が発生する。	「$\frac{固定費}{限界利益} \times 売上高$」で損益分岐点売上高を算出する方法を使用することで計算手順を減らしミスを防ぐ。

C	【CVP】 変動条件や加算時の対象を間違う。	①現状と変動後の売上高、変動費、固定費をわかりやすく整理してから計算する。 　例：販売数量10%増のとき 　売上高　＠100×50＝5,000⇒＠100×55＝5,500 　変動費　＠20×50＝1,000⇒　＠20×55＝1,100 　固定費　　　　　　1,200⇒　　　　　　1,200 　利　益　　　　　　2,800⇒　　　　　　3,200 ②書く手順をルール化する。(例：まず売上、その下に変動費、その下に固定費といった具合に) ③損益分岐点比率の計算時に、損益分岐点売上高から計算せずに、固定費÷限界利益で計算する。
C	【NPV】 計算要素の抜け漏れや計算ミスをする。	①線表を書くなど時系列を図に描いて整理する。 ②1つ1つの要素を計算メモに落とし込んで整理し、使った数字にはチェックマークを入れる。 ③費用と収支は明確に分けてメモに落とし込む。 ④現在価値の計算に必要な設問文等の数値は四角で囲うようにルール化する。 ⑤FCFの合計を現在価値に割り引いた金額から投資額を控除してNPVを計算するが、投資効果により向上した収支の合計と投資額をみてNPVが妥当か確認する。 ⑥割引計算は式を書いて係数が正しいか確認してから、落ち着いて電卓を叩く。 ⑦取替投資は混乱しやすいので、「A－B」という理解を徹底し、必ずそれぞれの計算過程を残す。 　A：既存設備を即時売却し、新しい設備を導入する。 　B：既存設備をそのまま使い続ける。
C	【デリバティブ】 円高、円安に振れた場合の影響を混同する。	①円高時・円安時の具体例(円高＝80円・円安＝120円や、輸入・輸出など)を簡単に図化して確認する。 ②輸出業と輸入業の両方を覚えようとすると混乱するので、輸出業のケースだけを完璧に理解して覚える。輸入業はその逆と覚える。 ③実際に円高、円安の場合のレートに応じた仕訳を書いてみて、為替差益となるのか為替差損となるのかシミュレーションしてから解答する。
D	【CF計算書】 計算要素の抜け漏れや計算ミスを見逃す。	①営業CFしか問われていなくても必ず財務CFと投資CFを算出して、合計のCFと前期の現預金と当期の現預金の差額が合っているか検算する。 ②合計のCF－投資CF－財務CF＝営業CFで求める。(営業CFを最後に求めるようにする)
D	最終的に計算ミスを見落とす。	①計算過程をメモし、四捨五入前の数字も小数点5桁程度まで書く。 ②別の計算手順で見直しをする。(売上利益額の計算の検算→算出した売上利益額＋売上原価＝売上高と同一金額が出るか)

▶事例Ⅳ特別企画②

記述問題を制する者が事例Ⅳを制す？
～与件文、設問文、１次知識で得点を積み増そう～

先生：事例Ⅳの計算問題は苦手でもＡ評価を頻繁にもらっているという受験生が一定割合いるね。この秘訣は記述問題の攻略にあると見ているんだ！　経営分析の記述問題を除いた、過去11年分の記述問題の配点について、ふぞろい流採点のキーワードをタイプ別に整理したから見てごらん。何に気づいたかな？

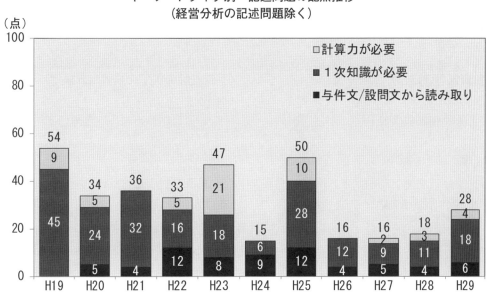

キーワードタイプ別　記述問題の配点推移
（経営分析の記述問題除く）

葛藤：平成29年度は記述問題の配点がずいぶん高いと感じましたが、配点がさらに高い年度が過去にあったとは知りませんでした。「記述問題を制する者が事例Ⅳを制する」というのは本当かもしれません。事例Ⅳに王手をかける時がついに来ましたか。

無礼損：本当よね、葛藤さん。しかも、与件文／設問文、１次知識だけで記述問題の配点のうち６割を獲得できる年度がほとんどよ。計算問題が苦手なあたしでも、記述問題で得点を稼げば、事例ⅣでＡ評価をもらうことができるかもしれないわ。

先生：そのとおりだ、無礼さん！　実は平成29年度合格者の得点開示結果を見てみると、事例Ⅳは他事例に比べてＡ答案の割合が高く、Ｂ答案やＣ答案の割合が低い傾向にあるんだ。つまり、記述問題を制して事例ⅣでＡ評価を取ることができれば、合格に一段と近づける可能性があるぞ！

～勉強を諦めそうになった自分を奮い立たせた一言～
諦めたらそこで終了！　諦めないことが勝つ秘訣だ！

無礼損：あたし、事例Ⅳの記述問題って苦手なのよね。ほかの事例に比べて制限字数も少ないし、計算問題に絡んでいることもあるし、何を書けばいいかわからなくなっちゃうのよね。

葛藤：私は、事例Ⅳの記述問題こそ、まさに定跡どおりに解ける問題ばかりだと思っています。自分なりにこれまでの過去問を分析して、分野ごとに最善手となる型を用意しています。なので、模試や過去問を解く際は高得点が取れるのですが、今回の連結会計のように私の用意していない分野から出題されると焦ってしまって…。

先生：葛藤さん、事例Ⅳの記述問題に型を用意しているというのはすばらしいな！　解答する文章構成があらかじめ頭に入っていれば、その分、計算に集中できるし、ほかの問題に時間を回すことも可能だ！　よかったら、葛藤さんの言う最善手を教えてくれないかな？

葛藤：わかりました。私なりの解釈で作った最善手ですが、分野ごとに以下のようにまとめています。

〈投資意思決定〉	〈不確実性の下での投資意思決定〉
（根拠） 　正味現在価値（ＮＰＶ）が〇〇円で、正（負）である。 （投資による影響） 　損益分岐点売上高が低下（上昇）する。 　利益が増加（減少）する。 （結論） 　投資を実行する（見送る）。	（根拠） 　投資案全体の正味現在価値（ＮＰＶ）が〇〇円で、正（負）である。 （結論） 　投資を実行する（見送る）。 （条件） 　A案のときは投資を継続する（しない）。
〈オプション〉	〈為替予約〉
（実勢レートが有利） 　オプションプレミアム分の損失が発生する。 （実勢レートが不利） 　権利行使で為替差損を回避できる。 （その他） 　通貨名（ドル等）とコール（プット）を明示する。	（実勢レートが有利） 　為替差益を享受できない。 （実勢レートが不利） 　為替差損を回避できる。

〈撤退の意思決定〉	〈複数受注案の意思決定〉
（根拠） 　店舗（製品）の貢献利益は正（負）である。 　共通固定費の回収に貢献している（していない）。 　撤退で営業利益が減少（増加）する。 （結論） 　撤退すべきでない（である）。	（前提） 　生産能力に余力がある（対応できる）。 （根拠） 　×案のほうが○○円利益が大きい。 （結論） 　×案を採用する。
〈営業レバレッジ〉	〈財務レバレッジ〉
（固定費への言及） 　固定費を圧縮する（負担が大きい）。 （営業レバレッジへの影響） 　営業レバレッジが低下（増加）する。 （結論） 　利益の変動幅が低下（増加）する。 　損益分岐点売上高が低下（増加）する。	（総資本への言及） 　総資本を圧縮する（増加する）。 （財務レバレッジへの影響） 　財務レバレッジが低下（増加）する。 （結論） 　利益の変動幅が低下（増加）する。 　経営リスクが低下（増加）する。

無礼損：ふーん、こうしてみると、どれもこれもどこかで見たことのある問題だったり、模範解答だったりするわね。特に根拠とか結論の区分はほかの事例だと意識しているけど、事例Ⅳになると、数字だけ答えて満足しちゃったり、結論だけ書いて根拠をあまり書かなかったりして点数が伸びないことがあったわ。

先生：こういった型を覚えておけば、実際に記述問題を解答する時に何か忘れている視点があるんじゃないか、と確認することもできるな！　ただ、今回の事例Ⅳの問題のように、あまり知らない論点から出題された時は与件文から解答に使える要素を見つけることも重要だぞ！

葛藤：おっしゃるとおり。私、平成24年度の温泉旅館の問題や平成25年度の植物工場の問題には、まったく歯が立ちませんでした。

無礼損：なんでそんな昔の話するの？　私、過去問は３年分しか解いてないんだけど。

先生：無礼さん、何を甘いことを言っているんだ！　過去問は最高の教材なんだ！　しっかり解かなくても内容に目を通しておくだけでも違うと思うぞ。平成24年度と平成25年度は長い記述問題が出題されている年で、多くの受験生が苦労したはずだ。１次知識だけではなく与件文を使って解答を構成する練習になるから、本当に受かりたいなら一度は解いてみることをお薦めするぞ！

無礼損：わ、わかりました。エステの時間を減らして過去問に取り組むようにします…
　　　　（涙）

~勉強を諦めそうになった自分を奮い立たせた一言~
　対自分「このまま一生 MR やんのかてめえ⁈」

ふぞろい流ベスト答案 ——————————— 事例Ⅳ

第1問 （配点25点）　　　　　　　　　　　　　　　　　　　　【得点】15点
（設問1）

	（a）	（b）
①	売上高総利益率[3]	12.70 （%）[2]
②	負債比率[3]	403.14 （%）[2]
③	棚卸資産回転率[3]	22.95 （回）[2]

（設問2）　　　　　　　40字　　　　　　　　　　　　　　　　　【得点】10点

高	品	質	製	品	の	提	供[2]	で	効	率	性	は	高	い[2]	が	、	加	工	コ
ス	ト	高[2]	や	負	債	依	存[2]	で	収	益	性[2]	・	安	全	性	が	低	い[2]	点。

第2問 （配点18点）　　　　　　　　　　　　　　　　　　　　【得点】6点
（設問1）　　　　　　　　　　　　　　　　　　　（単位：百万円）

売上高	（ 3,879[1]	）
売上原価	（ 3,310[1]	）
売上総利益	（ 569[1]	）
販管費及び一般管理費	（ 270[1]	）
営業利益	（ 299[2]	）

（設問2）　　　　　　　　　　　　　　　　　　　　　　　　　　【得点】4点

△244 （百万円）[4]

（設問3）　　　　　　　　　　　　　　　　　　　　　　　　　　【得点】8点

再来年度以降の予想営業利益	250 （百万円）[4]
最低売電単価	27 （円/kWh）[4]

第3問 （配点29点）
（設問1） 　　　　　　　　　　　　　　　　　　　　　　　　　　　　　【得点】17点

第X1年度末における差額キャッシュフローの計算		各年度の差額キャッシュフロー	
項　目	金　額		金　額
税引前利益の差額	（ △20[1] ）	第X1年度初め	（ △210[2] ）
税金支出の差額	（ 6[1] ）	第X1年度末	（ 76[2] ）
税引後利益の差額	（ △14[1] ）	第X2年度末	（ 58[2] ）
非現金支出項目の差額	（ 90[1] ）	第X3年度末	（ 58[2] ）
第X1年度末の差額キャッシュフロー	（ 76[1] ）	第X4年度末	（ 58[2] ）
		第X5年度末	（ 58[2] ）

（設問2） 　　　　　　　　　　　　　　　　　　　　　　　　　　　　　【得点】12点

	【指標の名称】	【数値（単位）】
安全性	回収期間[3]	3.31（年）[1]
収益性	正味現在価値[3]	44.63（百万円）[1]

この案の採否について （いずれかに○を付ける）	採用する[4] ・ 採用しない

第4問 （配点28点）
（設問1） 　　　　　　28字 　　　　　　　　　　　　　　　　　　　【得点】7点

子会社利益を除く[3]と、単体では37百万円の当期純損失[4]である。

（設問2） 　　　　　　28字 　　　　　　　　　　　　　　　　　　　【得点】7点

収益性は向上[1]するが、銀行借入が増え[3]、負債比率が上昇[4]する。

（設問3） 　　　　　　60字 　　　　　　　　　　　　　　　　　　　【得点】14点

影響は、①子会社の支配[7]によって親会社事業とのシナジー効果[5]が発揮できること、②業務範囲拡大で経営リスクが高まる[5]こと、である。

ふぞろい流採点基準による採点

100点

第 1 問（設問 1）：財務諸表を分析し、指標と数値を正しく算出しました。

第 1 問（設問 2）：与件文、財務諸表から得られる情報をもとに多面的に記述しました。

第 2 問（設問 1）：当年度の損益計算書、売上高と変動費、固定費の増減額をもとに予測損益計算を正しく計算しました。

第 2 問（設問 2）：適切な年間売電量、年間変動費、年間固定費を用いて、来年度の予想営業利益を正しく算出しました。

第 2 問（設問 3）：適切な年間売電量、年間変動費、年間固定費を用いて、再来年度以降の年間予想営業利益、最低売電単価を正しく算出しました。

第 3 問（設問 1）：設問文から得られる情報を正しく用いて、第 X1年度末の差額キャッシュフローの計算項目、各年度の差額キャッシュフローを正しく算出しました。

第 3 問（設問 2）：（設問 1 ）の各年度の差額キャッシュフローを用いて、安全性・収益性の指標を選んで正しく算出し、意思決定の判断をしました。

第 4 問（設問 1）：子会社株式の80％を有すること、非支配株主損益が16百万円であることからD社単体の損益を算出し、当期純損失と記述しました。

第 4 問（設問 2）：与件文から、D-b 社が12億円の銀行融資を事業資金とすることに着目し、第 1 問で指摘した負債比率との関連性をふまえ、因果関係を明確にし記述しました。

第 4 問（設問 3）：2 つの切り口から因果関係を明確にすることで、キーワードを多く盛り込みながら記述しました。

〜勉強場所〜
　家より集中できるので基本はカフェ勉。勉強している人が多い場所だと自分もモチベーションアップ!!

第2節　アンケートから見るふぞろいな勉強法

　本節では、勉強の方法についてふぞろいメンバー全員へアンケートを実施し、まとめてみました。アンケート内容は、①ふぞろいメンバーの模試や過去問の活用方法、②出題者対策の内容と効果、③読解力・記述力の向上策、④勉強仲間のメリット・デメリットです。アンケートの内容を少しでも勉強へ活かしていただければと思います。

①ふぞろいメンバーの模試や過去問の活用方法

◆過去問　　　　　　　　　　　　　　　◆模擬試験

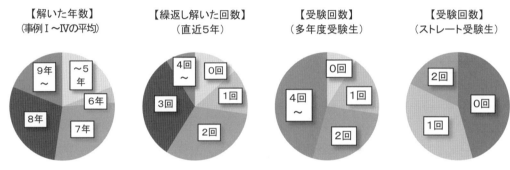

【解いた年数】
（事例Ⅰ〜Ⅳの平均）

【繰返し解いた回数】
（直近5年）

【受験回数】
（多年度受験生）

【受験回数】
（ストレート受験生）

■過去問を解いた年数（事例Ⅰ〜Ⅳの平均）と、繰り返し解いた回数（直近5年）

さっきー：全体として、ふぞろい合格者メンバーの多くは6〜8年分の過去問を解いとったようじゃね！　僕は、ストレート受験生で、時間があんまりなかったし、的を絞らんと中途半端になって終わってしまうと思ったけぇ、5年分を何度も解く勉強のやり方をしとったんよ。

ひらたす：僕は多年度受験生やから、8年分を解いたけどアンケートのなかにはストレート受験生で10年分を解いたという人や、多年度受験生で15年分（！）の過去問を解いたという強者もいたな。よう真似できんわ！

さっきー：繰り返し解いた年数についちゃあ、2〜3回っていう人が多かったねぇ。僕は独学やったし、あんまり勉強方法の情報もなかったけぇ、皆どういう勉強方法をしとったんじゃろう？

ひらたす：たしかに、そのあたりも気になるところやね！　それに関しては「効果があった勉強法」のところで触れていこうか。

最初に勉強の予定を入れ、それを死守する。

■模擬試験受験回数（多年度受験生・ストレート受験生）

ひらたす：多年度受験生とストレート受験生で回数は分かれるという結果やったな。僕は、通っていた予備校と、それ以外の予備校も含めて３回受けたわ。ストレート受験生で３回以上受けたという人はさすがにいないみたいやな。

さっきー：僕は申し込みを忘れとったんもあって（笑）、模試は一度も受けんかったんよ。ストレート受験生で、独学の人は一度も受けんかったいう人も結構おるみたいじゃねぇ。やっぱり、多年度受験生になると受験回数が増える傾向にあるんじゃろうねぇ。期間が長い分、ストレート受験生のように勢いだけじゃあ息切れしてしまうけぇ、マイルストーンとして模試を活用しとった人もいるんじゃねぇ。

■模試の受験や予備校の演習問題に対する皆の意見

・模試の結果に一喜一憂する必要はない。だけど、その結果をふまえてどの事例の対策をする必要があるのかを把握することは重要。

・事例Ⅳだけは実力がついていれば、どの予備校の模試や演習問題でも良い評価を得られるはず。高得点を目指すこと。

・模試と本試験では難易度が違うものの、実力チェックや苦手事例の可視化、自分の相対的な位置を知るのには役立つので、受験を推奨する。

・あくまでも参考！　本当の試験対策としては過去問をやるべき。もし昔の解説集が手に入るなら、過去問をやったほうが断然良い。

ひらたす：「受けないでいい」という意見と、「受けるべきだ」という意見に分かれているね。僕の考えでは、やっぱり１日で全事例を解く体験はしておくべきやと思うわ。

さっきー：ふーむ、僕は受けとらんけぇ、わからんのじゃけど、たしかに本番を想定し、緊張感をもって問題に取り組むことができるんは良い点じゃね。実際に、本試験で初めて全事例を解いたけぇ、タイムマネジメントの仕方がわからんくてぶち戸惑ったわ。

ひらたす：うん、ただアンケートにもあるように模試や予備校の演習問題も役立つけど、本試験とは必ずしも傾向が同じわけではないから、過去問演習とのバランスを考えて受験するか、受験するならばいくつ受験するかを判断することが重要やと思うわ。

■効果があった勉強法

身体で覚える	・写経、音読をする。
	・ひたすら過去問を回して試行錯誤をする。
勉強仲間と一緒に	・勉強仲間の答案を採点する。
	・勉強会でディスカッションを行う。
ノートを作り、分析	・事例を解くごとに、反省点や気づきをノートにまとめる。
	・ミスを原因別に整理して、自分のミスしやすい傾向を把握する。
	・「書くことができなかった」「思いつかなかった」観点をノートにまとめておき、何度も繰り返し見る。
模範解答の活用	・複数の模範解答を並べ、自分なりのベスト答案を作成する。
	・複数の答案例を並べて比較・検討する。
	・『ふぞろい』を使って自分が書き漏らした論点・キーワードのチェックをする。
その他	・オリジナルの解答の金型（テンプレート）を作成する。

ひらたす：みんな、勉強方法はそれぞれやね。僕の場合は、前に解いた内容や予備校の模範解答が頭に残ったまま解くことになるから、同じ過去問は2回くらいしか解いてなかったわ。代わりに、ふぞろいシリーズやいろいろな予備校の解答から自分にも書けそうな解答を探してた。そこからさらに、どういうプロセスで考えればその解答が書けそうかということをノートにまとめたりしていたわ。

さっきー：僕の場合、5年分を全事例5回ずつ解いたけぇ、ひたすら過去問を繰り返す「身体で覚える」勉強法じゃったかもしれんね。

ひらたす：そうなんやね！　さっきーは意外と根性派やね。写経やノートを作るというのはあまり自分に向いていないと思ったからやらなかったけど、勉強仲間でやっていた人は多かったと思うわ。

さっきー：なるほど。さらに、僕とは違うタイプの勉強法じゃったらノートにまとめるというものがあったんよ。聞いた話じゃと、「ルーズリーフに書いてファイルにはさんでおく」、「電車内や仕事の休憩時間に何回も繰り返し見て、考え方や知識を定着させる」、「予備校の解説を読んだ後に、『ふぞろい』も読んで多面的に考えられるようにする」とか、いろいろな工夫をしとる人もおったみたい。

ひらたす：人によって向き不向きがあるから、いろいろ試行錯誤しながら自分に合った勉強法を確立していくことが大事やね！

〜勉強が楽しかった瞬間〜

　面白い与件文が多いので、与件文を読んでいる時は素直に楽しかった。

②出題者対策の内容と効果

【出題者を知っていたか】

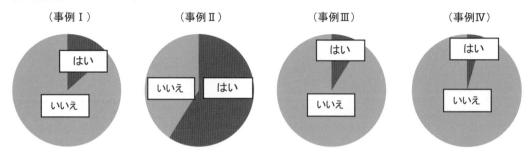

（事例Ⅰ） （事例Ⅱ） （事例Ⅲ） （事例Ⅳ）

ひらたす：おお！ 圧倒的に事例Ⅱは出題者を知ってる人のほうが多いんや。

さっきー：この結果を見よると出題者を知らんでも合格できそうじゃね。ちなみに、公表されている出題委員一覧のうち、事例Ⅰは岩崎尚人先生、事例Ⅱは岩﨑邦彦先生、事例Ⅲは本田康夫先生、事例Ⅳは齋藤正章先生が出題者と噂されとるよ。

ひらたす：でも出題者の先生方の名前知ってどないするん？

さっきー：僕は、出題者の先生の書籍や論文を読んだねぇ。たしかに、学問の世界みたいに学説として厳密に踏襲する必要はないんじゃけど、いろいろな考え方があるなかで、中小企業向けのマーケティングや生産管理を説明しとるけぇ、ぶち参考になった。特に、岩﨑邦彦先生が著者の『小が大を超えるマーケティングの法則』『小さな会社を強くするブランドづくりの教科書』は持っていた受験生が多いんよ。

ひらたす：２次試験は経営資源に限りがある中小企業への助言・提案なので、そういう説明のある著書を読むことで、解答の方向性を間違えにくくなるという意見もあったな。

さっきー：出題者対策のメリットは多いんじゃけど、インプットに時間を使いすぎてアウトプットである過去問の演習を疎かにしんさんなや！

③読解力・記述力の向上策

【読解力対策をしたか】　【記述力対策をしたか】

知識・経験が身について、問題がどんどん解けた時。

■読解力・記述力対策

さっきー：ひらたすは読解力・記述力の対策はしとったん？

ひらたす：うーん、読解力といえばロジカルシンキングを意識したかな。解答骨子を組み立てるためにMECEでモレなくダブりなく情報を整理し、ロジックツリーで因果を関連づけることで解答が安定してきたで！

さっきー：ほかにも全体の流れをつかみ出題者の主張を意識するために段落別テーマを意識する、接続詞をヒントに重要な記述を把握するなどの意見もあったねぇ。

ひらたす：記述対策として新聞コラムの要約をする人もおるし、仕事の文章作成などで意識している人もいるみたいやね。

さっきー：僕は、普段から仕事で文章を書く機会が多くて、簡潔かつ論理的に書くことを意識しとるね。具体的には、結論を冒頭に入れる、要点を絞る、平易な日本語を使うことも意識しとるね。ほかにも、家族や上司に文章を読んでもらうことで読む人にわかりやすく伝える力が身につくね。

ひらたす：日常生活で意識して読み書きをすることや、周りの人に文章を読んでもらう程度なら社会人の勉強法としてお手軽やしお薦めやな！　ぜひ、自分に合いそうな方法を試してみてな。

④勉強仲間のメリット・デメリット

【勉強仲間の有無と出会った場所】　　　　　　　【もう一度受験するなら勉強仲間を作るか】

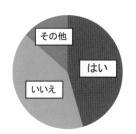

■勉強仲間の有無と出会った場所

ひらたす：意外やな！　半分の合格者は勉強仲間がいなかったのか。

さっきー：そうじゃなぁ、合格の必須要件じゃないみたいじゃね。場所も予備校での出会いが多いのぉ。ふぞろいのセミナーで勉強仲間を作っとる人もおるようじゃね。また、予備校のほか、勤務先や受験生支援団体の勉強会を掛け持ちしとる人もおったようよ。

~勉強が楽しかった瞬間~
会話のなかで勉強した知識をサラッとアウトプットして、相手からいい反応を得られた時。

■勉強仲間とどのようなことをしていたのか

さっきー：そもそも勉強会ってどんなんじゃろうか？　勉強会は２次試験の過去問を解く
　　　　　ことが多いようじゃけど、勉強会の具体的な内容も気になるねぇ。

ひらたす：僕は、毎週など頻繁に勉強会を開催しとった。勉強会の内容は、過去問を解い
　　　　　てきて意見交換やディスカッションやったね。

さっきー：飲み会のある勉強会もあって受験情報交換の場としても機能していたみたい。
　　　　　ほかに、勉強会でセルフ模試をするという意見があったな。文字どおり自分た
　　　　　ちで模試をやるという意味だろうけど、実際どんな感じでやってたんじゃろ
　　　　　か？

ひらたす：試験本番と同じタイムスケジュールで、４事例を解くんやで。題材は、初見の
　　　　　過去問や予備校で販売している演習問題や模試とかが多いんよ。僕は、予備校
　　　　　の自習室や民間の会議室や公民館を借りて行っとったよ。

さっきー：直前期には過去問を一人でひたすら解いてたんじゃけど、たしかに仲間で集
　　　　　まって行うのも、緊張感をもって本番に向け予行演習できるな！　ところでひ
　　　　　らたすは勉強会にどんなメリットを感じた？

ひらたす：勉強会のメリットは、ディスカッションを通して多面的な見方を養うことや、
　　　　　モチベーションアップ、受験情報の共有やったな。

さっきー：逆に、デメリットはあった？

ひらたす：デメリットを挙げると、試験会場でお互いに答え合わせをしてしまう、気が緩
　　　　　んでしまう、自分のペースで勉強しにくいなど、仲良くなりすぎて、本来の目
　　　　　標を忘れてしまうことかね。こういうことのないように気をつけんとだめやね。

■受験生だったら勉強仲間を作るか

ひらたす：あれ？　グラフを見ると意外と勉強仲間を作らない人が多いな。なんでやろ？

さっきー：たしかに、そうじゃね。実際、真剣勝負の試験じゃけぇ、全員が勉強仲間を作
　　　　　る余裕がないのかもしれんね。

ひらたす：その他の意見は、時間や機会があれば作りたいということやったから、過半数
　　　　　は勉強仲間の存在を重要と思っているようやね！　僕にとって勉強仲間は一生
　　　　　の仲間やと思ってるで！　独学の人のなかでは勉強仲間が欲しかったという意
　　　　　見もあるし。

さっきー：たしかに、デメリットをきちんと把握したうえで良きライバルと勉強するのは、
　　　　　モチベーション維持の点でも大事かもしれんね。

ひらたす：興味のある人はセミナーや勉強会へ出かけてはどうやろ？　ふぞろいもセミ
　　　　　ナー開催してるで！

~平日の勉強方法~

　　１日２事例、過去問を回す。

あとがき

親愛なる『ふぞろいな答案分析5』の読者の皆さま

　このたびは本書をご購入いただき、ありがとうございます。皆さまの受験勉強に役立ちましたでしょうか。この本は、再現答案編と合わせて『ふぞろいな合格答案』のエピソード11とエピソード12のエッセンスを別途編集したものです。

　中小企業診断士試験は本当に過酷です。人によっては会社での多忙な業務と両立させながら、また人によっては家事と子育てを両立させながら、合格に向けがむしゃらに勉強を続けてきた人たちと限られた合格という椅子を取り合う競争、それが診断士試験です。そしてまたこの試験は、1年にたった1回しか行われず、そこで実力が発揮できなければさらに1年間勉強を重ねなければならない、そんなプレッシャーとの戦いでもあります。

　受験生である皆さまは、なぜそんな試練に立ち向かうのでしょうか？

　きっとそこには、受験生それぞれの診断士に対する強い想いがあるからだと思います。荒波にもまれながら必死に日本経済を支えている中小企業を支援することや、自分の生まれ育った地域の活性化に尽力することは、その一例でしょう。また、受験勉強を通じて自己研鑽を図りキャリアアップすることや、独立して研修やセミナーの講師として人材育成に携わることを目指しているという方もいるでしょう。診断士が活躍できるフィールドは幅広く、無限の可能性を持っていると思います。

　診断士試験の合格は、あくまで上記のような皆さまの強い想い、つまり自分の「ありたい姿」へ向かう通過点に過ぎません。大切なことは、診断士として「合格後どうするのか、これから何をするのか」です。この意識を持つことは、受験勉強においても大きなエネルギーとなります。勉強に対するやる気がおきない、思ったように点数が伸びないといった時には、「なぜ自分が診断士になりたいのか、診断士になって何がしたいのか」を思い出してください。そして、その「ありたい姿」を持った皆さまが合格し、社会全体に活躍の場を広げることで、日本経済が今よりもっと元気で明るいものになると思っています。

　本書をお手に取った皆さまが、魅力的な診断士の世界に入ってきていただければと、この『ふぞろいな答案分析5』は製作されました。皆さまご自身の「ありたい姿」に到達するためのパートナーとして、手元に置いてご活用いただけますと幸いです。まだまだ発展途上な部分もあるかと思います。皆さまの温かい叱咤激励や、ご意見・ご要望を頂戴できればと思います。

　最後になりましたが、診断士試験に臨む皆さまがいつもどおりの力を発揮し、見事合格されますことを当プロジェクトメンバー一同祈念しております。

ふぞろいな合格答案プロジェクトメンバーを代表して

仲光　和之

【編集・執筆】

仲光　和之　　　奥村　直樹　　　益田　知幸　　　伊藤　小由美　　　糸井川　瞬

◆ふぞろいな合格答案エピソード11

奥村　直樹	上出　和紗	佐藤　太一	中嶋　亜美	益田　知幸
須田　正人	藤満　理恵	清水　隆典	吉井　勇樹	松田　大輔
上田　卓司	川崎　航季	北奥　理江	迫田　真季	平田　淳
田所　伸吾	出中　直	豊田　博之	佐々木　祐人	森若　壽英
早田　直弘	荻野　美紗	小野　竜生	眞里谷　理恵	田中　桂

◆ふぞろいな合格答案エピソード12

伊藤　小由美	本薗　宜大	糸井川　瞬	伊與部　純	森上　京
中村　亮	武田　正憲	松本　一真	川瀬　朋子	熊田　圭祐
高橋　育美	星野　盛雄	岡野　知弘	早田　直弘	春田　明範
西亀　久美子	植村　貴紀	山本　篤司	数本　優	荒井　竜哉
山田　麻耶香	中井　丈喜	尾笹　由佳		

2020 年 4 月 25 日　第 1 刷発行
2024 年 6 月 1 日　第 8 刷発行

ふぞろいな答案分析5【2018～2019年版】

ⓒ編著者　ふぞろいな合格答案プロジェクトチーム

発行者　脇坂康弘

〒113-0033　東京都文京区本郷 2-29-1
TEL. 03 (3813) 3966
FAX. 03 (3818) 2774
URL　https://www.doyukan.co.jp

発行所　株式会社同友館

乱丁・落丁はお取替えいたします。　　　　　三美印刷
ISBN 978-4-496-05470-9　　　　　　　Printed in Japan